Material girl, mystical world
Una guía de espiritualidad moderna
que transformará tu vida para siempre

Material girl, mystical world

Una guía de espiritualidad moderna que transformará tu vida para siempre

Ruby Warrington

Traducción de Blanca Rissech

Rocaeditorial

Título original: *Material Girl, Mystical World: The Now-Age Guide for Chic Seekers and Modern Mystics*

© 2017, Ruby Warrington

Publicado en acuerdo con HarperOne, un sello de HarperCollins Publishers.

Primera edición: septiembre de 2021

© de la traducción: 2021, Blanca Rissech
© de esta edición: 2021, Roca Editorial de Libros, S.L.
Av. Marquès de l'Argentera 17, pral.
08003 Barcelona
actualidad@rocaeditorial.com
www.rocalibros.com

Imprime EGEDSA

ISBN: 978-84-17805-97-5
Depósito legal: B. 11637-2021

RE05975

Para mi Piscis

Índice

Salir del armario espiritual

Brooklyn, Nueva York. 31 de octubre de 2013

¿Qué me pongo para una sesión así? Es Halloween. Mi amiga, la vidente Betsy LeFae, me ha invitado a la «Cena de los Muertos» en su casa de Williamsburg y estoy sufriendo una crisis de armario. Mi Facebook se está llenando de gente vestida de monja sexi. Un disfraz chulo de Halloween es para reírse de la muerte en su cara, pero yo espero (ups, ¿en serio?) pasarme la tarde mirando a la muerte a los ojos para preguntarle quién se cree que es. En vez de un vestido para conocer a los suegros, necesito vestirme para, en teoría, conocer y saludar a mis queridos ancestros.

Mi intuición me dice que lo mejor es apostar por lo superbrujil y vestirme de negro de pies a cabeza, aunque sé que lo que queda más guay en los círculos espirituales es ir de blanco. Parece ser que aumenta tu resplandor áurico. Al final, me decido por una falda larga y negra de Agnès B, que fui a recoger a un punto de entrega del East Village (muy brujil, por cierto), y una blusa sin mangas de seda blanca. Y el toque final, pintalabios rojo intenso Lady Danger de MAC. Me lo pongo siempre que quiero sentirme arreglada. Es el mismo tono que usa Alexa Chung (me lo dijo una vez que la entrevisté), y creo que me da un aspecto muy femenino. Una mujer peligrosamente lista, sexi y elegante.

Cuando salgo a la calle, empiezo a escuchar los sonidos del inminente apocalipsis zombi, mientras mis conciudadanos de Nueva York se congregan fuera de los bares para fumar y ligar. Emborracharse y fornicar ante los ojos de la muerte es el otro gran tema de la noche, después de todo. Mientras tanto, pienso en todas las bebidas espiritosas que no beberé y en todos los espíritus a los que pediré que me manden mensajes escalofriantes esta noche, y recojo el plato de verduras asadas con salsa tamari que voy a llevar a la cena de sobaquillo, y que comeré en silencio después de la sesión. La idea es cenar con cualquier ancestro difunto que haya decidido reunirse con nosotras.

Para ser sinceros, todo esto se ha convertido en un viernes por la noche bastante habitual para mí.

Algunas de las conversaciones que mantengo últimamente con mis amigas no tienen desperdicio. Mujeres como Madeline, que antes trabajaba en la revista *Nylon* pero lo dejó para ir a un centro de videntes en Los Ángeles y que está convencida de que es una sirena reencarnada; Raquel, una exestilista de moda que diseñó un programa de desintoxicación espiritual para abrir el tercer ojo y limpiar los chacras junto con el colon; o Marika, una financiera convertida en chamanista moderna que siempre lleva ropa de Isabel Marant y que me presentó a mi animal espiritual el verano pasado.

Y no, no conocí a estas mujeres en un retiro de plantas medicinales milagrosas en Perú. Aunque probablemente se trate de una actividad vacacional que quieran realizar, además de nadar con los delfines, ir a Burning Man y hacer la meditación de diez días en silencio de Vipassana. Tampoco vamos por ahí, ni yo ni mis amigas, vestidas con caftanes lilas (a no ser que sean de Mara Hoffman), ni nos dejamos crecer el vello del sobaco ni bebemos solo té de kombucha de nuestro huerto. Al contrario, las mujeres a las que yo me refiero como «mi aquelarre» son ciudadanas modernas y actuales de Nueva York, Los Ángeles y Londres, ciudades que abrazan con rapidez los albores de lo que me gusta llamar «la Now Age». Como la New Age, pero con un toque totalmente moderno representado con el *now* (ahora). A muchas las conocí después de publicar mi página web, *The Numinous*, una revista electrónica en la que la chica material conoce el mundo místico.

El correo de bienvenida cuando te suscribes dice algo así como: «¡Por fin! ¡Una plataforma que trata mis dos pasiones, la moda y la astrología!». Y luego hablamos de cómo la fascinación por todo lo esotérico ha abierto un mundo de análisis sobre lo que significa ser una mujer próspera en el siglo XXI.

Porque ya sea el Ayurveda, el tarot o la sanación tántrica, durante cualquier tarde en Brooklyn, Venice Beach, Shoreditch, Sídney o Berlín, se pueden apreciar curiosas buscadoras Now Age, acudiendo en masa a talleres para despertar nuestra feminidad divina, con ceremonias para dar la bienvenida a la luna nueva, experimentando con el chamanismo o aumentando las vibraciones a tope. El verano pasado, una noche acudí a una sesión de respiración pranayama en un tipi de un parque de Williamsburg y no regresé a la Tierra hasta pasados unos días.

Ya sé que parece de alucinados, pero si seguir el movimiento *new age* en 1960 significaba cambiarte el nombre por eco, rechazar tu educación tradicional y huir para vivir en un *ashram*, en la Now Age, querer tener una visión del mundo más espiritual no se ve como algo incompatible con ser capaz de apreciar la moda. Al contrario, como hemos evolucionado hacia un mundo tan material, hipervisual y dependiente de dispositivos, estas «tecnologías humanas» de la antigüedad han cobrado un atractivo totalmente nuevo. Por ejemplo, si los medios sociales han creado lo que algunos llaman «la epidemia de la desconexión», estas prácticas esotéricas como la astrología y la meditación se han convertido en una forma (necesaria) de reconectarse, no solo entre nosotros sino también con nosotras mismas.

Por otro lado, como nos pasamos la mitad de nuestras vidas en la realidad alternativa a la que llamamos despreocupadamente «Internet» (porque veámoslo con perspectiva un momento, todo lo que ahora está en línea y en algún lugar de la nube en realidad es ciencia ficción), también podemos indagar sobre estas prácticas Now Age cómodamente desde el salón de nuestros hogares. Por no hablar de la libertad que nos confiere de cruzar los límites en cuanto al aspecto que debería tener una persona que se identifica como espiritual. ¿Has leído los últimos comentarios de Miley Cirus en su Instagram? #DIOSA. La misma semana que escribo esto, Khloé Kardashian también habló sobre sus aprendizajes espirituales para el boletín informativo de Lena Dunham, *Lenny*.

Solo hace falta buscar «meditaciones en abierto que pasan a ser eventos para establecer contactos» y «proceso de citas rápidas espirituales», y ver cómo mis amigas y yo descubrimos las alegrías del día después de una cita sanadora. También existen famosos como Russell Brand (Dios bendiga a este hombre), que descubre el yoga y pasa de querer pertenecer a Hollywood y ser un adicto en recuperación a ser un hombre *pin-up* y Now Age. Ah, y su ex, Katy Perry, que le cuenta a un periodista de la revista *GQ*: «Lo veo todo bajo un prisma espiritual. Creo mucho en la astrología. Creo en los alienígenas. Cuando miro las estrellas, me pregunto: ¿cómo podemos darnos tanto bombo como para creer que somos la única especie con vida en la galaxia?».

Pues no podría estar más de acuerdo contigo, Katy, porque la astrología también fue mi droga iniciática en el mundo místico. Debía de tener unos tres años cuando descubrí que había nacido en el año chino del Dragón. ¡Claro! La mayoría de la gente tenía animales normales, como cerdos o perros, pero yo, la afortunada, había sido escogida para recibir algún tipo de trato cósmico especial (y eso que la astrología no es para narcisistas ni nada por el estilo, en serio; ya lo verás, ¡lo explico más adelante!).

En fin, durante los seis meses siguientes no dejé de poner caras para imitar a un dragón aterrador y de respirar profundamente enseñando los dientes para mostrarle a todo el mundo que la bestia mítica vivía en mí. Y luego nació mi hermano (en el año de la Oveja, menudo rollo) y la gente dejó de prestarme atención.

También crecí sabiendo que mi madre tenía toda mi carta astral, que me había hecho una amiga de la familia al nacer. Era Aries, lo cual significaba que era segura y extrovertida, y a veces bastante mandona. Sin embargo, fuera de casa, no había duda de que era más bien tímida, así que me moría por saber qué más le había contado la astróloga a mi madre. Sin embargo, mi madre me frustraba porque respondía de forma muy ambigua a mis preguntas. Mientras acunaba a mi hermanito con un brazo y con el otro removía un cazo de pasta de trigo sarraceno, murmuraba: «Bueno, tienes muchos planetas en Cáncer...».

Por si aún no lo has pillado, era bastante *hippy*, y casi todo lo que comía de niña era macrobiótico. Creo que era sobre todo por John y Yoko. Las otras familias del pueblo rural en el que crecí eran iguales, una pandilla de alternativos que usaba remedios naturales, cultivaba sus propias verduras y vestía con estopilla.

Hasta que no empecé a ir a la escuelita del pueblo no me di cuenta de que no había nada «raro» en que mi madre llevara a mi hermano al férreo doctor Singha, un médico ayurvédico que curaba sus constantes infecciones de oído prohibiéndole la ingesta de productos lácteos, o en que pasáramos los fines de semana en festivales musicales donde me teñían algunos mechones del pelo con henna rosa. Sin embargo, mi fiambrera de guiso casero de judías dulces adzuki era sin duda poco atractiva comparada con la pizza y las patatas del almuerzo de mis amigos. Y aunque solo tenía cinco años era muy consciente de que mis túnicas confeccionadas en casa no se podían comparar con los tutús comprados en Claire Maplethorpe. A ojos de una niña de cinco años, la pizza y los tutús no solo molaban mogollón, también era evidente que si no los incorporaba a mi mundo, siempre me quedaría fuera.

Hasta ese momento, también estaba muy satisfecha con mi vida social, que básicamente se había limitado a jugar con las hadas que había al final de nuestro jardín, hacer pasteles de barro y bajar rodando por las madrigueras de los conejos en mi imaginación para explorar reinos mágicos y subterráneos. Pero ahora quería una Barbie. Mis efímeras hadas eran misteriosas, traviesas y muy estilosas, pero Barbie tenía el pelo largo y rubio, un armario extremadamente codiciado y un novio llamado Ken, como si se tratara de una princesa de verdad. Y había leído suficientes cuentos de hadas por aquel entonces como para saber que las princesas, incluso más que las niñas nacidas en el año del Dragón, tenían toda la suerte del mundo.

¿Y qué tiene todo esto que ver con mi interés adulto en las cosas Now Age? Deja que te lo explique. Si miramos atrás, recordarás que se hablaba mucho de que el 2012 sería el fin del mundo, puesto que era el último año representado en el antiguo calendario maya. Y sin duda era lo que yo pensaba. Quiero que recuerdes esta fecha, pero ahora avancemos unos meses antes del día D, cuando trabajaba como redactora de crónicas para la revista *Sunday Times Style* en el Reino Unido.

Evidentemente, en algún momento había decidido que el camino más directo para conseguir un armario como el de Barbie y el estatus más parecido al de princesa al que una forastera como yo podía aspirar era meterse en el mundo de la moda. De adolescente, me enamoré de las revistas en un momento en el que lidiaba con la madre de todas las crisis de identidad: era la única «niña pobre», relativamente hablando, de una escuela privada progresista del norte de Londres. Esto, además, aliñado con toda la serie de sospechosos habituales de la rebeldía adolescente: experimentación temprana con las drogas y el alcohol, un trastorno alimentario, una relación de seis años con un hombre sexualmente dominante mucho mayor que yo (a quien llamaré Capricornio), que también resultó estar bien versado en las técnicas de control mental típicas de un líder de secta.

Las revistas, y el mundo perfecto y brillante que representaban para mí, se convirtieron en una vía de escape. Cuando reuní el valor para dejar a Capricornio y reconstruir mi vida a mi propia imagen, tenía clarísimo que iba a seguir una carrera como periodista de moda. Pero después de doce años en el sector, me desalenté al descubrir que estaba aburrida hasta las cejas.

Quizá fue porque aterrizar en la revista *Style* representaba bastante bien el ápice de mis ambiciones en ese momento. Después de todo, gran parte de la rabia y la frustración relacionada con el tedio que sentía por mi trabajo iba dirigida a mí misma por no sentirme plenamente satisfecha con un puesto por el que había luchado los últimos diez años.

Me di cuenta de que muchas de mis amigas empezaban a sentirse realizadas al ser madres, pero yo había decidido hacía mucho tiempo que no quería ser madre (más, oh mucho más, sobre este tema más tarde). Sin embargo, era cada vez más consciente de que intentaba llenar el vacío energético de la fuente de la creatividad, el vacío del segundo chacra (el foco de nuestra energía creativa) que había aparecido en mi vida con numerosos cócteles, ropa de diseñadores y… cocaína. Sí, durante los últimos diez años también me había convertido en la quintaesencia de la chica fiestera, dura y trabajadora. Al principio era un mundo que satisfacía mi deseo pos-Capricornio de vivir la vida con toda la diversión que sentía que me habían negado durante mi adolescencia y principios de la edad adulta. Pero más tarde, ya no lo consideraba tan hedonista; era más bien una forma de aletargar mi ansiedad existencial.

Sobre el papel, mi vida era fantástica: un gran trabajo, una gran relación (puesto que me había casado con el amor de mi vida) y un gran armario con muchas prendas muy rebajadas. Un montón de vacaciones, un montón de obsequios y mi propia casa en una de las calles más codiciadas de uno de los barrios más exclusivos de Londres. #Bendecida. Así pues, ¿por qué quedaba todo matizado por esta sensación de malestar, de que faltaba algo importante? Algo fundamental, como el propósito de mi existencia en el planeta. ¿Escribir sobre la camiseta que llevaba algún famoso o hacer que «se abriera» respecto al estado de su relación en una entrevista era realmente mi única contribución al mundo?

No culpo a la bebida ni las drogas, aunque se habían convertido en parte del problema. La mañana después de un fiestón, la ansiedad y la desesperación, la rabia y la frustración empeoraban diez veces más. Pero, en realidad, la fiesta constante era solo una forma de distraerme de la vocecilla que seguía insistiendo: «Con esto no basta. No basta». Porque, ¿cómo me atrevo? ¿Acaso esto no era tenerlo todo? ¿Cuánto más quería exactamente? No, el problema de verdad era que a medida que avanzaban los meses y mi ansiedad alcanzó un nivel tal que tuve que buscar la ayuda de un terapeuta, continuaba ignorando mi voz interior. Y bueno, 2012 fue el año en el que el destino decidió intervenir.

Desde entonces, gracias a mis aventuras Now Age, he podido entender exactamente lo muy irrespetuoso que es, también con una misma, ignorar la voz por completo (es decir, tu intuición, tu alma, tu yo superior, el universo, hum… Dios). De hecho, empiezo a creer (más sobre este tema también más tarde) que si cada individuo pudiera realmente respetar esta voz, quizá tendríamos ya la solución para la paz mundial.

Por suerte , mi alma no se dio por vencida y me hizo volver a la astrología. Mientras estaba tumbada en la playa Las Salinas en Ibiza, con un mojito en la mano y cabreada porque me había gastado una fortuna en un nuevo bikini Missoni que se había estropeado la primera vez que me había metido en el agua, la voz me decía algo así como: «Bueno, ¿y por qué no aprendes astrología? Pero aprenderla bien, para leer las cartas y esas cosas. Siempre te ha gustado la astrología y creo que lo que necesitas es un proyecto que te apasione». Si algo le faltaba a mi vida era pasión.

Mi interés por la astrología había renacido con los años. Incluso mis compañeros me llamaban el Rubí Místico, puesto que siempre sabía cuándo Mercurio se volvía retrógrado (y todos los autores incumplirían con sus fechas de entrega y nuestras sesiones de fotos iban a ir mal). ¿Querría nuestra astróloga en plantilla, la eminente Shelley von Strunckel, enseñarme un par de cosillas?

Pues resultó ser que sí, y pronto empezó a invitarme a cenar a su ático en Kings Cross. Mientras esta gran dama de glamur místico bebía copiosas cantidades de vino tinto biodinámico, me llenaba la cabeza con historias del folklore espiritual de la antigüedad. Todas esas cosas que me habían rondado por la cabeza en la infancia, pero que había metido una caja cuya etiqueta rezaba: «Disparatado, alternativo y no demasiado molón», junto con el guiso de judías dulces adzuki. Y ahora Shelley me hacía volver a ellas.

Enseguida me maravilló por su experiencia y su erudición, ¡y no solo en astrología, si no en todas las cosas místicas! Shelley había viajado por todo el mundo y había experimentado la magia del universo de primera mano. Mi corazón se emocionaba con su visión. Era como si sus historias fueran el eslabón perdido, como si me hubiera abierto la puerta a un mundo totalmente nuevo, que por otro lado siempre había estado buscando: un Narnia que ella describía como «lo numinoso».

Me dijo: «Significa lo desconocido». Y sentí cómo se extasió mi alma. Ni siquiera la atracción hipnótica de un nuevo par de zapatos Miu Miu podría haber causado el cosquilleo interior que sentía mientras la red de la intriga de la palabra «numinoso» se tejía en mi mente. Había recibido una educación atea (una vez tuve que salir de una misa de medianoche a punto de gritar: «¡Culto!» a todo pulmón), así que esto era como entender por primera vez el concepto de, hum, Dios. (De hecho, a veces, cuando la gente me pregunta qué significa la palabra, respondo: «Básicamente increíble, pero en un sentido bíblico».)

¿Fue este el momento en el que «desperté», como suelen decir en los círculos *now age* al día en el que finalmente una decide abandonar su carrera empresarial para ir a formarse como instructora de yoga en Bali? Bueno, en esta línea, decidí en ese momento y en ese lugar que más allá del estudio de la astrología, mi nuevo proyecto en paralelo iba a ser investigar todas las cosas numinosas por mi cuenta. Y ya puestos… ¿no era ese un nombre genial para una revista?

Más allá del «despertar» personal que estaba experimentando, todo esto estaba muy relacionado con el sensible olfato periodístico que había desarrollado. Sabía (porque la voz también me lo había dicho) que ante una evolución tecnológica tan rápida, no podía ser la única que sintiera este profundo malestar existencial. Estéticamente hablando, todo el rollo esotérico podía modernizarse un pelín (después de todo, el pachulí y el terciopelo lila arrugado llevaban presentes desde 1970)… ¿y quizá yo podía hacer algo al respecto? El mensaje de que «ese algo más» que todos estábamos buscando en realidad estaba allí, esperando a que lo desempolváramos y le diéramos algo de brillo, era algo que sentía la obligación de compartir. Sin apenas darme cuenta, estaba visualizando una hermosa publicación en la que averiguar cuál es tu animal espiritual se convertiría en algo tan guay como comprar en Chanel. ¡Y así nació *The Numinous*!

O al menos lo concebí. No iba a tirar por la borda mis años de trabajo en *Style* para empezar mi propia revista (o mejor dicho, por falta de fondos o inversores, mi humilde blog). Estaba demasiaaado acostumbrada a los elogios y a los detallitos, a pesar de que ahora ya sabía que ningún regalito de diseñador en el mundo iba a hacerme feliz. Una cosa es querer rodearse de cosas hermosas (de hecho, es muy espiritual, puesto que creo que la belleza es una mera manifestación física del amor, es decir, conciencia de espíritu puro) y otra bien distinta es venerar a la iglesia de Chanel (como les ha pasado a muchos compañeros con los años).

De hecho, me ha sorprendido un poco que muchas de las mujeres de mi aquelarre *now age* se describan como «víctimas de la industria de la moda en recuperación». Porque, ¿acaso no es eso también la definición de una adicción? ¿Cuando no dejas de querer la misma poción mágica (en mi caso, aún más pares de zapatos de 350 dólares) esperando un resultado distinto, aunque siempre acabas empezando de cero después de obtenerla?

Sin embargo, también he aprendido que en cuanto empiezas a prestar atención a la voz y a intentar dar ni que sea los primeros pasitos en la dirección que te insta, el universo interviene y toma las riendas del asunto. Es la ley de la atracción 101. Así en la tierra como en el infierno... Los pensamientos se convierten en cosas. Y solo un par de meses más tarde, a mi marido, a partir de ahora llamado «Piscis», le salió un trabajo en Nueva York, que empezaba en enero del 2012. Tenía clarísimo que me iba con él, así que había llegado el momento de dejar los brillantes regalitos atrás, alzarme como mujer y dar un paso al frente con valentía hacia el Numiverso.

Y esto es lo verdaderamente sorprendente. Resulta que cuando la voz me susurraba: «Con esto no basta...», no estaba intentando decirme que no tenía bastante: bastantes cosas, bastante éxito, incluso bastante amor. Sin duda, tenía montones de todo eso. De hecho, a nivel mundial, mucho más de lo que me tocaría. El mensaje que la voz trataba de meterme en la cabeza era que no vivía alineada con mi «verdad». Es decir, luchaba lo necesario para superar toda la basura (las lecciones kármicas, el condicionamiento y las creencias limitadoras) que se interponía en el camino para poder experimentar una relación con mi «yo más auténtico» y, por lo tanto, una relación con la energía de la fuente universal comúnmente conocida como «Dios».

Ya he mencionado que recibí una educación atea, ¿verdad? Bien, como resultado de ello, no me siento demasiado cómoda con la palabra «D», como seguramente ya habrás adivinado. Sin embargo, aunque nunca consideré que no tener una creencia religiosa metida en la cabeza desde niña fuera una carencia en la vida, ahora sí veo que el vacío insondable en el que me vi inmersa era básicamente falta de fe, y de creer en que la vida está sostenida y unida por nuestra conexión con «lo Divino».

Mientras tanto había ido poniendo tiritas sobre las otras «heridas» de mi vida. Las heridas superficiales de ser la niña rarita del cole y del divorcio de mis padres. Y luego las lesiones más profundas que tuvieron un impacto en mi alma, como mi trastorno alimentario, mi relación con Capricornio y mi inversión de casi todo mi desarrollo espiritual y sentido del yo en alegres trapos y bolsos.

Pero cuando empecé a investigar todas las cosas numinosas, era como si cada meditación y cada sesión de tarot me despejaran el camino hacia la fuente (mi yo superior, la unicidad universal... vale, Dios). Y pronto todos los secretos salieron a la luz para ser sanados. Fulminarlos (o, mejor dicho, ponerlos a descansar, a descansar en paz) no siempre ha sido fácil, pero sí ha sido empoderador, muy inspirador y a menudo muuucho más divertido que cualquier otro viernes por la noche en el que bebes para olvidar (porque, ¿para qué iba a querer olvidar las cosas que me importan?), como descubrirás en el capítulo en el que hablo de cómo la sanación se ha convertido en mi nueva vida nocturna.

Quiero decir algo más sobre los conceptos «sanar» y «heridas», porque son palabras que verás que utilizo mucho. Más que sentirse repelido por el hecho de que sugieren que algo va «mal», ¿qué tal si pensamos que el concepto significa que hay algo que está muy, pero que muy bien en ti, que necesita sanarse, es decir, encontrar su totalidad, para que puedas sentirte totalmente empoderada?

En cuanto a la gente que quiere descartar todas las cosas numinosas porque las considera basura de flipados o un grupito de idiotas remilgadas con sus güijas: a) a la mierda con el sistema patriarcal que decidió que todo lo que tiene que ver con la adivinación y la intuición tiene poca cabida en el «mundo real», y b) cuando no hace tanto me entrevistaron para la revista británica *Vogue* sobre la penetración de la astrología en la vida cotidiana, mi respuesta a algunas objeciones parecidas a las anteriores fue algo así como: «El mundo está dividido en científicos y místicos, quienes sobre todo preguntan cómo y quienes sobre todo preguntan por qué, gente que piensa con el hemisferio izquierdo y gente que piensa con el derecho. Yo pertenezco claramente al último grupo (en parte gracias a mi luna en Cáncer, ja, ja), porque para mí, la vida no tiene sentido sin este tipo de autoindagación».

No estoy diciendo que nuestras facultades del hemisferio derecho no deban estar operativas para realizar nuestras tareas diarias como seres humanos, pero como de niña no tenía ninguna palabra para expresar «Dios» en mi léxico de cinco años, ahora entiendo que la astrología respondía a una necesidad profundamente humana en mí, una necesidad de conocer mi lugar en el cosmos, para poder sentirme conectada con mi yo superior, con mis seres queridos y con el planeta al que llamamos «hogar».

Porque una de las mejores cosas de decidir que solo hay que abrazar lo numinoso, maravillarse ante la magia del universo y hacer el trabajo interior que suele pedirte es que al final te alineas con el latido de nuestra Madre Tierra. Y si hay algo que todos sabemos es que hay que hacer todo lo que esté en nuestras manos para impulsar una coexistencia más armoniosa con el mundo natural.

También pienso que solo si nos sentimos realmente felices en nuestro interior, solo si sanamos, podemos dejar de mirarnos el ombligo y empezar a ayudar a la gente de nuestro alrededor. Como cuando el avión está a punto de estrellarse, debemos ponernos la máscara de oxígeno nosotros primero.

Así que antes de pedirte que hagas tu viaje numinoso, quiero que consideres lo siguiente: si tú eres lo más numinoso que existe, aceptar esta misión podría ser el camino más rápido para desvelar tus propios aspectos desconocidos, sintonizar con tu propia voz interior e indagar en tu yo más feliz, verdadero, empoderado y empoderador. Ese yo que cree que quizá, solo quizá, tú también tienes una función única y esencial en el futuro, para que nuestra especie y nuestro planeta sean prósperos, aunque para ti salvar al mundo sea hacer menos de Madre Teresa (puesto que de Madre Teresa solo hay una) y más de mejor hermana, hija, amante, amiga y activista social. Después de todo, el gran cambio no se puede dar en todos los humanos a la vez.

He escrito este libro para compartir herramientas e ideologías y, por supuesto, para presentar a los místicos y maestros que me han parecido más inspiradores en esta osada búsqueda, para que puedas utilizarlo como una especie de hoja de ruta. Algunos capítulos tienen un tono más prescriptivo sobre cómo sentirse y otros son más filosóficos. Te aliento a que tomes muchas notas y a que apliques mis experiencias y observaciones a las transformaciones que experimentes, o te gustaría experimentar, en tu propia vida. Y, por supuesto, haz pausas entre capítulos para salir, divertirte e inspirar a los demás a modo de ejemplo, puesto que será en el día a día y la aplicación en la vida real de estas prácticas donde darás los pasos más agigantados en el camino hacia una vida más plena.

No estoy afirmando ser una gurú de ningún tipo. Solo soy una chica material en un mundo místico, que además cree que si lo numinoso estuviera instaurado, quizá nos estaríamos acercando un poquito más a, bueno, la paz mundial.

PRIMERA PARTE

La New Age, pero ahora

1

La astrología como habilidad vital básica

Una de las mejores cosas de ser periodista es la gran variedad de conversaciones que acabas teniendo con personas a las que no conoces de nada, muchas de las cuales además también son semifamosas. Como la vez que entrevisté a la supermodelo Crystal Renn de «talla extra» (ridículo, porque es una 38). Se suponía que iba a ser una sencilla sesión de preguntas y respuestas para la revista *Stylist* de Londres, pero lo primero que Crystal quiso saber cuando nos sentamos fue mis signos solar, lunar y ascendente. Resultó que ambas éramos unas fanáticas de la astrología. Pensé: «¡Es mi hermana gemela!», puesto que lo primero que suelo hacer cuando me piden que entreviste a alguien es mirar su carta astral.

De todas las maravillas de Internet, buscar en Google los detalles del nacimiento de la mayoría de famosos no dejará de ser una fuente constante de entretenimiento para mí. Y, por cierto, para la estudiante de astrología también es una forma genial de perfeccionar habilidades. Después de todo, cuando tienes la carta natal de un famoso en tus manos, sus vidas, amores, fracasos y éxitos están allí esperando a que los analices.

Para los no iniciados, tu carta natal es un mapa del cielo que muestra la posición exacta de los planetas en la rueda del zodíaco en el momento en que naciste, es decir, el momento en el que tu alma escogió reencarnarse esta vez. La posición de cada planeta es una ventana de los diferentes aspectos de la personalidad.

Volvamos a Crystal, a quien le encantaba la astrología porque como modelo tenía que interactuar con gente nueva continuamente y cada día. En cada castin, en cada sesión de fotos, en cada evento de pasarela, tenía que lidiar con un equipo totalmente nuevo, ¿y qué mejor forma de romper el hielo, por no decir de saber con quién narices estás trabajando, que una pequeña investigación astrológica? Conocer el signo solar de alguien (su personalidad intrínseca), su signo ascendente (qué impresión causa) y su signo lunar (sus necesidades emocionales más profundas y cómo reacciona a las cosas) le ayudaba a encontrar su lugar en el grupo, a entender a cada persona y, a un nivel más avanzado, a comunicar mejor sus propios deseos y necesidades. Como la gente en cuestión (fotógrafo, maquillador, estilista) eran los responsables del aspecto que tendría en las imágenes finales, por no mencionar que podían recomendarla para su siguiente trabajo, es fácil entender lo valiosa que le podía resultar esta habilidad vital.

Signo solar = tu personalidad intrínseca
Signo ascendente = qué impresión causas
Signo lunar = respuestas y necesidades emocionales

Y en mi libro (este libro), no solo son las supermodelos las que pueden beneficiarse de captar lo básico de la astrología. Sí, es divertido leer diaria, semanal o mensualmente el horóscopo de tu propio signo solar, pero cuando se aprenden algunos de los otros aspectos clave de la carta y se aplican a las relaciones con tu yo y los demás, entonces la cosa se pone muy interesante.

La astrología suele tener mala reputación entre la gente que da por sentado que se trata de predecir eventos futuros, basándose en algo tan aparentemente aleatorio como la posición de los cuerpos celestes que giran alrededor del Sol, que está a millones de años luz. En respuesta a estas objeciones: a) me gustaría que recordáramos por un momento lo mucho que se ven afectadas nuestras vidas por las estaciones del año, por no hablar del impacto que la previsión del tiempo tiene en nuestro humor. Si podemos ver la influencia que tiene la Luna en las mareas menguantes y crecientes, ¿realmente cuesta tanto creer que los otros planetas de nuestro sistema solar también podrían tener algún impacto en la vida aquí en la Tierra? ¿Que el «tiempo cósmico» podría desempeñar una función en nuestras vidas?

Además, b) en mi opinión, la astrología es en realidad un complicado lenguaje de símbolos que describe las complejidades de la naturaleza humana. Después de todo, para cualquiera que domine el habla astral, es mucho más sencillo decir que tienes el Sol en Aries que empezar una larga explicación sobre cómo te centras mucho en ti, pero a la vez eres muy fiel; o cómo naciste para ser empresaria y que eres propensa a asumir riesgos, pero con un alma guerrera que en realidad, debajo de todo ese ridículo ego, quiere salvar al mundo.

Desde que tengo uso de razón, me ha fascinado la forma en la que este lenguaje místico adquiere sentido, en especial si no se extiende para convencerme de que cada uno de nosotros está determinado por la posición de los planetas en su nacimiento. Para mí, lo importante no es cómo funciona la astrología (científicos contra místicos, ¿recuerdas?), si no que la considero una herramienta de desarrollo personal, con la que interpretar qué, por qué, cómo y cuándo se presentan en nuestras vidas ciertas situaciones, estados emocionales y procesos evolutivos. Y todo en nombre de nuestro viaje kármico o evolutivo.

Sí, la astrología también puede verse como un entretenimiento autocontemplativo. Pero piensa que el deseo de conocerte mejor, a ti y al mundo en el que te mueves, es un motor para ser mejor persona y más eficaz. Tampoco debe utilizarse como chivo expiatorio. Cultivar una conciencia de cómo podrían influir ciertos aspectos astrológicos en determinadas situaciones es algo muy distinto a echarle la culpa a las estrellas de todas tus deficiencias y chorradas tipo «no me dio la gana de mover el culo para ir allí». Aquí es donde entra en juego el concepto de «libre albedrío», la idea por la cual, a pesar de ser hijos del cosmos y parte del plan universal, tenemos plena potestad para decidir cómo queremos vivir nuestras vidas.

Tal como dicen mis amigas astrólogas Tali y Ophira Edut, más conocidas como las Astrogemelas, ver tu carta natal ayuda porque ves tu «configuración de fábrica», el plan cósmico con el que estás trabajando en esta vida.

Cómo acabas construyendo tu vida depende de muchos factores externos, incluyendo la gente que conoces, las oportunidades que se te presentan y, en última instancia, las decisiones que tomas. Pero tener ese plan original guardado y al cual poder acudir es una manera excelente de asegurar que las bases siguen sólidas. En este sentido, cuando se estudia el lenguaje de la astrología como herramienta de desarrollo personal, aprender lo básico para interpretar tu propia carta es un fantástico punto de partida. Con esta información a mano, te garantizo que tendrás una perspectiva totalmente nueva de tu vida, tus relaciones y, sí, tu destino kármico.

Fueron las fabulosas Astrogemelas quienes me desvelaron el mundo de la interpretación de las cartas. Tali, que conoció y se casó con su marido en Burning Man, estudia chamanismo en su tiempo libre, y Ophira, cuando voy a verla a su apartamento del East Village, siempre tiene un paquete de cartas de Ángeles sobre la mesa. Pero también escriben los horóscopos para *Elle* y aparecen regularmente en *The Real Housewives*. Es decir, son un par de chicas místicas que tienen un gran impacto en el mundo material.

La primera vez que nos vimos pensé: «¡Atención, Numinati!». («Numinati» es el término cariñoso que utilizo para mi aquelarre numinoso.) Luego descubrí que organizaban el retiro «Conviértete en tu propio astrólogo» en Tulum (México) ese verano, y supe que movería cielo y tierra, y por supuesto todas las constelaciones del zodíaco, para poder estar en ese lugar.

Allí fue donde conseguí por primera vez tener un buen manejo de la interpretación básica de la carta natal, utilizando lo que las gemelas llaman «el puzle de tres piezas» para examinar cada aspecto o colocación planetaria en habla no astral, en una carta. Luego cuento más al respecto. También fue donde caté por primera vez cómo se comparaban las cartas de dos personas (otro de los temas favoritos de las gemelas). En el proceso descubrí algunas verdades sobre mi carta en relación con la de mi madre, por ejemplo, que han cambiado el modo como nos entendemos y, por lo tanto, la manera de comunicamos, lo cual ha llevado nuestra conexión madre-hija a otro nivel totalmente distinto, más indulgente. No era moco de pavo, y sí más madera para mi ya ardiente obsesión astrológica.

LEER TU CARTA

Para empezar, es muy importante entender que tu signo solar, que es el signo que buscas cuando lees tu horóscopo, solo representa parte de tu naturaleza, aunque la cultura popular le da mucho énfasis. En realidad, hay once planetas en juego en cualquier carta natal (incluyendo el Sol, la Luna y el Nodo Norte, que técnicamente no son planetas, pero los astrólogos los tratan como tal), y cada uno incide en dicha carta. En este sentido, también hay un signo Venus, un signo Mercurio, etcétera.

Y luego está tu signo ascendente, el signo del zodíaco en el que el Sol ascendía en el momento específico de tu nacimiento, que también tiene un papel muy importante. Sin embargo, los signos ascendentes cambian cada dos horas, así que solo es posible calcular tu signo ascendente si sabes, con un margen de error de dos horas, a qué hora decidiste llegar al mundo. Pero si no lo sabes, no temas, no es para nada esencial para calcular tu carta.

Lo cual, gracias a las maravillas ya mencionadas de Internet, se puede hacer de forma gratuita en línea. De hecho, si aún no lo has hecho, hazlo ya en www.astrostyle.com, la página de las Astrogemelas, donde hay un link a la página web «Haz tu carta gratis». Si desconoces la hora exacta de tu nacimiento, marca medianoche (no alterará los otros aspectos planetarios). Si la imprimes, podrás tomar algunas notas.

Bien, ¿lo tenemos? Vale. Y si no puedes acceder a un ordenador ahora mismo, esta es mi carta, para que te hagas una idea:

⊙	Sol	♄	Saturno	♈	Aries	♎	Libra
☾	Luna	♅	Urano	♉	Tauro	♏	Escorpio
☿	Mercurio	♆	Neptuno	♊	Géminis	♐	Sagitario
♀	Venus	♇	Plutón	♋	Cáncer	♑	Capricornio
♂	Marte	☊	Nodo Norte	♌	Leo	♒	Acuario
♃	Júpiter	℞	Retrógrado	♍	Virgo	♓	Piscis

Parece muy técnico, lo sé, y no voy a entrar en detalles ahora mismo. Hay cuatro cosas en las que centrarse.

Primero, ¿ves el círculo del centro? Esa eres tú. O, si estás mirando mi carta, soy yo. ¡Hola! Sí, bastante egoísta, puesto que son los planetas en realidad los que dan vueltas alrededor del Sol. Pero en nuestra carta natal, estamos en primera fila.

Bien, mira el anillo exterior de la carta. Es la rueda del zodíaco, y como puedes ver está dividida en doce secciones, una para cada signo, como indican los doce símbolos diferentes o glifos de las columnas que están a mano derecha de la tabla opuesta. Quizá los reconozcas de otras veces que hayas leído tu horóscopo o hayan escrito sobre tu signo solar. Mi carta empieza en Sagitario, a la izquierda (o este), «a las 9 en punto», donde dice «A.C.» (de Ascendente).

> **Lección número 1**: los signos del zodíaco representan los diferentes aspectos de nuestra personalidad, cómo nos presentamos al mundo y nos enfrentamos a situaciones.

Luego, verás que el anillo del medio también está dividido en doce secciones. Son las distintas casas de la carta y están enumeradas de 1 a 12, empezando de nuevo en la posición de las nueve en punto por la izquierda. Cada casa está gobernada por el signo con el que se cruza, así que mi primera casa está gobernada por Sagitario, mi segunda casa por Capricornio, mi tercera casa por Piscis (por los pelos), etcétera. Por lo tanto, cada casa quedará influida por la personalidad del signo que le gobierna.

> **Lección número 2**: las casas representan las diferentes áreas de la vida en las que nos movemos: amor, trabajo, hogar y familia, etcétera.

Finalmente, hay que tener en cuenta los símbolos que flotan en las distintas casas. Representan los planetas, y la carta es esencialmente como una captura de pantalla de su posición en el sistema solar en el momento de nuestro nacimiento.

> **Lección número 3**: los planetas representan nuestra motivación en la vida, las cosas que nos impulsan a actuar.

Para una interpretación básica de la carta, hay que aprender cómo interactúan estos tres elementos entre sí (planeta, casa y signo), puesto que se muestran en distintas combinaciones en cada carta natal. He aquí un par de ejemplos que explican lo que quiero decir.

Como se puede apreciar en mi carta, Mercurio está en Aries en la cuarta casa. Puesto que Mercurio es el planeta de la comunicación y Aries es el signo de la pasión y de todo lo nuevo, ¡tiene sentido que siempre me haya sentido impulsada a escribir sobre las próximas grandes tendencias! La cuarta casa rige temas del hogar y familiares, lo cual explicaría el hecho de que me siento más productiva cuando escribo en mi casa (de hecho, escribía en casa todos los artículos de la revista), además de que siempre me alentaron a leer de niña.

A un nivel más profundo, la cuarta casa también rige temas femeninos, lo cual sugiere que mis textos están destinados a tener algún tipo de impacto en las vidas de las mujeres. Si añadimos que mi Luna (necesidades e impulsos inconscientes) está en Cáncer (el signo que rige el principio femenino), en la profundamente «mística» octava casa, pues, *voilà*, aquí tenemos *The Numinous*. Bueno, ¿confundida? Como habrás empezado a ver, el lenguaje de la astrología puede ser bastante complejo, puesto que ofrece capas y capas de interpretación. Pero, por ahora, volvamos a lo básico.

Antes de pasar a la visión general de las distintas áreas cubiertas por cada planeta, casa y signo, quisiera hablar sobre las posiciones de la casa y del signo ascendente si desconoces la hora exacta de tu nacimiento. Básicamente, es imposible ofrecer una lectura precisa sin una hora, pero, aun así, sabrás en qué signo está cada planeta, lo cual ya te da un montón de información para empezar a conocer tu carta.

De nuevo, la norma que hay que recordar es:

INTERPRETACIÓN BÁSICA DE LA CARTA NATAL

Planeta (motivación) + Signo (hacia donde la enfocas) + Casa (el área vital en la que se manifestará esa motivación y esfuerzo).

Como empezarás a ver cuando explique las características de cada planeta, signo y casa del zodíaco, hay mucho solapamiento, todo tipo de sutilezas y muchas muchas formas distintas de interpretar lo que las Astrogemelas llaman el «puzle de tres piezas». Y además de montonazos de experiencia, creo que los astrólogos más experimentados utilizan algo de intuición, aprovechando la naturaleza numinosa de esta ciencia mística, a la hora de interpretar una carta.

Julia y Derek Parker afirman en su brillante libro *Parkers' Astrology* (un libro para principiantes fenomenal para cualquiera que desee estudiar la astrología en serio): «El arte de interpretar una carta es mirar con mucha más profundidad, considerar los distintos aspectos que muestran los planetas, los signos y sus interrelaciones, y examinarlos para que uno mitigue o refuerce el efecto de otro. De este modo, se puede descubrir un profundo retrato de una misma, que sorprende con sus luces y sombras, su sutileza y su persuasión».

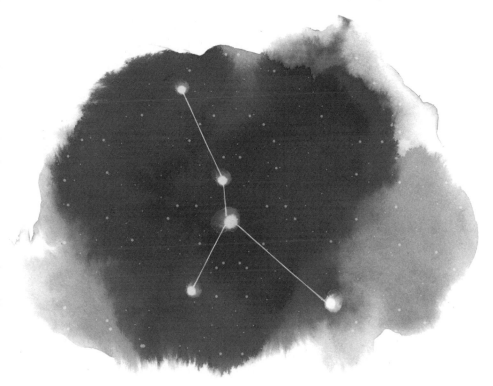

Y bien, si ese es el objetivo final, todos tenemos que empezar por algún sitio, así que aquí tienes una chuleta a la que acudir cuando empieces a mirar tu propia carta:

Los planetas

EL SOL: autoconciencia, poder personal, fuerza vital, creatividad, esencia, autoexpresión, espíritu, voluntad, empuje para conseguir relevancia personal.

LA LUNA: sentimientos, instintos, humores, respuesta a las cosas, reacciones viscerales, seguridad emocional, necesidades básicas.

MERCURIO: comunicación, discurso, pensamientos, lógica, análisis, ideas, intelecto.

VENUS: belleza, amor, gusto, armonía, estética, atracción, encanto, romance, sensualidad, comodidad.

MARTE: acción, energía, deseo, impulso, empuje, fuerza, valor, rabia, competencia.

JÚPITER: entusiasmo, suerte, fortuna, optimismo, positividad, generosidad, benevolencia, verdad, ser extrovertido.

SATURNO: disciplina, estructura, sabiduría, ambición, funcionalidad, realismo, responsabilidad, karma.

URANO: avance, lo inesperado, innovación, cambio repentino, percepción, despertar, originalidad.

NEPTUNO: imaginación, ideales, solidaridad, compasión, intuición, emociones, amor universal, sueños, fantasía.

PLUTÓN: transformación fundamental, cambio, muerte y renacimiento, empuje básico, regeneración, herencia.

NODO NORTE (no es un cuerpo celeste en sí, sino un punto que se refiere a la posición de la Luna en relación a los otros planetas en el momento de tu nacimiento): propósito en la vida, destino, crecimiento personal, personas de apoyo, potencial.

NODO SUR (quizá no se muestre en tu carta, pero siempre estará en el signo opuesto al Nodo Norte): viejos patrones, experiencia en vidas pasadas, rasgos heredados, talentos innatos, condicionamiento cultural.

Los signos

¡Recuerda! Tu carta estará influida por todos los signos en cierta medida. Así que no se vale mirar solo tu signo solar y decir: «Ah claro, esa soy yo». Los rasgos de cada signo muestran cómo diriges la energía del planeta que tiene el signo en tu carta.

ARIES: proactivo, extrovertido, activo, contundente, emprendedor, seguro de sí mismo, fuerte.

 TAURO: estable, persistente, productivo, reflexivo, rico, práctico, fiable.

 GÉMINIS: comunicativo, ingenioso, adaptable, curioso, con múltiples facetas, que busca variedad.

 CÁNCER: sensible, con sentimientos, receptivo, nostálgico, orientado hacia la seguridad, perceptivo emocionalmente.

 LEO: expresivo, consciente de sí mismo, entretenido, alegre, afectuoso, infantil, creativo, dramático.

 VIRGO: analítico, lógico, inteligente, orientado hacia los detalles, sensato, metódico.

 LIBRA: equilibrado, justo, tolerante, orientado hacia las relaciones, sociable, cooperativo, diplomático.

 ESCORPIO: intenso, determinado, riguroso, energético, reservado, apasionado, contundente.

 SAGITARIO: entusiasta, optimista, jovial, amable, generoso, sociable, sincero.

 CAPRICORNIO: organizado, serio, práctico, ambicioso, trabajador, disciplinado, realista.

 ACUARIO: amable, intuitivo, original, independiente, único, imaginativo, vanguardista.

 PISCIS: imaginativo, sentimental, comprensivo, compasivo, artístico, soñador, fantasioso .

Las casas

PRIMERA CASA: personalidad, cuerpo físico, autoimagen, expresión personal.

SEGUNDA CASA: finanzas, posesiones personales, talentos, capacidad productiva, valores.

TERCERA CASA: comunicación, aprendizaje, información, debates, hermanos, transporte.

CUARTA CASA: hogar, familia, la madre, alimento, emociones, costumbres.

QUINTA CASA: creatividad, historias de amor, juego, búsqueda del placer, entretenimiento, arte.

SEXTA CASA: trabajo diario, salud y bienestar, dieta, tratamiento médico, higiene.

SÉPTIMA CASA: relaciones, colaboraciones, cooperación, conciencia social, justicia.

OCTAVA CASA: transformación, poder, muerte y renacimiento, sexualidad, herencia, impuestos.

NOVENA CASA: viajes, filosofía, aprendizaje, aspiraciones, religión, maestros espirituales.

DÉCIMA CASA: carrera, reputación, ambición, responsabilidades y deberes, el padre, política.

UNDÉCIMA CASA: amigos, actividades de grupo, intereses humanitarios, percepciones, rebelión.

DUODÉCIMA CASA: sanación, el subconsciente, ideales, meditación, desarrollo espiritual.

Bien, cuando hayas fisgoneado en tu propia carta, casi seguro que querrás empezar a mirar las cartas de todas las personas importantes en tu vida. Los miembros de tu familia, tu amante, tu jefe, esa amiga irritante a la que no puedes dejar de querer. Existen maneras de interpretar cómo interactúan dos cartas entre sí, pero esto es bastante avanzado para tratarlo ahora. Basta decir que cuando se comparan los rasgos de, digamos, tu Luna en Cáncer y la Luna en Géminis de tu madre, empezarán a darte alguna idea sobre por qué, cuando se trata de ciertas necesidades básicas, puede que os cueste relacionaros.

Sí, este es un ejemplo de mi vida, y cuando fui capaz de ver este tipo de cosas en mis propias cartas, di el primer paso en lo que ha sido un viaje increíblemente sanador para la relación con mi madre. Nunca había faltado el amor entre nosotras, pero siempre me había frustrado la incapacidad de comunicación a nivel de alma. Creo que una de las razones por las que me fui de casa tan joven es porque me pasaba mucho tiempo sintiéndome culpable por no ser el tipo de hija que yo pensaba que ella quería: es decir, una hija que quería compartir todos los detalles de su vida emocional con ella.

Tras un camino accidentado y haciendo malabarismos con varios trabajos para intentar llegar a final de mes como madre soltera, ha encontrado su vocación como psicoterapeuta (estudió la obra de Carl Jung, entre otros, el fundador suizo de la psicología analítica que, por cierto, creía profundamente en la astrología como herramienta de análisis). Así pues, tiene mucho sentido que su empeño siempre haya sido «ventilar sus sentimientos» para sanarse, mientras que yo siempre he sido muy reservada con mi vida emocional y me guardo lo que percibo en el pecho hasta que me siento segura de compartirlo. Justo aquí tenemos una fricción de los signos un poco hostil, Luna en Géminis (ella) y en Cáncer (yo).

¡A eso hay que añadir que su Luna en Géminis está en su expresiva Quinta casa, mientras que mi Luna en Cáncer está en mi reservada Octava casa! Pero ¿sabes qué? Ser consciente de este conflicto a través del prisma de la astrología también me ha ayudado a ver el valor en su manera de hacer las cosas, y por lo tanto superar mi miedo innato de compartir mis emociones, un viaje sanador ya en sí mismo.

Y sí, teniendo en cuenta todas las diferentes formas de interpretar una carta que existen, podría decirse que siempre es posible ver lo que una quiere ver. Pero creo que de esto se trata: que ves (o escoges ver) lo que haces en una carta por alguna razón. Aquí es donde la intuición entra en juego. Si no tienes miedo de seguir tu instinto con lo que parece que es la lectura más acertada de un aspecto concreto, por muy incómodo u horrible que sea, tendrás el don de recibir diamantes en bruto de autoconciencia que pulirás para que te informen sobre tus siguientes elecciones y acciones.

Al utilizar esta técnica para entender mejor mis necesidades y las de mi madre y, en consecuencia, nuestras acciones en el mundo, nuestra relación se ha transformado. Por mi parte, he madurado para superar mis tendencias hoscas y duras de la Luna en Cáncer, como el caparazón del cangrejo que simboliza el signo de Cáncer, y poder darle lo que siempre ha necesitado de mí, un intercambio franco. Esto ha sido determinante para que nuestra relación avance. No lo hemos conseguido de la noche a la mañana, y hemos tenido que sacar a la luz algunas verdades difíciles sobre nuestra historia compartida y derramar infinidad de lágrimas. Pero hemos llegado a un punto en el que yo sé que ambas nos sentimos madre e hija de una forma que antes habría sido imposible. Y este hecho me ha ayudado a evolucionar y abrir mis sentimientos también en otras áreas de mi vida.

Tal como explican las Astrogemelas Ophira: «La astrología es una herramienta para perdonar de forma radical», aunque ni mi madre ni yo hemos cambiado nuestra forma de ser. Sin embargo, he sido capaz de ver nuestras diferencias desde una perspectiva de mayor aceptación. Ella es ella y yo soy yo, tenemos necesidades distintas y no pasa nada.

Así pues, si la astrología en mi libro (este libro) sirve para la autorreflexión, para conocerse mejor, quisiera hablar un poco más de para lo que no creo que sirve, como por ejemplo, para planificar cada acción, de cada segundo, de cada día.

Sin duda sabrás que hay gente que actúa como si el mundo tuviera que detenerse cada vez que Mercurio se vuelve retrógrado (a veces se mueve más lentamente en el cielo y parece que se mueva hacia atrás). Puesto que se trata del planeta de la comunicación, los contratos y la tecnología, cuando Mercurio se vuelve retrógrado (pasa más o menos tres veces al año), las cosas pueden ser caóticas y retroceder en estas áreas, como seguramente ya habrás experimentado.

Pero esto no es motivo ni excusa para esconderse detrás de una piedra hasta que vuelva a moverse hacia delante. Porque, ¿sabes qué? Todos los planetas pueden volverse retrógrados e influir negativamente todo el rato, lo que causa problemas y hace que haya fricción entre ellos. Si tuviéramos que detener nuestras vidas cada vez que el cosmos no tiene la apariencia de un cielo azul en la lejanía, no haríamos nunca nada. De hecho, volviendo a mi parangón de la astrología como un tipo de previsión meteorológica cósmica, no cancelas tus planes porque parece que va a llover. Lo que haces es coger un paraguas.

También me gusta la analogía del doctor Chee Ming Wong, un anestesista a quien entrevisté una vez, que proyectaba sus propias predicciones astrológicas con frecuencia: «Si te espera una carretera con baches, es mejor ir más despacio. Por otro lado, habrá momentos que serán potencialmente ventajosos». Según el maravilloso doctor Ming Wong, «formado científicamente»: «La disciplina científica es buena para medir fenómenos observables. Sin embargo, para lo que sigue siendo un misterio, quizá lo que practicaban en la antigüedad (lo cual incluye la astrología) sea un camino trillado para explorar la ciencia de lo desconocido».

Esto es algo que contar a todos aquellos que sistemáticamente te tratan como si estuvieras chiflada porque has decidido creer que los cuerpos celestes, con los que compartimos nuestro lugar en el espacio, tienen algún tipo de influencia en nuestras vidas humanas y terrenales. Otra de mis citas favoritas es de *Parkers' Astrology*: «El universo no solo es más raro de lo que imaginamos; es más raro de lo que podemos imaginar». Con esto está todo dicho. Amén.

2

La interpretación del tarot a la Now Age

Así me leo el tarot a mí misma: mezclo la baraja mientras conecto con la energía de la situación sobre la que tengo una pregunta. Mezclo el mazo un poco más y escojo una carta. Estudio la carta un momento y busco el significado. Si el mensaje es positivo, choco esos cinco conmigo misma y sigo mi día con paso firme. Si el mensaje es negativo, repito los pasos anteriores hasta que consigo uno positivo.

Lo que ocurre es que, más a menudo de lo que quisiera, las cartas que saco en mis adivinaciones claramente *amateurs* sugieren confusión, dificultades y conflicto. Muestran malentendidos futuros o sugieren que mis fines no son demasiado nobles. En realidad, no quiero escuchar nada de todo eso y este ha sido uno de los motivos por los que he avanzado con lentitud en el tarot a la hora de ganar intuición, claridad y autoconocimiento.

De hecho, cuando empecé a conectar de manera más profunda con las cartas hace un par de años, las dejaba casi en el acto. Piscis me había comprado el tarot Rider Waite hacía un par de navidades, hasta hace poco una de las barajas más famosas y populares, pero tanto las imágenes de las cartas como las descripciones de sus significados a menudo eran aterradoras, como por ejemplo, la carta del Diablo, que muestra a la típica bestia con cuernos que castiga con un cetro de fuego a una pareja desnuda encadenada. Recuerdo un día de vacaciones en el que estaba practicando con mi sobrina de once años después de una comida y su mirada de terror cuando le saqué esta carta. Me dije a mí misma: «Esto no es lo mío», acusando a las imágenes del Rider Waite de ser alarmistas y manipuladoras. Y decidí quedarme con la astrología como método de predicción del tiempo cósmico, ya que ofrecía una interpretación mucho más amplia y abierta (es decir, era más fácil dar un toque positivo a las cosas; después de todo, incluso el tránsito pesado de Saturno es para ayudarte a desarrollar un músculo kármico fuerte).

Además, hay que estudiar toda la vida para entender la astrología (como si se tratara de aprender un idioma nuevo) y con el tarot ocurre lo mismo, puesto que está plagado de significado y tradición. Era consciente de que quizá mis lecturas inexpertas eran el motivo por el cual no podía dilucidar nada más que el factor miedo de las cartas más «difíciles», pero ¿realmente tenía tiempo de estudiar una «asignatura secundaria» como el tarot cuando ya había destinado gran parte de mi tiempo de estudio a una «asignatura principal», la astrología?

¡Menuda estrechez de miras! Lo que he descubierto desde entonces es que, de hecho, la astrología y el tarot se pueden complementar (más adelante te contaré más al respecto), y es perfectamente posible practicar el tarot un poco de vez en cuando y aun así recibir mucha información. Solo tenía que ignorar mi lado impaciente y perfeccionista (resulta que es otro rasgo del Sol y Mercurio en el competitivo Aries), que me estaba presionando para aprender el tarot de la noche a la mañana. Además, me di cuenta de que no podía dejar las cartas tan fácilmente. La astrología siempre me ha fascinado, y el tarot me atrajo del mismo modo.

Volviendo a lo básico de nuevo, un mazo de tarot está compuesto por setenta y ocho cartas, divididas entre Arcanos Mayores y Menores. Las veintidós cartas de los Arcanos Mayores incorporan «personajes» como el Diablo y la Estrella, pero también «conceptos» como la Torre y el Mundo. Las cincuenta y seis cartas de los Arcanos Menores están divididas en cuatro palos (Copas, Espadas, Oros y Bastos), del As al Rey, como en la baraja de cartas tradicional. Cuando se leen las cartas, primero se mezclan y las que escoge la persona a quien se le echan las cartas se disponen sobre la mesa en lo que llamamos «una tirada». Las posiciones en la tirada normalmente tienen que ver con los diferentes elementos de la pregunta. Por ejemplo, el pasado, el presente y el posible resultado futuro de una situación (esta sería una tirada clásica de tres cartas).

EL TAROT NO SIRVE PARA PREDECIR EL PORVENIR, DE LOUISE ANDROLIA

Creo que cuando nos sentimos mejor y con más fuerza es cuando nos sentimos plenos en mente, cuerpo y espíritu. Para llegar a este punto, tenemos que tener muy claro cómo es nuestro viaje. ¿Sobre qué terreno pisamos y hasta qué punto nos sentimos conectados con los diferentes elementos de nuestro yo?

Utilizo el tarot para comunicarme con mi parte más afectuosa y verdadera. Cuando das la vuelta a una carta, si la ves como un reflejo de tu subconsciente, solo puede mostrarte algo que, en el fondo, ya sabes. Cuando me leo las cartas, a menudo me sorprendo y me digo: «Sí, ya lo sabía». Y esto por sí solo ya puede ser muy reconfortante.

Para mí, el tarot es una forma de comprometerte contigo misma. Se trata de prestar atención a lo que te hace sentir incómoda, escuchar tu intuición e indagar sobre lo que realmente está pasando en el presente.

En este sentido, el tarot es una herramienta de autoayuda impresionante. No me gusta utilizarlo para la adivinación o para predecir el porvenir. No le va a ayudar a nadie intentar predecir el futuro constantemente, puesto que eso deja al presente medio colgado, sin saber qué hacer consigo mismo. Además, el futuro es totalmente variable y solo el AHORA es real.

Es decir, el presente es el único lugar en el que podemos actuar, y nuestras acciones más empoderadas dependen de nuestra capacidad de asumir el riesgo y dar un hermoso y valiente paso al frente. Las cartas pueden mostrarnos qué pasos dar. Se trata de un proceso a menudo humilde y desgarrador, porque suele venir acompañado de una gran fe y confianza en nuestro viaje, de una entrega.

Me he dado cuenta de que mucha gente comete el mismo error que yo cometí al considerar que el tarot era una herramienta (a menudo aterradora) para predecir el porvenir. Y es fácil entender por qué si tomamos el ejemplo anterior de «lectura» del tarot. Por ejemplo, si la carta del Diablo aparece en la posición del «futuro» en una lectura, es fácil que una se muera de miedo. Hasta que se aprende a interpretar el tarot «a la Now Age».

Mi querida amiga Louise Androlia, artista y mentora, y una de las primeras personas con quien compartí mi visión sobre *The Numinous*, lleva casi veinte años trabajando con el tarot, tanto a nivel personal como profesional. Y lo primero que le cuenta a la gente es que más que para «predecir» acontecimientos futuros, «una lectura es un reflejo perfecto de tu subconsciente». Por lo tanto, cada carta contiene un aprendizaje valioso que nos ayudará a orientarnos en la fase evolutiva en la que nos encontremos. Sí, incluso la carta de la Muerte, que se corresponde a la energía de Escorpio, el signo que representa el ciclo de la muerte y el renacimiento (el signo Solar de Lou y una de sus cartas preferidas). El Diablo, por su parte, señala patrones de conducta adictiva que de algún modo nos están esclavizando, lo cual nos ofrece la oportunidad de reconocerlos y de huir del «infierno» de las adiciones.

Se trata de algo aterrador, ya que como me contó Lou cuando le pedí más información: «El cambio y lo desconocido son dos de las cosas que los humanos más temen y, por lo tanto, aprender a cambiar nuestros hábitos es una de nuestras lecciones más importantes. En este sentido, la carta de la Muerte es un recordatorio de que el cambio es nuestro estado natural, puesto que todo en la naturaleza sufre ciclos de muerte y renacimiento. Ser conocedora de este hecho me resulta muy reconfortante».

Así pues, cuando en una lectura aparece la Muerte, no es una señal de que debes vigilar por dónde caminas porque te espera una bolsa para cadáveres con tu nombre en ella. Más bien se puede interpretar como una invitación a reconocer que algo está finalizando en tu vida para permitir que aparezca una nueva relación, proyecto o manera de pensar.

Lindsay Mack, otra lectora que me encanta y de quien conozco su trabajo, y que en la actualidad escribe cada mes el «tarótscopo» de *The Numinous*, interpreta esta carta como la muerte del ego. En sus palabras, «es el abono sagrado que se necesita para que surja lo nuevo». ¿Verdad que así se cambia la energía relacionada con la carta y pasa de aterradora a emocionante?

En mi Instagram, no dejan de florecer multitud de nuevos mazos. Según Lindsay: «Son barajas "evolucionadas", es decir, más femeninas y holográficas. El mazo Rider Waite, por ejemplo, fue creado por un hombre y se basa en imágenes cristianas. Las barajas como Motherpeace (Madre Paz), Medicine Woman (Mujer Medicina) y Starchild (Niña Estelar) son buenos ejemplos de mazos más femeninos y holísticos». Lindsay incluso piensa que a la baraja Wild Unknown (el Salvaje Desconocido), que representa la mítica y sugerente obra en blanco y negro de Kim Krans, instructora de yoga y artista afincada en Portland, solo se la puede responsabilizar de lo que se ve que tiene el tarot en ese momento. Me dijo: «A la gente le gusta el estilo de Kim, porque es muy visual y moderno».

También creo que el tarot está ganando popularidad porque es una especie de «búsqueda en Google sobre mi alma». Tenemos acceso a muuuuchas respuestas en la Now Age, porque con el señor Google ahora podemos acceder de manera instantánea a toda la información que se haya metido en Internet sobre cualquier tema mundial. Sin embargo, como esta información no se ha compartido teniendo en cuenta nuestras necesidades, preguntas y recorrido concreto, puede inducir a error con mucha facilidad, lo cual crea aún más confusión. El tarot, en cambio, es una herramienta para reencontrarnos con nuestro propio «conocimiento interior».

Otro mazo que me encanta se llama Thoth, por el dios egipcio de la escritura, la magia y la ciencia, creado a finales de 1930 por el famoso ocultista Aleister Crowley. Y lo gracioso es lo siguiente: en el pasado, esa mera referencia habría reforzado mi miedo al tarot. «Lo oculto» suena oscuro y aterrador, ¿verdad? Pero la palabra «oculto» en realidad solo significa «escondido». ¿Y acaso no es el tarot una herramienta para indagar en las verdades escondidas de una situación concreta, esas verdades sobre las que nuestro yo superior quiere que tengamos conciencia?

El tarot es una herramienta
para reencontrarnos
con nuestro propio
conocimiento interior.

¿Y cómo es mi práctica personal? Sigo teniendo cierta tendencia a celebrar el mensaje de las cartas «positivas» y a quedarme solo con eso, pero estoy aprendiendo a no huir de los mensajes que parecen más duros, del mismo modo que mi viaje numinoso en general me está ayudando a aceptar todos los aspectos caóticos de «ser una humana» y a abrazarlos. A continuación, lee los siguientes veinte mensajes inspiradores y Now Age sobre el tarot que me han ayudado a llegar donde estoy y a considerar las cartas una valiosa herramienta más de mi conjunto de recursos numinosos.

1. Los distintos tipos de cartas, una visión general

Si los Arcanos Mayores son como los actores principales de una película, que interpretan su «papel», o fuerzas superiores, y que hacen que la acción avance, las Cartas de la Corte (rey, reina, caballo y sota) de los Arcanos Menores a menudo representan nuestro estado psicológico, así como la gente real implicada en una situación.

Además, los palos corresponden cada uno a un elemento, como se muestra a continuación:

BASTOS: energía del fuego / pasión / hacer
ESPADAS: energía del aire / ideas / pensar
COPAS: energía del agua / emociones / sentir
OROS: energía de la tierra / trabajo / realizar

Como norma, el As de cada palo habla sobre la energía de los nuevos comienzos, y cuanto más alto sea el número (de 2 a 10), con más fuerza se manifestará el elemento en la lectura.

Acabo de dar una visión general muy rudimentaria; todas las lectoras que conozco saben que se puede dar una clase entera de dos horas sobre los complejos significados de una sola carta. Pero vayamos paso a paso. Como dice Lou: «El mero hecho de aprender sobre los elementos es toda una práctica de autoayuda».

2. Todo es bueno

Lo primero que hay que recordar, como dice la estupenda Lindsay, es que «no hay nada en la vida que te ocurra a ti, sino que ocurre para ti». Es decir, para que te empoderes, para tu evolución personal. Este simple cambio de perspectiva ha bastado para que reformule mi relación con los aspectos más «aterradores» del tarot. Además, se trata de una lección vital sorprendente en general, así que tenlo presente.

3. No existe la carta «mala»

Cuando empecé a leer sobre el significado de las distintas cartas, me sorprendió cuántas (al menos la mitad) parecían reflejar el lado oscuro de la vida: decepciones, frustraciones e individuos sin escrúpulos. Pero seamos realistas, la vida no es ningún camino de rosas, ¿y acaso desarrollar toda esta conciencia espiritual no tiene como objetivo ayudarnos a enfrentarnos mejor a las inevitables espinas? En la experiencia de Lou, las cartas más «difíciles» simplemente reflejan las cosas que aparecen en nuestra realidad, a las que no queremos enfrentarnos. Como el Cinco de Copas, por ejemplo, que habla de los sentimientos de tristeza y pérdida. Me encanta su mensaje (que hace honor a una verdadera Escorpio) de que «parte de nuestro autodescubrimiento radica en enfrentarnos a nuestras sombras y salir de la zona de confort, puesto que así profundizamos nuestros niveles de compasión hacia nosotros mismos y hacia los demás».

4. El tarot no es una herramienta de predicción

Ya he dicho que, como mucha gente, llegué al tarot con la idea de que se utiliza principalmente para «predecir el porvenir», y de aquí surgía gran parte de mi miedo inicial. Si de algún modo mi destino estaba escrito irreversiblemente en las cartas, ¿qué ocurriría si sacaba una de las «malas»? Sin embargo, al igual que con la astrología, he llegado a entender el tarot como un sistema de símbolos que se pueden usar para acceder a la conciencia universal y a la información de nuestro yo superior. Las cartas y los mensajes impresos en ellas son el «puente» entre nuestros guías, Dios, el universo, etc., y nuestra comprensión humana, y es tarea de la lectora (ya sea yo u otra persona que esté leyendo mis cartas) actuar como intérprete de la información que se presenta.

5. El tarot eres tú

¡Qué metáfora tan brillante para ayudarte a entender tu mazo! Después de todo, ¿acaso sabe alguien mejor que tú lo rarita que eres? ¿O mejor dicho, las muchas raritas distintas que puedes encarnar en un día, relación o situación cualquiera (pasando de una emoción a otra, de los pensamientos alocados a los racionales, de ser afectuosa a necesitada y manipuladora)? (Porfa, dime que no soy así.) En realidad, ¿qué te parecería si te dijera que cada una de las setenta y ocho cartas son diferentes facetas de tu/ nuestro complejo estado humano? Por ejemplo, el Loco es nuestra parte inocente que dice a todo que sí y se mete de lleno en ello sin considerar las consecuencias, o el Dos de Espadas representa cómo podemos argumentar una y otra vez una idea, ¡con nosotros mismos! Según Lou: «Cuanto más analizo el tarot, más me entiendo, porque en realidad estoy aprendiendo sobre la psique humana y nuestra experiencia».

6. Escoge una palabra, la que quieras

Mientras te vas familiarizando con tu mazo, Lindsay también sugiere que escojas la palabra que mejor represente la energía de cada carta para ti. En la baraja Thoth, los creadores del mazo se han adelantado y ya lo han hecho por ti. Por ejemplo, el Seis de Oros también es el «éxito», que representa ganancias materiales y poder, y el Tres de Espadas es la «pena» (la melancolía y la tristeza). También se pueden atribuir personajes a las Cartas de la Corte. Cuando le pedí a una amiga lectora, una hípster New Age, que escribiera sobre las Reinas para *The Numinous*, atribuyó la Reina de Oros a Beyoncé y la Reina de Copas a Bridget Jones. Así pues, si escoges a un personaje para cada carta, aún puede resultar más fácil conectar con su naturaleza.

7. No hay manera correcta o incorrecta de leer el tarot

Puesto que los mensajes que nos comunica el tarot se basan todos en la interpretación, tiene sentido que cada una vea algo distinto en las cartas. Más allá de lo básico (como los distintos palos que representan los distintos elementos/áreas de la vida), cómo explicamos y, por lo tanto, cómo interpretamos la información en una lectura dependerá totalmente de nuestra propia experiencia vital y visión única del mundo. En otras palabras, lo que nuestro yo superior escoge que veamos es el mensaje.

8. Porque el tarot también es un espejo

Aunque las mejores lectoras que conozco no se llamarían «videntes», tienen el don de la intuición, puesto que conectar con tu voz interior / yo superior es un prerrequisito para ofrecer una lectura auténtica (véase arriba). En este sentido, el tarot y la lectora que transmite la información también se pueden entender como un espejo que refleja hacia fuera lo que ocurre dentro de la persona a quien se le están leyendo las cartas. Lou considera que la lectora es como una intérprete, además de maestra. Tal como explica: «Las cartas te muestran algo que ya sabes, pero de lo que quizá no eres consciente por todas las capas de ansiedad que lo cubren. La lectura de las cartas es una oportunidad para recordar a mi cliente que debe ver su vida con sus propias lentes del cariño, porque quizá haya olvidado que siempre están disponibles. En una sesión, también le aliento a que forme parte de la lectura. Yo no estoy allí para "contarle" cosas. Los días de la predicción del porvenir desempoderada ya son historia y ha llegado el momento de confiar en nuestro poder interior».

9. El tarot te invita a evolucionar

En la filosofía budista, lo único constante es el cambio, tal como ilustran magistralmente las cartas de los Arcanos Mayores. Se dice que los Arcanos Mayores representan las diferentes fases evolutivas de la conciencia, desde el Loco, que plasma el nacimiento/concepción (de, por ejemplo, una idea, proyecto, persona o relación), al Mundo, que significa la finalización, la consecución, la maestría e incluso la iluminación. Este proceso aparece en diferentes tradiciones espirituales y a veces también se llama «el viaje del héroe». Por su lado, los Arcanos Menores representan los ciclos de dicha evolución. Visto de este modo, el mensaje de cada carta, ya sea Mayor o Menor, lleva consigo una invitación para entrar y participar en el proceso evolutivo del ser humano, que no va a ser siempre fácil, gratificante o hermoso.

10. Siempre podemos escoger

Debido al libre albedrío, el tarot solo es una «invitación» a evolucionar. Del mismo modo que la astrología se puede entender como una especie de hoja de ruta cósmica, con muchas oportunidades para desviarte si lo deseas, queda en nuestras manos si escogemos seguir las indicaciones del tarot o no. Si sale el Loco cuando estás planteándote si deberías dejar tu trabajo e iniciar tu propio negocio, significa que las energías universales te están sugiriendo que ha llegado el momento de intentarlo. Sin embargo, puedes decidir no mover ni un dedo si por el motivo que sea aún no te sientes preparada. ¡Es decir, libre albedrío!

11. Escoge un mazo bonito

Además del mazo Wild Unknown (el Salvaje Desconocido) de Kim Krans, mis otras barajas favoritas son Starchild Tarot (Niña Estelar) de Danielle Noel, el mazo Serpentfire (Fuego de Serpiente) de Devany Wolfe e Invisible Light Tarot (Luz Invisible) de

Brandy Eve Allen. Fascinantes a nivel visual (como mínimo para mí), también presentan un toque de energía sexi y divertida que me resulta atractiva, inspiradora y convincente. Las imágenes del mazo Rider Waite nunca me han acabado de gustar y, en realidad, no me sorprende. Se diseñó en 1910, y aunque quizá por aquel entonces fuera moderno, puesto que simplificaba las connotaciones religiosas más fuertes de mazos anteriores, los tiempos y las conductas han cambiado. Pero una vez más, cada una tiene sus preferencias. A Lou le encanta Rider Waite y encuentra muchos significados en las ilustraciones. Lo cual me lleva a…

12. Deja que el mazo te escoja a ti

Lindsay dice que los mazos son como las varitas en *Harry Potter*, son ellas las que escogen con quien quieren trabajar. El mazo Thoth me encontró a través de la gurú de las relaciones públicas y miembro del jurado de *America's Next Top Model* Kelly Cutrone, a quien convencí para que me leyera las cartas en un viaje de prensa a Denver. En el pasado (no en otra vida, sino en 1990), Kelly trabajó como lectora de tarot profesional en Venice Beach. En la actualidad, solo lee con el mazo Thoth, puesto que dice que las ilustraciones cambian de forma delante de sus narices para darle la información concreta.

Lou dice lo mismo de su baraja favorita, el Tarot Cósmico: «Los arquetipos, las cartas con personas, cobran vida para mí. Las caras cambian y se transforman en caras de gente que conozco. A veces incluso parece que se den la vuelta para mirarme». ¡Esto sí que es cósmico! Y la mayoría de lectoras te dirán que cuando realmente conectas con un mazo, en cierto modo «cobrará vida» en tus manos.

El Starchild Tarot (Niña Estelar) se ha convertido en mi mazo de elección, primero porque las ilustraciones me parecen fascinantes, y segundo porque cada carta que saco, para mí o para otra gente, me ofrece una respuesta inmediata y (lo que siento como) verdadera de la situación en cuestión. En otras palabras, «habla mi mismo idioma».

13. Empieza sacando solo una carta

Quizá la manera más sencilla de familiarizarse con las energías y el simbolismo de las setenta y ocho cartas que existen es comprometerse a sacar una sola carta al día. Sería algo así como plantearse una pregunta, elegir una carta e interpretar el mensaje. (Y luego no te apegues demasiado a ella, ¡sigue ejerciendo tu libre albedrío!) Lo que me resulta superfascinante de esta práctica son los patrones que emergen, como por ejemplo sacar la misma carta para mí misma día tras día, pero en relación a situaciones aparentemente distintas. También es interesante sacar una segunda, e incluso una tercera carta, si sientes que no te llega un mensaje claro desde el principio. Pero hay que ser consciente de que cada carta que saques tendrá un impacto en la lectura final. En general, el significado de una carta se refuerza cuando sacas una carta del mismo palo. Del mismo modo, las cartas de naturalezas opuestas se debilitan (Espadas versus Oros; Bastos versus Copas) y hay afinidad entre Espadas y Copas y Bastos; y entre Bastos y Espadas y Oros.

14. La forma como preguntas lo determina todo

Lindsay Mack dice: «Como humana, me gusta pensar que soy genial, pero cuando leo las cartas siempre pido la ayuda de un poder superior». Y es que, si estamos intentando acceder a la «inteligencia divina» de nuestro interior, ¿por qué no ibas a invocar a tus guías para pedirle al universo que por favor preste atención cuando plantees la pregunta? Se trata de seres muy ocupados, así que hay que ser educada y pedirles amablemente que estén presentes para ti. Este proceso puede ser sencillo o puede ser un gran ritual; escoge lo que te haga sentir más cómoda. Pero para ir al grano, Lindsay también sugiere que pidas la información que contiene «la Verdad con V mayúscula».

15. Todas las preguntas cuentan

No pienses que cada carta que saques para ti misma tiene que ver con una gran transición vital o con una pregunta difícil sobre una relación. Puesto que estás leyendo este libro, me aventuro a suponer que estás muy volcada en tu desarrollo personal, y por lo tanto seguramente seas el tipo de persona que siente la obligación de ahondar más allá de lo superficial. Pero para practicar, empieza jugando unos días en la parte poco profunda de la piscina para luego tener más confianza y empezar a bucear. Y así, además, conocerás una verdad muy importante (al menos para mí) sobre el tarot, ¡y es que puede ser muy divertido!

Lou siempre dice que a veces es ridículo ser humano; cuando das un paso atrás y miras el tipo de cosas con las que nos embrollamos, a menudo suelen ser absurdas/hilarantes (al menos en retrospectiva). Está claro que tu yo superior tiene toda la información que necesitas para superar los baches difíciles de tu camino, pero ella/él/ellos/ellas también quieren que disfrutes de tu viaje. ¿Qué ocurriría si lo único que de verdad necesitas saber hoy es qué zapatos ponerte para una fiesta? Ella/él/ el tarot también puede ayudarte con este tipo de cuestiones.

16. Pero hay que plantearlas de manera abierta

En vez de preguntar: «¿Ensalada de kale o rollitos de sushi veganos?» (que te limita a solo dos opciones), intenta plantear una pregunta abierta. Si preguntas: «¿Cómo me hará sentir la ensalada de kale?», abres el campo de juego y potencias una visión del mundo más abierta. Es como el bufet de ensaladas de Whole Foods. Si planteas las preguntas de manera abierta, tendrás más preguntas, y por lo tanto más cartas, así que también hay que saber cuándo parar. Una cosa es preguntar y otra muy distinta utilizar el tarot como herramienta para procrastinar. Igual que con el bufet de ensaladas de Whole Foods, hay que saber cuándo has comido/preguntado suficiente.

17. Ahora diseña tu propia tirada

Aunque sacar una sola carta es una manera estupenda de empezar, puede acabar siendo un tanto limitado. Cuando el nivel empiece a ser un poco más avanzado, la lectura tendrá que ver con cómo interactúan las cartas entre ellas. Existen muchos libros que especifican los distintos tipos de «tiradas» (cuando se colocan varias cartas en distintas posiciones para orientar las distintas partes de la lectura), desde la lectura a tres cartas «pasado, presente, futuro» a la clásica «cruz celta» (que también incluye «el yo», «los otros», «esperanzas y miedos», etcétera).

Sin embargo, me encanta lo que Lou me sugirió hace poco; dice que «consigues una mejor percepción cuando eres muy específica con la tirada, con las posiciones y las preguntas profundas». Este podría ser un ejemplo de una tirada de tres cartas que responden a las preguntas: «¿Es este un buen momento para ampliar la familia?», «¿qué necesito para prepararme para la maternidad?», «¿qué tipo de madre seré?». No hace falta tener muchas luces para adivinar qué tenía en la cabeza cuando tuvimos esta conversación en concreto.

18. La conexión astro-tarot

Cuando intenté estudiar español, si no podía recordar una palabra, mi cerebro automáticamente pasaba al francés, que había estudiado en el instituto. Me resulta igual de difícil separar mis conocimientos de astrología y de tarot. ¡Por suerte, hay mucho solapamiento! Oficialmente, cada Arcano Mayor está relacionado con un signo astrológico, como subraya el libro de Rachel Pollack, *Tarot Wisdom*, conocido por todos como la biblia del tarot. Ya he dicho que la Muerte representa una transformación, está regida por Escorpio. El Loco, la primera carta del mazo, es puro Aries: obstinado e inocente, y también el primer signo del zodíaco. Y luego también hay que tener en cuenta cómo representan los distintos palos a los cuatro elementos, que a su vez están representados por los doce signos del zodíaco. Además, también hay que pensar que parece que los ciclos en el tarot (del 1 al 7, del 8 al 14 y del 15 al 21, que representan las distintas fases evolutivas de los Arcanos Mayores, por ejemplo) imitan las fases crecientes y decrecientes de la Luna.

19. La numerología también cuenta...

... puesto que hay distintos símbolos religiosos, figuras de la antigua mitología griega, romana y pagana, las enseñanzas del Árbol de la Vida cabalístico, etcétera. De hecho, la tradición del tarot es increíblemente rica por su historia y presenta capas y capas de significados y simbolismo. Es demasiado complejo para tratarlo ahora mismo, lo cual me lleva a...

20. Si te tomas el tarot en serio, estúdialo

Cómprate un par de libros o incluso apúntate a algunas clases. Como cuando toca aprender un idioma nuevo, no hay nada que pueda sustituir a un debate profundo en grupo sobre cada carta, para explorar los muchos posibles significados y retener lo aprendido. Sé que Lou describe el tarot como «un pozo infinito de conocimiento» y «como tener siempre al terapeuta contigo». Como ya dije en la introducción, el tarot es como «una búsqueda en Google sobre el alma», y no hay mejor inversión en tu bienestar emocional que poder añadir este antiguo sistema a tu caja de herramientas espiritual.

TIRADA DE TAROT DE LA CHICA MATERIAL EN EL MUNDO MÍSTICO, DE LINDSAY MACK

Esta es la disposición perfecta para crear un equilibrio entre ambos mundos y adivinar lo que ocurre por encima y por debajo.

CARTA 1: el tema en cuestión

CARTA 2: ¿qué se cuece debajo de la superficie?

CARTA 3: ¿de qué me alejo?

CARTA 4: ¿qué está a punto de manifestarse en su lugar?

CARTA 5: ¿cuál es la medicina y la sabiduría más profunda que tengo disponible en estos momentos?

CARTA 6: resultado

3

Sabes que eres vidente si tienes un cuerpo

Cuando conocí a Betsy LeFae, supe que era el tipo de médium que a mí me gusta. Y si Betsy me ha enseñado algo importante, es que vale la pena fiarte de las primeras impresiones, los presentimientos y las corazonadas (sobre una persona, un trabajo o una relación de las que potencialmente puede destruirte el alma). Aunque seguirlas implique alejarte de una oportunidad de oro «sobre el papel», cabrear a un puñado de personas o quedar como una idiota rematada.

Betsy y yo nos conocimos gracias a mi amiga Jules, una diseñadora de joyas del centro de Nueva York que crea piezas para Rihanna y Beyoncé, y que además tiene una sana afinidad por lo místico. (Es el tipo de chica que se va a Islandia de vacaciones y acaba desnuda en una sauna.) Bien, el caso es que Jules había contratado a Betsy para que leyera la mano en la sala durante la presentación de una nueva colección, y cuando le conté a Jules sobre mis planes de *The Numinous*, insistió en que teníamos que conocernos.

Hasta ahora no había tenido demasiado éxito con las videntes, puesto que principalmente las había conocido como periodista en algún lanzamiento de producto (tipo el evento de Jules), donde me leían la mano en diez minutos después de que algún publicista me hubiera ahogado en vino, con lo cual ya me sentía espesa. Cuando acudí a una sesión como Dios manda con «Lady Lilac», la vidente a la que acuden todos los modernillos de Londres, sus predicciones fueron tan ridículas (un expiloto de avión que se llama Pete conseguirá la llave de tu nuevo apartamento...) que me sentí timada.

Mi única experiencia buena había sido con una mujer llamada Katie Winterbourne; yo tenía unos veinticinco años y me costaba confiar en mis propias decisiones. De hecho, fue más como una sesión de terapia. Utilizaba el mazo del tarot para adivinar la raíz de los problemas a los que me había enfrentado, y recuerdo haber llorado a cántaros y haber salido de allí sintiendo como si hubiera encontrado todas las respuestas que había estado buscando. Lo que hizo, básicamente, fue ponerme en contacto con mi propia intuición, y con el tiempo he comprendido que esta es la tarea de cualquier vidente que se merezca una bola de cristal.

Lo cual me lleva a mi primera reunión con Betsy, que me había invitado a tomar un chai *latte* de almendras en una cafetería cerca de su apartamento en East Williamsburg. Habíamos estado hablando sobre lo que ella podía aportar a *The Numionus* y la imagen de la preciosa mujercita tatuada que tenía enfrente no podía estar más alejada del cliché que se tiene de una vidente. No llevaba ningún turbante con joyas, ni tenía un destello «misterioso» en los ojos. También me contó que le había leído la mano a Andrew W.K. y había canalizado al espíritu de Steve Jobs en *Vice TV*. Si mi misión con *The Numinous* era hacer que se hablara con normalidad sobre la Now Age, Betsy era ideal. Gracias, Universo. Y Jules.

Betsy también llevaba dos años celebrando en su casa algo llamado «sesión espiritual semanal en Williamsburg». Cada jueves, Betsy y su novio, Bryan (se conocieron en Okaycupid.com y encajaron en el acto sobre temas espirituales, de geometría sagrada y de música para las plantas, por supuesto), invitaban a once personas desconocidas y a sus ancestros fallecidos a estar con ellos. Y todo por una donación de diez dólares. Mi primera reacción fue: «¿Estás loca?», pero como nos acabábamos de conocer, no lo dije en voz alta. Madre mía, cuánto rarito de buena fe que hay suelto, y ni más ni menos que en Nueva York, la cuna de las rareces.

La imagen que me vino inmediatamente a la cabeza cuando Betsy me contó lo de sus sesiones fue la de un puñado de, no sé, ¿chiflados conocedores del vudú?, desfilando cada semana por su dormitorio. Es un ejemplo más del prejuicio que creo que tiene mucha gente sobre todo lo que tiene que ver con la Now Age. Y como he decidido seguir el camino místico, y ahora estoy «en el otro lado», también me he visto en esta situación. A veces lo veo en los ojos de la gente cuando explico lo que hago («vaya, eres una de esas») y lo noto en el tono de voz de un editor cuando rechaza educadamente mi historia sobre, pongamos, muebles de alta vibración hechos con cristales y diseñados para cambiar la energía negativa. En esas ocasiones, escojo conscientemente no intentar «convertir» a los detractores. Si la New Age tenía que ver con rebelarse contra el *statu quo*, el estilo Now Age es el de predicar con el ejemplo de tu fantástica vida mística.

Pero volvamos a la idea de celebrar semanalmente una sesión en su casa; ¿acaso no era un poco, cómo decirlo, peligroso? Todas hemos visto *El exorcista*, ¿verdad? Hay cierta energía oscura en el mundo espiritual, así que hay que proceder con mucha cautela. Sin embargo, pronto entendí que la misión de Betsy era dejar las cosas claras. Para ella, su contribución al mundo era mostrarnos a todos que «también somos videntes», y que trabajar con nuestra propia voz intuitiva, como Katie Winterbourne hizo conmigo, era el primer paso para tener una vida plena. Más que ser un portal de experiencias sobrenaturales para morirse de miedo, la sesión semanal era su manera de llegar a las masas y poder comunicar su mensaje.

Cuando me preguntó si quería acudir a la de la siguiente semana, evidentemente no pude rechazar la invitación (y qué poco imaginaba que me invitarían de nuevo para la sesión de Halloween «de expertos» que contaba en la introducción). Mi investigación sobre lo numinoso era muy incipiente entonces, y aquí estaba Betsy dándome una oportunidad de correr el «velo», la ilusión de separación con los «reinos sutiles», donde la energía del espíritu puro nos conecta a todos y todos podemos acceder a ella. Era exactamente a lo que se refería Shelley von Strunckel, ese lugar en el que incluso los zapatos Miu Miu parecen horteras, una minucia hecha por el hombre comparado con la verdadera numinosidad. Y mi presentimiento ya era que Betsy sería una guía afectuosa, consciente e instructiva. Vaya, que tuve que decir que sí.

Dos semanas más tarde, había enredado a Simon (el Piscis) para que me apoyara moralmente y a un fotógrafo para que retratara lo muy mona y no vidente que es Betsy. Aunque podía parecer muy decidida, por dentro estaba cagada: esa parte de mí, la de la chica material que aún tiene un pie enfundado en un Miu Miu que es muy del mundo «real», está convencida de que voy a acabar enfrentándome a un espíritu de algún ancestro olvidado y maligno rodeada de una pandilla de chalados. Y ahí estamos, yo y mi «tribu» (los otros frikis aún no habían llegado), sentados en el gran sofá azul de Betsy y Bryan mientras ellos preparan el espacio. El aire está impregnado de una fragancia de salvia ardiendo, usada en las tradiciones chamánicas para limpiar la energía negativa, y Bryan utiliza unas plumas de guacamayo para que el humo vaya de la hierba encendida a todos los rincones de la habitación.

Como si me estuviera leyendo la mente (¡gracioso, ¿verdad?!), Betsy nos explica que se trata de una parte vital del proceso. Me dice: «Queremos asegurarnos de que invitamos solo a los espíritus positivos de amor puro al círculo de esta noche», y aunque es evidente que Bryan es un experto total en lo de distribuir el humo, tengo que reconocer que no me hace sentir más segura. También han dispuesto un altar en el centro de la habitación con cristales, y han bajado las persianas a pesar del calor persistente de esa tarde de verano. Estamos a 32 °C, pero no es el único motivo por el que tengo empapadas las palmas, las axilas y los pliegues detrás de mis rodillas.

Poco después llega el resto de invitados y el piso queda atestado de gente. Y resulta que no son frikis en absoluto, sino una panda de chavales hípsters de aspecto normalísimo, y la mayoría parecen estar tan nerviosos como yo. Todos nos miramos con una sonrisita estúpida; el aire está cargado de preguntas sin pronunciar. Si fuera vidente y tuviera que adivinar lo que está pensando la mayoría, diría algo así como: «Madre del amor hermoso, ¿de qué coño va todo esto?». Respiro profundamente un par de veces y me recuerdo que Betsy hace esto cada semana y que por ahora no se conoce que haya ningún *boom* de exorcismos en East Williamsburg.

Aparte de una mujer que ya ha estado allí antes, es la primera sesión para todos. Nos sentamos y Betsy empieza a explicarnos lo que pasará. Comenzará abriendo el círculo con una oración para protegernos a todos con luz blanca, invocará a nuestros ancestros, presentará nuestras intenciones positivas y mostrará gratitud, y luego nos guiará por una meditación que nos conectará a todos con la voz de nuestra intuición / yo superior. Luego pasará por la sala para leernos las manos brevemente. Y añade: «Y os invito a todos a compartir cualquier mensaje que recibáis para las otras personas del círculo, ¿vale?».

Sonríe y añade: «Me gusta decir que sabes que eres vidente si tienes un cuerpo. Bien, ¿todos aquí tenéis un cuerpo?». Nos miramos entre nosotros y asentimos. Sí, lo tenemos. Sigue con su explicación: «El espíritu nos manda mensajes todo el día y cada día, y los recibimos a través del cuerpo. Quizá veáis una imagen o escuchéis una voz u otro tipo de sonido. Quizá también oláis que se quema algo cuando no hay nada en el fuego. Todo esto podría ser un mensaje del otro lado. Vuestra tarea es interpretar lo que significa».

En los círculos de videntes, estas distintas formas de recibir información se conocen como «claros» (pensar «claro»), y hay una para cada uno de los seis sentidos. Probablemente hayas oído que llaman a alguien «clarividente», lo cual significa que recibe mensajes «visuales». Por otro lado, el «clariaudiente» oirá cosas con claridad y el «clariconsciente» simplemente «sabrá». Betsy nos explica que la mayoría de gente tiene uno o dos claros más potentes que el resto.

Cuando recibimos una «impresión» (imagen, olor, sonido, sabor, sensación, simplemente sabemos), se trata de un «símbolo» sobre el mensaje real. El truquillo está en relacionar un sentimiento con ese símbolo basándote en lo que significa para ti y tu experiencia vital personal. Digamos que estoy leyendo las manos de alguien (o buscando una señal para mí misma) y de repente oigo sin parar la canción de Beyoncé «Crazy in Love» en mi cabeza. Bueno, esa canción salió el año que me casé y realmente estaba locamente enamorada de mi Piscis, de mi primer trabajo en la revista y de mi vida. El sentimiento en esa canción para mí es de celebración, así que el mensaje es que sea lo que sea de lo que estemos hablando en la lectura es algo que se debe celebrar o con lo que hay que comprometerse. Quizá, para ser más específicos, ¡incluso surja una propuesta de matrimonio en breve!

LOS SEIS SENTIDOS PSÍQUICOS

Clarividencia: capacidad de ver visiones psíquicas.
Clariaudiencia: capacidad de oír mensajes psíquicos.
Clarigusto: capacidad de saborear impresiones psíquicas.
Clariolfato: capacidad de oler impresiones psíquicas.
Clarisensibilidad: capacidad de sentir sensaciones psíquicas.
Clariconciencia: capacidad de simplemente «saber».

¿Lo pillas? El modo en que Betsy explica todo esto tiene mucho sentido para mí, pero lo difícil, nos cuenta ahora, es que debes confiar lo suficiente en tu interpretación para acabar compartiéndola.

Nos mira a todos en el círculo y continúa: «Nadie quiere parecer estúpido, pero la única manera de saber si estamos en lo cierto es recibiendo la confirmación de la persona. Así que, de nuevo, os invito a compartir».

Pero primero viene la parte de la meditación guiada, en la que Betsy nos lleva por una visualización grupal para despejar y proteger nuestra energía, así como para invocar a nuestros guías espirituales, ángeles y maestros ascendidos.

Luego, un poco como si se tratara del juego de girar la botella a lo vidente, Betsy deja que sea el «espíritu» el que decida el orden en el que realizarán las lecturas de la gente. No dejo de fijarme en mi cuerpo, por si noto alguna sensación distinta que pueda ser un mensaje de una querida abuela fallecida. De hecho, estoy tan abducida que podría ser una vidente de las que permite que el espíritu te use como canal. Y entonces ocurrió.

Betsy hablaba a la mujer que tengo justo enfrente y de repente el color lila inunda mi mente. Era un lila muy específico: un magenta oscuro que se utilizaba para publicitar una marca de cigarrillos llamada Silk Cut en la época en la que pensaba que podría estar bien empezar a fumar, a principios de 1990. Paso inmediatamente a la sensación, que es profundamente incómoda, casi repugnante (lo que siento respecto al tabaco ahora). Si Betsy se detiene en su lectura, significa que puedes hablar: «Hum... siento... ¿estás intentando dejar de fumar?». Fracaso estrepitoso. La mujer niega con la cabeza. Pero tanto Betsy como mis compañeros «estudiantes» me alientan con su mirada, y seguimos.

Finalmente, Betsy se da la vuelta y me mira. Sonríe.

«Cuando te miro, Ruby, veo flores que se convierten en fuegos artificiales...» Juro por mi madre que cuando pronuncia las palabras «fuegos artificiales», en el apartamento empieza a retumbar el sonido de un espectáculo de fuegos artificiales que comieza justo fuera, por la ventana que da al East River. Incluso Betsy parece sorprendida y estamos todos cagados, del rollo «joder, esto es alucinante». Los ruidos de los fuegos artificiales continúan durante toda mi lectura, interrumpiendo a Betsy una y otra vez con sus estallidos y resoplidos, y luego se detiene y me dice: «Eso lo haces tú, ¿sabes?».

El mensaje que transmite es que algo en mi vida está empezando a «florecer» y «despegar». Lo cual, por supuesto, relaciono con el hecho de que, como ya llevo un tiempo pensando en crear *The Numinous*, aquí estoy predicando con el ejemplo e investigando una historia para mi página web recién estrenada. «Sea lo que sea, será un gran éxito, más grande de lo que puedes imaginarte ahora mismo.»

Al acabar la tarde, siento la euforia que siempre llega después de enfrentarte a algo que temes que a) desafiará todos los sistemas de creencias que has desarrollado detenidamente para sentirte segura en el mundo o, aún peor, b) te hará sentir como una idiota rematada. Estamos compuestos de sustancias químicas que nos recompensan con buenas sensaciones cuando hacemos cosas que son buenas para nosotras y para quienes nos rodean (sexo, ayudar al prójimo, no beber una botella de vino cada noche), así que seguir nuestra curiosidad (otro ejemplo de nuestra intuición en acción) a pesar de sentir miedo, sin duda tiene que ser una de ellas.

Y mientras estoy feliz y alborotada por lo de los fuegos artificiales, la chica sobre la que recibí la impresión lila de Silk Cut se me acerca y me dice: «Mira, no quería decirlo delante de todo el grupo, pero esta semana he decidido dejar de fumar porros». ¡Ostras! Así que mi mensaje no iba desencaminado.

LA SINCRONICIDAD TAMBIÉN ES TU VOZ PSÍQUICA

Fue Carl Jung el primero que realizó un estudio en profundidad sobre las «coincidencias significativas» como lo de los fuegos artificiales, y las llamó «sincronicidad». Jung, también un defensor de la astrología como estudio de lo que él consideraba «arquetipos» de nuestro «inconsciente colectivo», era partidario de la idea de que, más que una serie de eventos aleatorios, cada vida humana en realidad era la expresión de un «orden cósmico más profundo». Él y Wolfgang Pauli, el norteamericano-suizo pionero de la física cuántica, lo llamaban «*Unus Mundus*», «un mundo», en latín, lo cual describe una realidad subyacente unificada de la cual todo surge y a la que todo regresa (fuente, el universo, conciencia de unicidad... Dios, etcétera).

Jung también creía que con la sincronicidad —breves muestras de este orden cósmico en acción—, la persona pasaba de tener un pensamiento egocéntrico consciente («estamos solos en esto») a uno de mayor totalidad («todo está conectado»), lo cual garantiza un acceso temporal al «conocimiento absoluto» que todos tenemos. Es decir, ¡tu intuición o voz interior «psíquica»!

Louise Androlia, una dotada vidente, también invierte sus esfuerzos en cambiar la percepción de los fenómenos «psíquicos», para alejarlos de la idea de herramienta para «predecir» eventos futuros y acercarlos a algo a lo que todos tenemos acceso, en todo momento, para hacer el bien a nuestro yo humano y al colectivo. Un día me dijo: «Todos tenemos un sexto sentido. De hecho, de niños, todos lo seguimos. La mascota o el amigo imaginario de un niño es el clásico ejemplo de alguien que es muy sensible energéticamente. Creo que llevarlo o no a la edad adulta depende del ritmo con el que olvidamos». O que nos determina una sociedad que decide que es «raro».

¿Recuerdas que dije que el tarot es como una «búsqueda en Google sobre el alma»? Me recuerda a una conversación que tuve con Lisa Rosman, una vidente que vivía en Brooklyn, que me dijo: «Tenemos derecho por nacimiento a ser capaces de conectarnos con niveles más profundos entre nosotros y con lo que los yoguis llaman "inteligencia divina" del universo. Pero cuanto menos tenemos que comunicarnos a ese nivel, menos nos esforzamos en ese sentido». Lisa también me explicó que cree que nuestra dependencia de los dispositivos modernos, desde ordenadores hasta relojes, en parte tiene la culpa. «Más que utilizar los móviles e Internet para ir más rápido, los utilizamos para sustituir la verdadera comunión con nosotros mismos y con los demás. Sin embargo, en nuestros sueños y trastornos, nuestra sabiduría más profunda sigue clamando que la escuchemos.» Por no hablar de las sincronicidades fortuitas que por algún motivo «sabemos» que están allí para contarnos algo, pero que a menudo descartamos como «meras coincidencias».

CÓMO ESCUCHAR A NUESTRA INTUICIÓN

Así pues, desde esa noche en casa de Betsy, he practicado activamente la conexión con mi voz intuitiva, es decir, «seguir mi presentimiento». Después de todo, la teoría de Jung sugiere que en realidad es como hay que vivir «la vida que se ha diseñado cósmicamente para nosotros». También me encanta lo que el astrólogo y místico moderno Gahl Sasson contó cuando asistí a su taller *Conviértete en tu propio vidente*: «Solo sabes que funciona cuando no sigues tu presentimiento y todo sale mal». Porque, ¿cuántas veces te has encontrado intentando escabullirte de un apuro que sabes en tu fuero interno (sí, tu intuición) que podrías haber evitado si hubieras sido lo suficientemente valiente para ir en contra de toda lógica (presión del grupo, expectativas, ego) y hubieras confiado en tu instinto?

Un gran indicador de que estás a punto de ir en contra de tu intuición/el orden cósmico es cuando no puedes parar de preguntar a los demás si piensan que es una buena idea o no. Un ejemplo de ello es cuando me alejé hace poco de lo que parecía una oportunidad excepcional y con bastante potencial lucrativo. Llevábamos dos meses enteros negociando las condiciones, y durante todo este tiempo iba contando todo el acuerdo a todos los que se cruzaban en mi camino. Les decía que quería su «consejo», pero en realidad creo que mi voz interior estaba intentando encontrar a alguien, a «cualquiera», que apoyara su postura suplicante de que no aceptara el trabajo. No dejaba de insistirme: «¡Tu libertad es mucho más importante que un sueldo mensual! ¡¡Y además tienes que cumplir con tu proyecto del alma!!». Pero mi ego siempre la ahogaba diciendo cosas como: «Pero esto será genial para tu currículum y no tener un sueldo mensual da miedo de verdad».

Después de meses de angustia, por no hablar de que tenía a todo el mundo frito con mi problemón de primer orden, utilicé una de las técnicas de Betsy para entender bien mi decisión. Ella lo llama «Para, déjala caer y déjate llevar», y funciona del siguiente modo:

PARA, DÉJALA CAER Y DÉJATE LLEVAR: CÓMO ESCUCHAR A TU INTUICIÓN

- Imagínate uno de los dos (o más) escenarios a los que te enfrentas y usa tu «imaginación» (otra palabra para decir «intuición» porque, ¿de dónde van a provenir tus «imágenes»?) para representarlos de principio a fin en tu cabeza. Intenta pensar en todos los detalles posibles: ver los colores, escuchar los sonidos y mentalmente interactuar con las otras personas implicadas.

- Luego, cuando tengas una imagen muy clara del resultado en tu mente, PARA la película, DÉJALA CAER en tu estómago y fíjate en cómo te sientes. Escríbelo si hace falta.

- Ahora repite la misma operación con el otro escenario o escenarios. El que te haga sentir más satisfecha, confiada y emocionada (el que te haga sentir como en «casa») es el que hay que seguir, sin tener en cuenta cuál queda mejor sobre el papel. Esa es la parte de «dejarse llevar».

Por supuesto, puede resultar difícil distinguir entre algunos presentimientos como, por ejemplo, el miedo (normalmente a lo desconocido, y por lo tanto no entender por qué no apostar por ello) y la ansiedad (normalmente sobre un resultado futuro menos que ideal que tu espíritu presiente que te aguarda, lo cual sugiere que no será una decisión inteligente). Después de todo, todas las mariposas en el estómago se parecen, sobre todo si has bebido mucho café o tienes resaca, porque existe todo un mundo de mariposas que habitan en nuestro estómago. En su taller, Gahl sugirió otro ejercicio divertido para poder distinguir la diferencia (lo encontrarás en el siguiente recuadro).

Para simplificarte aún más la vida, después de haber realizado mi propio y concienzudo trabajo de campo, la mejor analogía que se me ocurre es la siguiente: siempre sientes que la decisión «correcta» es como la «verdad». Lo cual sugiere que cada vez que vas «en contra» de lo que te dice tu intuición… podría decirse que vives una mentira.

INTUICIÓN VERSUS MIEDO:
CÓMO DISTINGUIRLOS

«¿Cómo sabes si es tu intuición o tu miedo lo que te impulsa a actuar? Las sensaciones pueden parecerse, así que hay que entrenar al cuerpo a distinguirlas.»

GAHL SASSON

- Descárgate música que detestes. Para algunos podría ser Gabber House y para otros cualquier cosa tipo Justin Bieber.
- Oblígate a escucharla; sube el sonido.
- Apunta: ¿dónde notas la sensación de repugnancia en el cuerpo? ¿Cómo te sientes?
- Repite la misma acción con una música que te encante.
- Apunta: ¿dónde notas la sensación de placer y felicidad en el cuerpo? ¿Cómo te sientes?
- Recuerda la diferencia entre tus experiencias físicas de «aversión» y «atracción». Esta es la forma que tiene tu cuerpo para comunicarte lo que debes saber.

(Nota: el experimento también puede hacerse con comida.)

SIENTE EL MIEDO... PERO PRACTICA LA VIDENCIA
DE TODAS FORMAS

Como apuntó Betsy durante la sesión, «quizá sean necesarios años de práctica (o mejor dicho de descondicionamiento) para empezar a confiar en tu intuición, porque muchos hemos aprendido a tener «miedo» de ahondar en nuestras capacidades psíquicas o intuitivas, principalmente porque tenemos miedo de mirar en nuestro interior. Pero también «porque tememos los lugares oscuros. ¿Existen fuerzas oscuras en el mundo espiritual? Sin duda alguna. Pero solo las atraerás si les tienes miedo. Siempre pienso en Cesar Millán, el encantador de perros, y en cómo transforma la energía de un perro con su energía, que siempre es apacible y asertiva. Se trata de un cambio de mentalidad hacia "Yo tengo el poder", lo cual siempre es el caso en el mundo espiritual.»

Betsy continúa: «Al igual que cuando desarrollas un músculo, la práctica de sentir los significados de los símbolos (impresiones psíquicas) no es fácil, pero resulta más fácil con el tiempo y la repetición». Cuando ella decidió desarrollar su don, asistió a clases en la Iglesia Espiritista de Nueva York. Incluso ha desarrollado su propio curso de seis semanas para ayudar a los demás a conseguir lo mismo, pero existen algunas formas sencillas para empezar a conectar con nuestra voz interior en nuestras vidas diarias.

En primer lugar, y para volver a la astrología, Gahl Sasson sugiere que mires la zona de tu carta natal gobernada por Piscis, el signo que rige nuestra conexión con el «inconsciente colectivo» de Carl Jung. De hecho, explica: «Allí donde esté Piscis en tu carta es donde te beneficiarás más en la vida de lo que te cuenta tu intuición» (en mi carta, Piscis rige mi Tercera casa de ideas y comunicación, por ejemplo). Así pues, cualquier actividad que te acerque a tu Piscis interior es una buena manera de hacer que fluya tu intuición, así que vete a nadar, prepárate un baño de sales, asiste una clase de yoga o lee poesía. Sí, ¡he tenido un montón de *flashes* de intuición haciendo largos en la piscina!

Otra forma de empezar a reconocer los «impactos» psíquicos que recibimos constantemente es escribir un diario de intuición para ir anotando símbolos, ruidos y olores que encienden la chispilla psíquica en ti, para tener un registro de las elucubraciones diarias de tu yo superior. Y lo mismo para los «mensajes» de tus sueños, puesto que Jung (por no hablar de su compañero Sigmund Freud) era un firme defensor de que nuestras visiones nocturnas (también regidas por Piscis) son comunicaciones directas con nuestra voz universal e inconsciente.

El tarot, como ya se ha dicho, es otra manera de avivar este tipo de «conversación» interna con tu yo superior, y Gahl sugiere abrir un libro aleatoriamente, seleccionar una frase de esa página y usar ese fragmento para trabajar con tu intuición (lo que él describe como «las clases que provienen de nuestro interior»).

Y sea cuál sea tu forma de estar más íntimamente conectada con esta voz (para cualquiera que esté dedicada a vivir toda la verdad de su propósito divinamente ordenado en esta vida), mi humilde sugerencia es que aproveches todas las oportunidades que tengas para conectarte con ella.

¿HASTA QUÉ PUNTO ERES VIDENTE?

Louise Androlia comparte cuatro maneras con las que tu alma podría estar hablándote.

- Recuerdos de olores. ¿No te ha ocurrido que de repente te viene una bocanada del olor a, por ejemplo, perfume de tu abuela en un lugar? Se trata de una manera de ponerse en contacto con la gente fallecida.
- Saber que alguien está a punto de llamarte antes de recibir la llamada. Se trata de tu conexión con la energía de los amigos y la familia, así que has captado su intención.
- Captar el ambiente de un lugar o el sentimiento de una persona. De nuevo, se trata de un ejemplo de estar conectado con la energía de una persona, que es lo que define la capacidad psíquica. Cuando te sientes triste porque tu amiga está triste, se trata de un ejemplo perfecto de «conexión».
- Canciones. A menudo, cuando te viene una canción en mente de la nada, vale la pena escuchar la letra porque suele ofrecerte un mensaje útil que puedes utilizar.

4

Practica tu dharma y cambia tu karma

Hablar en público no me mola nada y ahora te explico por qué. Sea quien sea a quien me dirija, en cuanto vocalizo algo que para mí tiene un poco de sentido (que es casi todo en lo que pienso y de lo que quiero hablar), se me rompe la voz, se me desencaja la cara y empiezo a llorar.

Y cuando digo «con sentido», no estoy hablando de abrir mi alma o revelar mis verdades interiores más personales. Me refiero a cualquier cosa, desde leer una cita sorprendente en voz alta hasta mencionar un aspecto astrológico potente, y la forma con la que creo que está teniendo un impacto en nuestras vidas. Para ser sinceros, creo que es uno de los motivos por los que decidí dedicarme a escribir: me siento mucho mejor cuando me expreso por escrito, comparado con la expresión oral.

Así que puedes imaginarte mi alivio cuando se planificó mi primer evento para hablar en público por Skype para la «no-conferencia» de espiritualidad Higher Selfie. Cuando llegó el día, tenía que hablar a mi ordenador, con una cámara de Skype que apuntaba a una pared en blanco al otro lado. Era como hablar conmigo misma, más que a una sala de doscientas cincuenta caras expectantes. Pero resultó ser que lo del llanto igualmente no pude evitarlo.

Tuve que acallar mis sollozos mientras explicaba los puntos más íntimos, lo cual confirmó mi teoría de que no eran los nervios de hablar en público lo que me afectaba. Probablemente fueran todos los planetas potentes (el Sol, la Luna, Saturno, Mercurio y Marte) de mi carta astral en las Cuarta y Octava casas, tan emocionales y llorosas. O sea, que no puedo evitar «sentir» cosas. Además del hecho de que mi Tercera casa, el área de mi carta que gobierna la comunicación, está regida por Piscis, ¡el más emocional de todos! (Este último comentario es para que practiques tus habilidades astrales, por cierto. De nada.) ¿Y sabes qué? A la gente le encantó, y recibí docenas de mensajes de gente que me agradecía haber sido tan «real».

La charla en sí era sobre «practicar tu *dharma*», un concepto espiritual que relaciona nuestro destino, o propósito vital, con un servicio. Fue un tema escogido por los organizadores del acto, porque sintieron que The Numinous era un ejemplo de cómo perseguía yo mi *dharma*. Y se había hablado bastante del concepto ese año. El primer artículo que publiqué en mi página en enero, para marcar el tono del año nuevo, había sido un escrito sobre el *dharma* de una instructora de yoga, Naomi Constantino. En su escrito, incluía esta cita del yogui Bhajan, fundador del Kundalini: «Tu alma y tu yo se han prometido cosas muy profundas. Ha llegado el momento de esculpir tu lugar en la memoria de este planeta Tierra para cumplir esta promesa. Que tu viaje complete su camino hasta tu destino. Y que entiendas el gran valor de tu propia vida».

Esta cita sí representaba cómo me sentía respecto a The Numinous. Lo que había empezado como una idea para un proyecto secundario divertido, algo para cubrir la falta de plenitud que sentía en mi trayectoria profesional como periodista, se había convertido en mucho más que eso. Ahora tenía vida propia y se había transformado en algo (como me di cuenta cuando me pidieron que hablara en un evento como Higher Selfie) que también tenía un impacto positivo en las vidas de los demás.

Lloré como una Magdalena cuando leí esta cita durante mi charla… y es que, madre mía, ¡me está volviendo a ocurrir ahora que lo cuento! (Supongo que la Luna hoy está en Piscis.) Y el hecho de que esta idea me afecte tanto (la idea de que vivir tu destino es una forma de materializar el «valor inapreciable» de tu propia vida para la sociedad) me sugiere que se acerca a la respuesta de la gran pregunta: la pregunta de por qué estamos todos aquí, tanto a nivel personal como humano.

«Tu alma y tu yo
se han prometido cosas
muy profundas. Ha llegado
el momento de esculpir tu lugar
en la memoria de este planeta
Tierra para cumplir esta promesa.
Que tu viaje complete su camino
hasta tu destino. Y que entiendas
el gran valor de tu propia vida.»

YOGUI BHAJAN

BUENO, ¿Y QUÉ ES EL *DHARMA*?

La primera vez que escuché la palabra «*dharma*», fue en un artículo sobre Dharma Punx en la revista *i-D*, mientras buscaba ideas de presentación para *Style*. Noah Levine y Josh Korda, afincados en las afueras de Los Ángeles, eran un par de exrockeros punk tatuados que predicaban la meditación y otras enseñanzas de la filosofía budista como ayuda para recuperarse de una adicción. Esto ocurrió mucho antes de mi despertar numinoso, pero, aun así, sentí una profunda intriga (puesto que la intuición de mi espíritu evidentemente reconoció un par de absolutos hermanos del alma).

Pero como no había oído hablar del *dharma* en mi vida, me limité a añadirlo a la lista de palabras que sonaban místicas que metía en un archivo de mi cerebro llamado «para investigar algún día» (junto con otras como *Shakti* y «mandala»). Como *dharma* rimaba con *karma*, quizá tuviera algo que ver con... ¿el destino?

No fue hasta que Naomi escribió su artículo para *The Numinous* que le presté verdadera atención al concepto. Al leer su interpretación, me di cuenta de que «practicar tu *dharma*» tiene que ver con responder a «la llamada de tu alma». Aún más, recoge la idea de que al hacerlo, tu trabajo automáticamente contribuye a un bien mayor.

Los Dharma Punx se pusieron este nombre en honor a la tradición budista de dar la «charla *dharma*», una especie de sermón sobre las enseñanzas del budismo, y una forma de compartir el impacto positivo que las enseñanzas han tenido en ti. Y como se habían desintoxicado con la meditación y siguiendo la filosofía budista que predica que separarse de lo material es una forma de aplacar el mono de la adicción, Noah y Josh practicaban su *dharma* ayudando a los demás a hacer lo mismo.

El concepto de *dharma* aparece con sutiles variaciones de significado en las distintas vertientes de la religión oriental. Para los sikhs, la palabra *dharma* significa «el camino de la rectitud». Los hindús lo ven como la «forma correcta de vivir» que lleva a la armonía universal. En el budismo, se reduce a la descripción de un sentido de «ley y orden cósmico». Es mi definición preferida, sobre todo porque cada vez veía más claro que todas las prácticas numinosas que me parecían tan convincentes, en realidad contribuían a que cada alma humana volviera a alinearse con este código cósmico.

Veamos la astrología, por ejemplo. Como dicen las Astrogemelas, si tu carta natal es como un «proyecto» del viaje de tu alma, aprender sobre las fortalezas, debilidades y desafíos de tu carta y elegir en la vida de acuerdo con esta información (por ejemplo, vivir como tu yo totalmente auténtico) te llevará a realizar el trabajo para el que naciste. Y según la ley del *dharma*, este trabajo también ayudará o servirá, de algún modo, a los demás.

La misma teoría se puede aplicar al trabajar con el tarot, desarrollar tus propios poderes intuitivos o sanar tus heridas emocionales y energéticas, puesto que todas estas prácticas están diseñadas para ayudar a eliminar el condicionamiento y el miedo que te mantiene apegada a una vida que escogen tus padres, egos o sociedades, en vez de seguir el camino de tu llamada Universal, con la convicción que surge al desarrollar un canal claro y abierto con tu yo superior.

DESCUBRE TU *DHARMA*

Así que puede ser que estés allí sentada contemplando tu vida y pensando: «Ostras, tú, no estoy practicando mi *dharma*...», un comentario que a menudo conlleva la pregunta: «¿Y qué diablos es en realidad?».

Llegadas a este punto, te invito a viajar atrás en el tiempo, a cuando tenías unos cinco-siete años. ¿Qué es lo que más te gustaba hacer? Y, por favor, no me digas: «Ver pelis de Disney por la tele». Probablemente este sea un ejemplo de la primera forma que encontró tu alma de calmarse (la versión adulta sería ir de compras, beber cócteles y estar en *apps* de citas) cuando te regañaban o te ninguneaban por hacer lo que realmente habías venido a hacer.

Digamos que era... jugar a disfrazarte o hacer pastelitos de barro. Volviendo al método de comunicación con tu yo superior de la vidente Betsy, cierra los ojos e imagínate tu yo de cinco años enfrascado en tu actividad favorita. Ahora llévalo un paso más allá, y «siente» qué es lo que te gusta tanto de esa actividad. ¿Qué necesidades emocionales satisface la actividad? ¿Qué aspecto de la actividad te fascina? Si lo tuyo era disfrazarte, ¿lo que te gustaba era el aspecto y la sensación de la ropa o era que podías interpretar distintos personajes? ¿O inventarte historias diferentes? Y ahora avanza la película. ¿Cómo satisfaces tu «atracción innata» por la ropa bonita, los personajes o las historias, con la vida y el trabajo que has escogido de adulto?

Cuando miro hacia atrás, recuerdo ser una niña muy tímida, y cuando estaba más contenta era cuando me enfrascaba en un libro. Pero mi madre, en cambio, dice que me solía llamar «Radio Ruby», porque desde el momento que aprendí a pronunciar una frase entera, me pasaba el día retransmitiendo lo que me pasaba por la cabeza. Supongo que le molestaba un montón (¡normal, a mí también me molestaría!). También recuerdo que me regañaba por «chivarme» de mi hermano cuando había hecho algo malo (o sea, estaba poniendo en práctica mi capacidad informativa).

En fin, que, como resultado, tuve que entrenar mi músculo reportero/investigador incipiente leyendo y escribiendo en vez de volviendo loca a mi madre y chivándome de mi hermano. Como era la actividad favorita de mi alma, era la mejor en lengua del cole. Y años más tarde, cuando decidí que quería dedicarme al mundo de la moda (también me encantaba disfrazarme) y fui a estudiar estilismo a la Escuela de Moda de Londres, la asignatura de Periodismo (una asignatura en la que no me había ni fijado cuando me matriculé) fue la que se me daba mejor de forma «natural».

Y luego una cosa llevó a la otra, y bueno, aquí estamos. Lo que quiero decir es que cuando se trata de tu *dharma*, tu alma tiene la manera de volver a encarrilar las cosas cuando la vida (tus padres, tu ego, la sociedad) te obliga a salir de tu camino. Si, claro está, estás haciendo lo necesario para reconocer y prestar atención a la voz de tu yo superior y estás preparada para seguir las señales que aparecen ante tus narices.

¿Que qué aspecto tienen estas señales? Básicamente son los sentimientos positivos que te dicen: «¡Sí, sigue con esto!», y los negativos que te gritan: «Deja este trabajo/actividad/relación ya. ¡Te está matando!». Porque repito: tu trabajo no debería hacerte sentir así. Si lo hace, ES TU YO SUPERIOR QUE TE ESTÁ ACONSEJANDO QUE LO DEJES Y TE DEDIQUES A OTRA COSA. Parece bastante evidente, ¿verdad? Pero es increíble lo condicionados que estamos a alejarnos de nuestras verdades personales cuando implican un período de incertidumbre y malestar, parecer idiotas o cabrear a otras personas.

A otro nivel más distendido, también existen coincidencias y serendipias en la vida, que nos emocionan cuando ocurren porque sabemos en nuestro fuero interno que se trata del universo que nos ilumina el camino.

¿Ideas más concretas sobre los siguientes pasos inmediatos a tomar para satisfacer tu *dharma*? Algunas de mis amigas (en realidad bastantes) dicen que oyeron voces en sus cabezas que «descargaron» información específica, como: «Crea este curso electrónico» o «Múdate aquí en otoño y empieza a enseñar yoga». La gente con menor inclinación cósmica simplemente lo llama «ideas», pero no por ello son menos especiales. Mi consejo es que si tienes una idea sobre lo que se supone que debes hacer con tu vida, al menos le debes a tu yo superior investigar lo que tendrías que hacer para conseguirlo.

HOLA, YO SUPERIOR

Conéctate con la voz utilizando uno, o una combinación, de los siguientes elementos:

- Practica la meditación con regularidad. He aquí otra de mis citas preferidas del yogui Bhajan: «Orar es cuando hablas con Dios; meditar es cuando Dios (es decir, tu yo superior) habla contigo». (Más, mucho más, sobre este tema en el capítulo sobre la meditación.)
- Investiga tu proyecto de alma con tu carta astral y aplícalo a tu trayectoria profesional y a otras elecciones vitales.
- Utiliza herramientas de adivinación como el tarot para ayudarte a conectar con tu intuición, y luego seguir con las acciones que «sientas» son las correctas (esa sensación de estar como en casa y/o de «verdad»).
- Intenta sanar las heridas emocionales que te mantienen atrapada en conductas aprendidas, en vez de tomar sin miedo el camino correcto para ti.
- Rodéate de gente que «pregunta», y no de gente que «intenta decirte» lo que te conviene.

Si ignoras los sentimientos, los signos y los momentos de inspiración sobre cómo volver al camino de tu *dharma*, probablemente acabes en un ciclo de ansiedad y sopor similar al mío cuando trabajaba en la revista *Style*. En cuyo caso es probable que dios / diosa, el universo y los demás te ofrezcan lo que se llama comúnmente en los círculos de recuperación «la experiencia de tocar fondo». Seguida de cerca por la clásica crisis/avance/«despertar espiritual».

¿QUÉ HACE QUE TE SIENTAS VIVA?

Cuando se trata de descubrir tu *dharma*, he aquí otra de mis citas favoritas sobre el tema, del líder en derechos civiles Howard

Thurman: «No te preguntes lo que necesita el mundo. Pregúntate lo que te hace sentir vivo y hazlo. Porque lo que necesita el mundo es personas que se sientan vivas».

Me encanta esta cita porque representa la idea de que «lo que hace que te sientas viva» (eso que te mantiene despierta por la noche (en el buen sentido), que te hace sentir un cosquilleo y de lo que hablarías en las fiestas hasta aburrir al personal) podría ser cualquier cosa. Es importante recordar esta idea, porque también es muy fácil confundir la idea del *dharma* con estar vinculado a algún tipo de «don» creativo.

Es como si te estuviera oyendo. «Eso es fácil de decir para ti. ¡Eres escritora y eso es un don creativo!» Bueno, esta es mi forma de verlo. Soy observadora, reportera y cuento historias. Este es mi *dharma*. He mejorado mi escritura con la práctica, porque necesitaba encontrar un modo de contar mis historias, y como ya he explicado, leer historias en voz alta no se me da demasiado bien. Y sí, ¡quizá sea porque mi madre prefería a la Ruby estudiosa y concentrada en los libros a tener que escuchar a «Radio Ruby» todo el santo día cuando era pequeña! (¿Ves lo fácil que podría haber sido que te hubieran alejado del camino de tu *dharma* también en tu caso?) Y si es cierto que escribir, con la práctica, se ha convertido en lo que podría llamarse «un talento» para mí (algo que se me da bien), piensa que también intenté escribir ficción y fracasé estrepitosamente. No conseguí nunca que mis personajes «cobraran vida», porque escribir de esa forma no es una expresión de mi *dharma*.

«No te preguntes lo que necesita el mundo. Pregúntate lo que te hace sentir vivo y hazlo. Porque lo que necesita el mundo es personas que se sientan vivas.»

HOWARD THURMAN

Para mí, la creatividad (cómo utilizamos nuestra «energía de fuerza vital») no queda limitada a «inventar» cosas. En *Libera tu magia*, un libro genial sobre este tema, Elizabeth Gilbert escribe: «Cuando digo "vivir de forma creativa", quiero decir vivir una vida que está más impulsada por la curiosidad que por el miedo». «Curiosidad» es otra palabra que utilizo como sinónimo de «intuición», ¿recuerdas?

Otra gente con un *dharma* similar al mío quizá se haya decantado por las relaciones públicas, o la investigación cualitativa, o haya acabado rodando documentales. Y si invertir sus días así les ilumina cada célula de su ser y les hace sentir más vivos, no hay duda de que también están contribuyendo a que exista un alineamiento cósmico perfecto para toda la humanidad. Y como ya he dicho, creo que empecé a satisfacer mi *dharma* a medias con mi trayectoria profesional, sobre todo después de conseguir el trabajo en *Style* y empezar a escribir sobre cosas que me interesaban de verdad (y no era todo hablar de la ropa que llevaban los famosos). Pero, aun así, solo me «sentía viva» por la mitad de las historias que contaba, y mi alma (el yo superior, el universo, la ley del orden cósmico, etcétera) sabía que no era suficiente.

Primero se manifestaron sensaciones de aburrimiento total, que se metamorfosearon en un período de aún más ansiedad y noches sin dormir (en el mal sentido), y para insensibilizar mis sensaciones acababa comprando, drogándome y bebiendo alcohol. En otras palabras, la minicrisis/avance/despertar espiritual que me llevó a buscar «un proyecto divertido en paralelo» para cerrar la brecha del *dharma*.

Y aquí es donde entra en juego la palabra «diversión», puesto que sentirás la máxima expresión de tu *dharma* como algo divertido (y por eso el aburrimiento podría ser uno de los primeros signos de que has perdido el rumbo). Y también explica por qué mi siguiente pregunta para el universo fue algo así como: «Bueno, ¿qué es lo que nunca jamás podría dejar de investigar, pensar y hablar?». Y la respuesta me vino de manera casi instantánea: «La astrología». Es decir, es mi droga de iniciación para tener una visión del mundo más cósmica, y una señal gigantesca y de neón, al estilo Las Vegas, para mi intuición, y que ilumina mi camino hacia el «Numiverso».

DESCUBRE TU «MEDICINA ORIGINAL»

Cherie Healey, una *coach* con la que trabajé mientras escribía este libro, tiene otra manera de describir el *dharma*. Me dijo: «Según la tradición de los indios americanos, cada alma nace con su propia "medicina original", algo único en ella que es su don de sanación para el mundo». Y me explicó que habrá «una pérdida de humanidad» si esta «medicina» nunca se expresa en su totalidad.

Este hecho sugiere que el hecho de que todos tengamos distintos intereses, talentos y, sí, dones creativos (¡por no hablar de las cartas natales y de personalidad!) no es aleatorio. La humanidad se diseñó de esta forma, porque todos tenemos una función individual a la hora de mantener «la ley y el orden cósmico». Del mismo modo que cada célula de cada organismo vivo tiene su propia función para mantener a dicho organismo con vida. Me encanta visualizar la humanidad de este modo, como un *patchwork* de gente enorme, y cada uno de nosotros somos un punto vital que lo mantiene unido.

El problema es que no todos los *dharmas* o medicinas se crean del mismo modo según nuestros padres, ego o sociedad, y a menudo acabamos siguiendo el camino que se considera más provechoso (sociedad), más glamuroso (ego) o que nos dará más estabilidad material (padres). Parece que tenemos tanto miedo a no tener nunca suficiente (dinero, reconocimiento, seguridad) que nos hemos olvidado de que el universo ha sido diseñado para apoyarnos a la hora de satisfacer nuestro *dharma*. Porque esto es lo que hace sentir vivo al universo.

Una vez entrevisté a la diseñadora de joyas Satya Scainetti, cuya trayectoria profesional es un ejemplo fantástico de este principio en acción. Era hija de una familia de creativos con talento y siempre se había sentido marginada, porque en su opinión su don era «hacer feliz a la gente». Este don la llevó a ejercer de trabajadora social, lo cual no la llenaba en absoluto, porque los montones de burocracia le impedían ayudar como ella quería.

Quemada (crisis/avance/despertar espiritual), se tomó un año sabático para «para divertirse»: una formación de profesora de yoga. Y la última noche de la formación, cuando ya le habían dado su «nombre espiritual» (Satya, que significa «toda la verdad»), tuvo un vívido sueño. Me explicó: «En el sueño, sacaba una línea de joyería espiritual llamada Satya, y donaba un porcentaje a entidades benéficas».

Al día siguiente, llamó a su amiga para compartir su visión, y aunque no tenían experiencia previa en diseño de joyas, ambas empezaron a trabajar en la colección en cuanto regresó a Nueva York. Cuando conocí a Satya, doce años más tarde, ya había donado más de un millón de dólares a organizaciones benéficas infantiles de todo el mundo, y por lo tanto había hecho feliz a miles de personas.

No estoy diciendo que tu medicina tenga que sanar psíquicamente al mundo, tener un halo espiritual o «retribuir» de esta forma tan literal como la de Satya. Del mismo modo que tampoco es el *dharma* de todos crear piezas de arte inspiradoras o componer música que haga que la muchedumbre en Coachella cante sin parar. No estamos todos aquí para ser la próxima Madre Teresa. Gandhi tenía su propia medicina y Lady Gaga tiene la suya. Ambos han «ayudado» a millones de personas a su manera.

La semana de mi charla sobre el *dharma*, un astrólogo que sigo llamado Rob Brezsny escribió este horóscopo para Aries (mi signo solar): «Los monjes benedictinos respetan el lema latín *laborare est orare*. El abad del siglo XIX Maurus Wolter interpretó estas palabras como "el trabajo es veneración" o "el trabajo es oración". Estaba intentando comunicar a sus compañeros monjes que el trabajo que realizaban no tenía que ser una distracción desganada de su servicio a Dios, sino que formaba parte de su devoción… Propongo que experimentes este enfoque las próximas semanas, aunque tu versión sea más secular. ¿Qué tal si empiezas a sentir satisfacción y aprecio por las tareas que te han asignado?».

Lo cual me lleva a pensar sobre lo que el «ángel susurrador» y el autor Kyle Gray dice sobre «los trabajadores de luz encubiertos». Él afirma que si tu *dharma*, como el de Satya, es hacer feliz a la gente, pues incluso si trabajas de recepcionista en la consulta de un médico y haces que cada persona que llegue se sienta feliz con tu actitud radiante, contribuirás «como mínimo» a que tenga un mejor día.

Gandhi tenía
su propia medicina
y Lady Gaga
tiene la suya.

Y también es el momento en el que pasas el testigo y permites que el universo participe. Porque, quién sabe, la reacción en cadena de este muelle añadido a su paso podría hacerles sentir tan bien consigo mismos que quizás empiecen a confiar en su voz interior, que les aconseja que se comporten de manera que puedan seguir sintiéndose así. Lo cual significa, en última instancia, que habrás sido determinante para que ellos descubran también su *dharma*.

CUIDADO CON LA PALABRA «DEBERÍA»

No es solo porque soy una Aries a quien le gusta salirse con la suya, pero «debería» es una de las palabras que menos me gusta, y se ha convertido en una señal de alerta para mí. Cuando me escucho utilizando la palabra «debería», sé que estoy a punto de iniciar algo que no será para mi mayor bien. Y es que hacer algo porque deberías casi siempre implica que lo estás haciendo para otra persona, y más que estar encantada de ayudar, de cumplir o de realizar una tarea caritativa estás resentida y enfadada con el hecho. En este libro explico que el resentimiento es una de las emociones más tóxicas y corrosivas para el alma.

Así pues, en temas de *dharma*, cuando te veas utilizando la palabra «debería» («Debería aceptar el trabajo que me gusta menos porque pagan mucho más»; «Debería posponer el viaje de investigación vital por todo el mundo hasta que mi madre se recupere»), intenta reemplazarla por la palabra «tengo que» y mira qué impacto tiene en tus prioridades. Personalmente, me resulta casi imposible usar la palabra «tengo que» a no ser que la sienta de verdad. Así pues, para mí si un «debería» se transforma en un «tengo que» sé en el acto que debo empoderarme y tomar la decisión «correcta». En el ejemplo anterior, no aceptaría el trabajo y no me quedaría por mi madre. Y por muy incómoda que me haga sentir, hablar en público sobre temas relacionados con *The Numinous* también es un claro «tengo que» para mí.

Además, creo que querer agradar a la gente (quiero ser una buena chica y parecer «maja», para que me quieran y acepten) puede ser uno de los mayores escollos, en concreto para las mujeres, a la hora de satisfacer nuestro *dharma*. De hecho, creo que los hombres sienten justo lo opuesto, aunque todo va de lo mismo, va de «aguantar o callar». Para algunos tíos, como quieren parecer invencibles, es casi una insignia de honor superar los sentimientos de miedo, ansiedad o sentirse abrumados, cuando en realidad se trata de otro ejemplo de su yo superior desesperado. ¡TÍO, QUE TU DHARMA NO VA DE ESTO!

En mi experiencia, para desafiar nuestras tendencias de querer agradar a la gente hay que cultivar lo que me gusta ver como una especie de «sano egoísmo superior», lo cual vuelve a estar relacionado con todas las prácticas que, en mi opinión, desarrollan un verdadero respeto por una misma (los niveles más altos de respeto y confianza en la sabiduría suprema universal de tu yo más auténtico, tu alma).

Para mí, esto significa de nuevo tener una conversación activa con esta parte de mi ser: usando herramientas como la astrología, el tarot y mi intuición para descifrar los mensajes simbólicos que proyecta mi yo superior (dios/diosa, la unicidad universal, etcétera) en mi conciencia diaria.

Y a un nivel más práctico, ha tenido que ver con realizar los cambios necesarios en el estilo de vida para mantener las ondas de radio cósmicas sin interferencias. No hace falta decir que seguir tu *dharma* puede hacer que te alejes un mooontón de tu zona de confort (como en mi caso hablar en público) y hay que sentirse fuerte como un gladiador llegado el momento.

Para mí, algunos de los cambios han sido una dieta más limpia para sanar mi digestión (¿porque cómo voy a sentir mis reacciones viscerales?); alejarme por completo de las sustancias que alteran el humor (puesto que «los humores» son mensajes en sí mismos); meditar con regularidad (es como mi ratito de Skype con la energía fuente); y moverme físicamente cada día (para mover la energía atrapada que atasca el canal).

De hecho, nos aconsejan que «nos vistamos para el trabajo que queremos», pero yo lo llevo un paso más allá. ¿Qué te parecería comer, beber, pensar y «vivir tu vida» para el trabajo que quieres? O mejor dicho, ¿para practicar el *dharma* para el que naciste?

#PARIDASQUEDICENLASCHICASNUMINOSAS

«Creo que este año empezaré a utilizar la copa menstrual.»

«Me han ofrecido un polvo blanco y no dejaban de repetirme: "Es natural, es de la tierra". Y he pensado: "Sí, claro, como el peyote".»

«Perdona, ¿podrías repetir lo que has dicho? He perdido el rastro de la dimensión en la que estaba.»

«¿Cómo le explico a mi cita de Tinder el cuarzo rosado que llevo en el sujetador?»

«Estoy TAN harta ya de este planeta... No me volveré a reencarnar aquí otra vez.»

«Yo también estaba pensando en miércoles. ¡No sé por qué nos mandamos mensajes cuando podríamos utilizar nuestros poderes psíquicos para quedar!»

«Pienso muy a menudo que tengo hambre. Tengo antojo de alimento energético.»

«Sí, conozco a Erica. Era mi sacerdotisa en quema ritual de hierbas.»

«Ruby, acabas de hacer 11 amigos más, has conseguido 11 likes y 1.111 amigos en Facebook: #mensajesdeángel, #lonuncavisto.»

«He llegado al punto: incluso quemo salvia antes de hacer el amor.»

«Me tomé un trago de leche de almendras con cannabis antes de leer tu correo electrónico, así que espero que todo esto tenga sentido.»

«A veces, sin la energía masculina todo acaba en una sopa vegana, ¿sabes?»

«Podría ser más bien un altar al estilo Amma, si crees que un templo del sexo es demasiado.»

«Estoy muy decepcionada de no haber sido Cleopatra en la regresión a mi vida pasada.»

«Mi profesora de kundalini me ha dicho que el flequillo me oscurece el tercer ojo.»

«Claro que puede conducir; ¡solo ha tomado algo de cacao!»

«Me cuesta TANTO ser productiva cuando hay luna menguante...»

SEGUNDA PARTE

Salud y bienestar

5

Confesiones de una yogui reticente

Bueno, vale, primero una confesión: el yoga no se me da demasiado bien. ¿Sabes la gente que afirma experimentar un éxtasis inmediato al colocar el pie sobre la esterilla? ¿La que dice que nunca se había sentido tan plena, que puede encontrar la paz verdadera o la que ha experimentado sanaciones milagrosas de mente, cuerpo y espíritu gracias a la práctica del yoga? Están por todas partes y no dejan de inspirarme, pero está claro que yo no soy una de ellas.

Pocas veces siento el yoga como un bálsamo para el alma, o como una forma de transcender ante mis preocupaciones de chica material. En el mejor de los casos, lo siento como un buen estiramiento, y en el peor (bastante a menudo), me paso la clase entera sintiendo varios grados de incomodidad física con un ojo pegado en el reloj. En general, el yoga me parece tedioso y frustrante, un empeño que resulta en un claro déficit en la relación esfuerzo-resultado. También es muy intimidante, puesto que hay que ser acróbata para conseguir ciertas posturas. Aun así, lo practico con regularidad.

De hecho, hace poco tuve algo así como un descubrimiento yóguico, o lo que el maestro yogui Baron Baptiste describe como «un romper con para ser rompedor». Se trata de algo que hace referencia a la filosofía yóguica más antigua, descrita en el *Yoga Sutra* (el texto original sobre la práctica) como: «*Yogas chitta vritti nirodhah*». O sea: «El yoga es la eliminación de las fluctuaciones mentales». Dichas «fluctuaciones» son todos los patrones mentales, el condicionamiento y las creencias limitadoras que colocamos sobre la esterilla. Son afirmaciones como: «Esto me duele», «Estoy aburrida», «Nunca voy a poder hacer esto bien, ¿así que para qué matarme?» (hum, lo cual se puede aplicar también a «la vida en general»; léelas otra vez).

Pues bien, mi «romper con» estas afirmaciones ha sido algo así como reformular la incomodidad y la frustración como meras muestras de que tengo un cuerpo y estoy «viva». Lo «rompedor» ha sido aceptar las dificultades de la práctica como una oportunidad de oro para expandir mi comprensión consciente de cómo yo —mi yo superior— habito mi cuerpo y, por lo tanto, de mi interacción física con el cosmos. O sea, ¡no es moco de pavo! Y jamás me imaginé que este sería el resultado de mi superficial historia con la esterilla.

Porque en realidad me metí en ello por las mismas razones que supuse que tenía todo el mundo: por tener brazos y piernas tonificados y en forma, la ropa de deporte mona y quizás algunos momentos de «paz interior» (que no sabía muy bien lo que quería decir) de vez en cuando.

Hace poco más de quince años que acudí a mi primera clase de hatha yoga, en una sala recreativa iluminada con luces de neón de una piscina pública de Brixton, Londres. Luego me apunté a un gimnasio guay y llegó la extenuante fase ashtanga (si funcionaba con Madonna…), seguida de un compromiso muy en serio con el festival del sudor conocido como bikram, donde las clases se llevan a cabo en salas caldeadas hasta 40 °C, para poder ser más flexible y potenciar la desintoxicación.

Con el bikram, finalmente empecé a entender a los fanáticos del yoga. ¡Me había convertido! Pero principalmente se debía a que el sudor copioso me hacía sentir que había hecho ejercicio «de verdad», y a que el calor hacía que me doblara tanto que acababa dominando posturas que nunca habría conseguido en una sala convencional. Salía de las clases cual cometa por las nubes, con la mente clara y el corazón valiente, lista para comerme el mundo. Pero según la suprema y poderosa comunidad del yoga, el bikram no representa el yoga PARA NADA, y para empezar no debería llamarse «yoga». Además de los múltiples casos de acoso sexual contra el fundador, Bikram Choudhury, dicen que el yoga de verdad tiene que ver con el *pranayama*, la respiración, que es imposible de controlar adecuadamente en una sala caldeada. El calor también es una forma de «hacer trampas» para avanzar rápido con las posturas difíciles (¡vaya por Dios!), por no hablar de que te deja sin *ying* («fuerza vital» en la medicina oriental).

Así pues, el hecho de que solo me acerqué a experimentar la dicha yóguica en una sala caldeada era, evidentemente, una prueba más de que no «lo pillaba». Y considerando la ubicuidad del yoga entre el conjunto espiritual Now Age, una voz en mi fuero interno me susurraba que quizás esto significara que algo fallaba en mí, como si hubiera un eslabón perdido en mi conexión mente-cuerpo-espíritu que no podría sanar, por mucho *pranayama* que practicara, aunque estuviera bien controlado y a la temperatura correcta.

EL YOGA EN ESTADOS UNIDOS

¿Cuál es tu estilo de yoga? He aquí un repaso rápido de los sistemas más populares en los Estados Unidos a día de hoy:

HATHA YOGA. Bebe de todos los estilos de yoga, pero pone el énfasis en alinear mente, cuerpo y espíritu. El mejor para preparar el cuerpo para sentarse y meditar.

ASHTANGA YOGA. Una secuencia dinámica de poses que incorporan equilibrios sobre brazos, paradas de cabeza y múltiples vinyasas (véase a continuación). El mejor si quieres tener los brazos de Madonna.

VINYASA YOGA. Describe cualquier clase en la que se use una secuencia vinyasa (de chaturanga perro que mira hacia arriba a perro que mira hacia abajo) para pasar de una postura a otra. El mejor para ser creativa.

YOGA CALIENTE. Cualquier estilo de yoga practicado en una sala caldeada a propósito (de 30 a 40 °C). Es el mejor para sudar y sacar toxinas mientras te estiras.

KUNDALINI YOGA. Mezcla la práctica física con las técnicas de respiración activas, cantos y meditación. Es el mejor para expandir la conciencia y transcender la mente del ego.

YOGA RESTAURADOR. Incorpora solo unas pocas poses, que se mantienen unos cinco minutos o más, mientras el cuerpo se apoya en accesorios como bloques y mantas. Es el mejor para una relajación total.

Esto pensaba yo más o menos cuando asistí a mi primera clase de Kundalini yoga, en la que flipé y acabé con todos mis prejuicios sobre el yoga. Hablando de romper con el condicionamiento, aquí no había posturas como tal, solo una serie de movimientos repetitivos y aparentemente aleatorios, y unos ejercicios de respiración. Luego llegaron los cantos (mi ego superreservado y megabritánico pensó: «No fastidies») y los bailes (ídem).

Pero los efectos posteriores fueron innegables. Me sentí «despierta» de una forma que solo puedo describir como «un café doble bañado en Prozac». Desde entonces, he tenido algunas experiencias flipantes también con el kundalini yoga, rollo visiones megaprofundas (como una vez que vi exactamente lo que tenía que hacer para sanar la relación con mi padre). Pero sigue sin ser mi primera elección. Me resulta demasiado intenso y demasiado para mi cabeza.

Así que es justo decir que a lo largo de los años lo he probado todo. ¿Y qué yoga me «ha funcionado» al final? El yoga que practico en casa, sin dogmas, ni ajustes, ni espejos. El que practico con la ayuda de una biblioteca de clases en línea, que se llama YogaGlo.com (pero YouTube también vale), que es básicamente algo que me hace levantar (o tumbarme, según mi nivel de energía) y darme un respiro del Mac. El yoga es una forma de «romper con» la tarea en la que estaba enfrascada durante horas y «ser rompedora» para enfrentarme a la siguiente parte del día.

¿A que suena prosaico? No es para nada el umbral tras el que se encuentra el nirvana. Sin embargo, como Einstein afirmó una vez: «Las cosas deberían ser tan sencillas como sea posible, pero no más sencillas». Y volver a lo básico (solo yo, con mi esterilla, las posturas y la respiración) es lo que finalmente me ha permitido transcender el subidón y descubrir la dicha yóguica. Creo que ocurrió del siguiente modo.

PROHIBIDOS LOS EGOS

Uno de los principales «romper con» de mi práctica en casa ha sido eliminar cualquier expectativa sobre tener que aparentar cierto aspecto. Después de todo, el inconveniente de mi falta de dedicación a un estilo de yoga más que a otro es que nunca he progresado demasiado rápido (menos cuando hice trampas con el bikram, claro). Pero sigo sin poder hacer la postura del cuervo (un equilibrio de brazos ingenioso en el que las espinillas descansan sobre la parte superior de los brazos) y me he dado por vencida con las paradas de cabeza y manos. Bueno, eso no es cierto. Un día quiero apuntarme a un taller dedicado a las invertidas y lo conseguiré, aunque sea por mi ego.

Porque tal como yo lo veo, las posturas más complicadas a menudo tienen que ver con lo siguiente. Sí, dicen que las invertidas también mejoran la circulación y son beneficiosas para el sistema nervioso, pero la parte de mí que escribe cosas en la lista de tareas pendientes «solo para poder tacharlas» cuando ya se han conseguido (¿a ti también te pasa?) es la que decidió que el yoga tenía que ver con dominar las posturas con una pierna extendida hacia arriba. Esa parte de mí también conocida como «mi ego/crítica interior/perfeccionista», y esencialmente la parte de mí que decía que el yoga tiene que ver con aprender a transcender (o sea, tenía que cerrar ese pico de una vez). También es esa parte de todos nosotros que suele recibir mucho contenido vacío versus la voz amable, indulgente y tolerante de nuestro yo superior. Ahora entiendo que uno de los grandes regalos del yoga es que nos obliga a enfrentarnos al ego («un romper con para ser rompedor»).

Confrontar el ego es la enseñanza principal del kundalini yoga. De hecho, a menudo pienso que el fundador yogui Bhajan diseñó la práctica para que fuera lo más incómoda posible (o sea lo más rara, dolorosa, frustrante e idiota posible), con el único objetivo de enfrentarnos con la voz que dice: «Ni de coña, esto es demasiado raro/doloroso/frustrante/idiota» (sí, el ego). Pero es que vamos, ¡si hasta una de las «meditaciones» kundalini más populares se llama «Erradicador del ego»!

También pienso que es la razón por la que la autora de manuales de autoayuda Gabrielle Bernstein, profesora certificada de kundalini, lo describe como «una forma de hacer que mi cuerpo se implique en mi práctica espiritual». El mensaje de Gabby nos enseña que la forma de conectar con nuestro yo superior (espíritu, energía fuente, la unicidad universal… que ella llama simplemente «amor») es separarse del ego, nuestra parte temerosa que da voz a todos los juicios, comparaciones y odios.

Así pues, ahora me gusta recordarme que no importa si no puedo hacer muchas de las posturas (y también me enfrento al ego cuando afirma que se debe a que mi mente y cuerpo son demasiado débiles). ¿Por qué iba a impedirme pisar la esterilla el hecho de que probablemente nunca vaya a ser capaz de hacer una transición al *chaturanga* con una parada de manos (búscalo en Google)? Por esto muchos profesores nos dicen (a menudo cuando estamos intentando hacer la transición al *chaturanga* con la parada de manos): «¡Se llama práctica del yoga, no perfección del yoga!». Para simplificar, como diría Baron Baptiste: «No te preocupes por si lo haces bien, porque no lo estás haciendo bien».

ROMPER CON LA CORRIENTE PRINCIPAL

Tuve el honor de practicar con Baron, un predicador de yoga de verdad (más adelante hablo sobre ellos) cuyos padres abrieron el primer centro de yoga norteamericano en San Francisco, en 1960, en un retiro llamado La inmersión. Organizado por Lululemon, se trataba de una inmersión de todo un fin de semana para promover lo que ellos consideran la enseñanza principal del yoga: lo que ocurre en la esterilla es solo una «práctica» para convertirte en tu mejor yo (quizás incluso yo superior).

Irónico, porque Lululemon también es una de las primeras marcas que quieren que el yoga forme parte de la corriente principal, a menudo acusada de centrarse demasiado en el aspecto de la práctica (puesto que la compañía está en el negocio de vender ropa cara para practicar yoga). En otros sitios, la comercialización del yoga ha visto el auge de profesores famosos vendiendo retiros y cursos caros, centros guays con cuotas carísimas, yoguis en Instagram con cuerpos «perfectos» haciendo poses imposibles, e incluso campeonatos de asanas. En otras palabras, lo que se merienda el ego cada día.

Porque lo que quiere el ego es comparar y competir, puesto que lo que teme el ego es no ser «suficiente» (sin los pantalones de yoga de cien dólares y la pose de escorpión perfecta).

En mi opinión, existe una línea muy fina entre sentirse inspirado por los yoguis megaflexibles que sigo en las redes sociales y sentirse intimidado y dejar de practicar el yoga (una vez más, mi propio ego en pleno vigor). Por otro lado, ¡ser consciente de ello y separarme de la necesidad de «encajar» en la comunidad del yoga de la corriente principal ha sido una especie de práctica yóguica en sí!

Después de todo, como Eddie Stern, otro profesor de yoga maravilloso y filósofo (y el hombre responsable de esos infames brazos de Madonna), me recordó: «Cuando se observan estas creencias sin apegarte o distraerte con ellas es cuando ocurre el yoga. Es cuando ahondas en tu propia naturaleza como el observador y no el participante». Y la cosa mejora: «Entonces es cuando escogemos las creencias que apoyan la liberación o saber quiénes somos de verdad».

Eso sí que es una filosofía que puedo aceptar (y que además no cuesta nada). El caso es que vender a las masas el yoga como un ejercicio (para el que necesitas un montón de atuendos, que te hará tener un buen aspecto y sentirte en la gloria) siempre va a ser más fácil que invitar a la gente a iniciarse en una práctica que está diseñada para que te enfrentes a los condicionamientos y creencias limitadoras que están obstaculizando tu evolución personal. Porque aquí las cosas se complican. Después de todo, cualquier tipo de crecimiento (físico, mental, emocional y espiritual) suele venir precedido por la incomodidad de superar lo anterior. Al que quiere celeste, que le cueste, ¿no es así?

Esta es la revelación que tuve en las clases de Baron en La inmersión de Lululemon: irónicamente, que el yoga no tiene nada que ver con cómo vas vestido. Eso es, de por sí, una forma que tenemos los humanos de experimentar la mera naturaleza de la evolución, o de la creación. O sea, casi nada.

Lo cual también se puede aplicar, por supuesto, a trabajar para conseguir las poses más difíciles. Como explica Eddie: «Quizá quieras poner tu pierna detrás de la cabeza porque quieres explorar los límites de lo que se supone que puede hacer tu cuerpo. Y eso podría hacer que vieras el mundo de una forma totalmente distinta».

MI CUERPO ES UN TEMPLO

«El cuerpo es el templo del alma.» ¿Existe un cliché New Age más grande que este? Pues bien, lo siento pero en realidad esta afirmación me encanta y también la voy a reivindicar para la Now Age, porque al encontrar mi dicha yóguica, finalmente me puedo ver reflejada en esta frase.

Ya te he contado lo de mi problema con mi imagen corporal, ¿verdad? Básicamente, seis años de un trastorno alimentario que consideraba que no valía la pena reconocer, puesto que me parecía «normal», ya que muchas de las mujeres que conocía tenían algún tipo de relación conflictiva con la comida. Además, cuando llegué a los veinte encontré una salida con la comida «sana», y así pensé que había superado mi trastorno. ¿Pero era cierto?

La verdad es que el exceso de ejercicio siempre había sido el gemelo malvado de mi anorexia. E incluso cuando mis años de obsesión sobre cada caloría consumida y quemada eran un recuerdo lejano, mi ejercicio se veía motivado por lo mismo: hacer que mi cuerpo tuviera un cierto aspecto. Sí, el aspecto de la mayoría de los cuerpos de mujer que se muestran en el yoga de la corriente principal: delgados, tonificados y con un culo de los que desafía la gravedad.

Recuerdo haberme sentido inspirada para retomar la actividad (otra vez) después de haber conocido a un fotógrafo especializado en desnudos, quien me dijo: «Los mejores cuerpos son siempre los cuerpos del yoga». Y ya te he explicado cómo me enamoré del bikram, puesto que el sudor y la forma con la que me hacía palpitar el calor bastaban para convencerme de que estaba haciendo ejercicio «de verdad» (es decir, ejercicio del que quema calorías y cansa mogollón). Es irónico, porque fue en la «sala caldeada» donde la práctica del yoga empezó a eliminar el condicionamiento sobre el aspecto que debe tener el «cuerpo perfecto».

El bikram yoga queda algo fuera de los círculos más convencionales y atrae a un grupo de gente bastante diversa: menos rica, blanca, madres de buen ver a las que les gustan los zumos *detox*, y cuerpos de todas las formas, medidas, razas y géneros. Y lo mismo pasa con el Kundalini, que en realidad es menos intimidante para las masas menos flexibles, puesto que la mayoría de *kriyas* (una serie de posturas) se practican con los ojos cerrados y también se pueden llevar a cabo con largas túnicas holgadas si te sientes poco cómoda mostrando el culo que no desafía la gravedad. Un motivo por el que el fundador, el yogui Bhajan, lo apodó «la práctica de los usuarios de a pie».

Pero volvamos al bikram, porque me ofrecieron la oportunidad de estudiar distintos tipos de cuerpos practicando ese yoga casi desnudos, todos realizando proezas de fuerza, enfoque y flexibilidad a tiempo real (en vez de imágenes publicitarias retocadas o posts de Instagram filtrados o ingeniosamente colocados). El mensaje era hermoso y, como diría Einstein, sencillo: no tiene que ver con qué aspecto tiene un cuerpo, sino con lo que puede hacer y cómo puede sentirse. Menudo bálsamo para el tempo del alma.

Lo cual me lleva al movimiento #fatyoga (#yogaparagordos), ese *hashtag* que te lo planta en las narices y que ha ganado popularidad en las redes sociales, puesto que va en contra de la falta de diversidad corporal en el marketing habitual del yoga. Si las poses a lo cruasán inalcanzables ya nos hacen dudar de si el yoga es para nosotros, el hecho de que todas las yoguis que vemos en revistas e imágenes publicitarias no sean más que «mujeres blancas esqueléticas» no va a ayudar a la persona negra, o gorda, o a un hombre, o a un ciudadano mayor a buscar su centro de yoga más cercano.

Y te aseguro que la comunidad #fatyoga no se enfadará por mi uso de la palabra «gordo», puesto que como me recordó una vez la asombrosa yogui y autodeclarada «mujer gorda» Jessamyn Stanley: «Si la palabra "gorda" te hace sentir incómoda, es porque estás proyectando tu odio sobre una palabra que solo es un mero adjetivo». ¡Este tipo de hermosa observación no-reactiva también es el resultado de una práctica yóguica regular!

Si el yoga se diseñó para alimentar el bienestar y la iluminación de «todos», creer que un cuerpo de yoga tiene que tener un cierto aspecto no es bueno para «nadie». Siendo yo misma «una mujer blanca esquelética», las imágenes de este «ideal» yógui-co también alimentaron el perfeccionismo que durante mucho tiempo causó mis problemas de imagen corporal. O sea, que con esa creencia siempre se pierde, se mire como se mire.

Lo cual me lleva a mi práctica en casa, donde sobre todo no hay espejos, y donde el yoga se ha convertido en todo lo que mi cuerpo puede hacer hoy, en cómo se siente mi cuerpo hoy. Y el aspecto que tiene el yoga es irrelevante.

¿Qué quiere mi cuerpo?

Desde mi despertar psíquico con Betsy, también me empezó a gustar y he practicado muy bien la escucha de las sensaciones físicas en el templo de mi cuerpo/alma, porque son una pista de la voz de mi intuición. Y lo aplico a todo, desde «¿Debería aceptar este trabajo?» a «¿Qué debería cenar hoy?» y también al ejercicio físico, que he conseguido que sea algo innegociable en mi vida diaria. O sea, algo que hago cada día sí o sí.

Y ya no lo practico impulsada por el miedo, rollo «tengo que ganarme ese *brownie* paleo sin gluten» o «tengo que encender mi ciclo del alma», sino porque las estadísticas nos dicen que el oficinista medio en Estados Unidos está sentado unas diez ho-ras al día, y porque ser sedentario está relacionado con un riesgo mucho más alto de sufrir casi cualquier enfermedad importante. La Clínica Mayo incluso ha acuñado el término «enfermedad se-dentaria», ¡buaj! Teniendo en cuenta que escribo para ganarme la vida, lo cual significa que probablemente bato récords de perma-nencia frente al ordenador, mi obligación de «moverme a diario» es por puro sentido común.

En cuanto a escuchar a mi cuerpo, es lo primero que hago cuan-do llega el momento de decidir qué tipo de ejercicio practicaré hoy, ¡puesto que es mi cuerpo el que va a realizar el ejercicio! ¿Y sabes qué? Que pese a la incomodidad y la frustración, la mitad de las ve-ces mi cuerpo quiere practicar yoga. Entonces le pregunto: «¿Qué tipo de yoga quieres practicar hoy, cuerpo?». Como ya dije en la introducción, existen muchas muchas muchas escuelas de yoga, y prefiero venerar a toda la iglesia, principalmente porque lo que quiere y necesita mi cuerpo puede variar mogollón día a día.

Así pues, las preguntas son algo así como:

- ¿Cuánto tiempo tenemos?
- ¿Cuánta energía siento hoy?
- ¿Dónde siento tensión (física, mental, emocional, espiritual)?

Y, por supuesto, también:

- Si fueras a quemar cero calorías, ¿qué escogerías?

A veces, necesito hacer tan solo un par de *vinyasas* rápidas y fluidas, para despejarme y sudar. Y algunos días, los de mucha ansiedad, necesito justo lo contrario: pocos movimientos, largos y profundos, para arraigar mi energía, volver a mi cuerpo, y poder sentirme cómoda con mi incomodidad (lo físico es un espejo de lo mental, emocional y espiritual). Y a veces, mi cuerpo me lleva a dar un rápido paseo por Williamsburg Bridge, mientras siento el sol en la cara y escucho mi mezcla favorita de SoundCloud con los auriculares. Y como a menudo en estos momentos de «pausa con movimiento» me siento muy conectada con mi respiración, más sintonizada con el *ying* que bombea por mis extremidades, y recibo más descargas específicas y brillantes de mi yo superior (sí, «ideas»), he decidido llamarlos también «yoga».

Después de todo, cuando alguien en La inmersión le preguntó a Baron Baptiste en qué se basaba su práctica diaria, él respondió que no tenía tanto que ver con las asanas y más que ver con la «sustancia», lo que extraía de la práctica. O sea, un «romper con para ser rompedor», y conseguir tu yo esencial y en constante evolución.

SALUDOS A LOS PREDICADORES DE YOGA

Mi queja sobre cómo se presenta el yoga para la mayoría es que la naturaleza espiritual de la práctica a menudo queda limitada por querer mantener las cosas políticamente correctas. El yoga no es una religión, ¿entendido? Pero la falta de énfasis en el objetivo final del yoga como «unión con el ser supremo» (la traducción literal del «yoga» es «unión») tiene que ver con lo que decía antes de que es más fácil venderlo a las masas como ejercicio para tener un buen aspecto (junto con todos los pantalones monos que necesitarás para practicarlo) más que un ejercicio espiritual que requiere cierta introspección (que a menudo suele ser bastante caótica).

Pero en su esencia se trata de una práctica espiritual que, más allá de las doctrinas de la religión organizada, puede ser cualquier cosa que Louise Androlia define como «una práctica que te conecta con tu espíritu». O lo que yo podría definir como «fuerza vital». Después de todo, la última de las «ocho ramas» del yoga tal como se describe en el *yoga sutra* (de las cuales solo una es las asanas físicas) es el *samadhi*, un estado de éxtasis trascendente, cuando el yo (superior) individual se fusiona con la unicidad universal. Y en las pocas ocasiones que acudo a una clase de yoga, mis profesores de yoga preferidos son los que yo llamo los «predicadores de yoga», los que dicen «a la mierda con el comité de lo políticamente correcto, haremos lo que haga falta».

Son profesores como Baron Baptiste, quien describe el yoga en su último libro, *Perfectly Imperfect*, como «la última herramienta de excavación para el alma». O como Elena Brower, que habla del templo cuerpo/alma con tanta reverencia que sus instrucciones para respirar en las distintas salas y pasillos de dicho templo son como una invitación a la oración. También son como mis profesores de bikram preferidos, que utilizan los espacios entre las instrucciones prácticas para recordarnos que la fe, el enfoque y la determinación que desarrollamos en la sala caldeada (y por lo tanto en nuestro interior) nos ayudan a reforzar nuestro sentido de yo/espíritu en el mundo.

¿CÓMO HACER DEL YOGA TU VIDA?

Las ocho ramas del yoga, en realidad, describen un sistema mente-cuerpo-espíritu para vivir una vida con sentido y propósito, y cada una hace de base para el siguiente paso hacia la iluminación. ¿Cómo hacer del yoga tu vida?

1. YAMA: integridad. Primero, ¿eres una mujer de palabra? Dar buen yama implica que hagamos por los demás lo que los demás harían por nosotros. Aunque sea el primer día de rebajas de mercadillo en enero.

2. NIYAMA: autodisciplina espiritual. Sí, aquí es donde hay que tomarse en serio tu práctica de meditación «oxidada». ¿Las buenas noticias? Ser regular con cualquier tipo de ritual que te conecte con tu yo superior cuenta como hacer tu niyama.

3. ASANA: práctica física. La parte del yoga más «yoga», puesto que las posturas, o asanas, de cualquier clase de yoga están diseñadas para ayudar a cultivar la disciplina y la concentración necesaria para la meditación. Sí, tu cuerpo es el templo de tu alma.

4. PRANAYAMA: respiración. O, mejor dicho, la capacidad de reconocer la conexión entre la respiración, la mente y las emociones, y aprender a dominar esta energía de fuerza vital. En otras palabras: respira antes de hablar.

5. PRATYAHARA: trascendencia sensorial. Aprender a dar un paso atrás para observar el cuerpo físico y poder separarte de los deseos terrenales, sobre todo si te distraen de tu crecimiento espiritual. Tipo: ¿realmente eres tú (o sea, tu yo superior) la que quiere beberse ese tercer vaso de Pinot?

6. DHARANA: concentración. Potencialmente la rama más difícil de practicar en nuestras vidas modernas fragmentadas. ¿Cuándo fue la última vez que mantuviste una atención exclusiva, mantenida y sostenida hacia un objeto, sonido o incluso comentario en las redes sociales?

7. DHYANA: meditación. Resultado natural de largos períodos de dharana, en yoga la meditación se describe como un flujo ininterrumpido de concentración. ¿La diferencia entre ambos? Un estado meditativo de verdad implica que eres consciente sin estar centrado (o sea, que consigues la famosa y esquiva mente vacía). ¿Te resulta complicado? Lo que hay que tener en mente (o no, jaja) es que todo tiene que ver con el proceso...

8. SAMADHI: éxtasis. O sea, iluminación. Para conseguir el samadhi, el meditador trasciende el cuerpo para realizar una conexión total con lo divino (el espíritu, el universo, la energía de la unicidad, etcétera). ¡Vamos, con los reinos de los santos! Pero quizás incluso tú, humilde alma, hayas experimentado este éxtasis en tu vida humana. Otra palabra para samadhi podría ser «paz».

Como la mayoría de gurús carismáticos, un verdadero predicador de yoga tiene una manera de entender a su público y luego pronunciar las palabras correctas en el momento correcto del proceso, para guiarlo por los caminos numinosos de su ser y descubrir recuerdos, emociones y percepciones que se morían por ser liberados. Es quien señala el tipo de visiones psíquicas y descubrimientos que pueden dejarte llorando sobre la esterilla.

¿Mi preferido entre todos ellos? Sean Corn, nacida en Nueva Jersey y cofundadora de la organización de beneficencia *Off the Mat, Into the World,* que desarrolla sus clases del vigoroso vinyasa *flow* con este tipo de sabiduría (de una entrevista del documental *Yoga Is* de 2012):

Ahora la gente se está despertando en nuestra cultura ante el poder de la gracia que existe en nuestros corazones, que muchas veces apagamos. Cuando nos apagamos, no podemos sentir, y cuando no podemos sentir, no nos podemos entregar, y la forma de llegar a Dios es a través de la entrega. Con la práctica del yoga, te abres, empiezas a expandirte, y empiezas a sentir. Los sentimientos conllevan vulnerabilidad, la vulnerabilidad conlleva entrega, y entonces te abres a Dios.

Sí… más #llantoamanta cada vez que leo esto. Y, evidentemente, utiliza la palabra «dios». Llámalo dios, el universo, la fuente, la energía de la unicidad o como quieras. Me gusta que me recuerden que el yoga es una forma de conectar con la parte de esta energía que reside en mi ser físico, porque de lo contrario se convierte en mero ejercicio. Y si solo se trata de fuerza, equilibrio y flexibilidad, mi cuerpo prefiere otras formas de ejercitarlo.

Antes, en este capítulo, he descrito el yoga como «ejercicio para mi alma», y la gran revelación para mí ha sido que, en realidad, todo mi viaje perfectamente imperfecto en la esterilla ha sido justamente esto. Todos estos años en los que me costó encontrar una práctica adecuada para mí, en realidad formaron parte del proceso, parte de la práctica en sí.

6

Muy meditado

Hace un tiempo intenté contratar a Andy Puddicombe, creador de la *app* de meditación megapopular Headspace, para un trabajo como gerente de marca. Su equipo me respondió con una cifra astronómica, que conseguí que aprobaran. Pero luego nos dijeron que estaba demasiado ocupado, con un libro por acabar y un bebé recién nacido con el que tenía que establecer vínculo. El último trabajo que había aceptado, me explicaron en confidencialidad, fue una conferencia celebrada en Necker Island, en la que Richard Branson había reunido a las diez mentes más importantes fuera del sector político para encontrar soluciones futuras a los problemas a los que se enfrenta la raza humana. Andy no solo estaba muy solicitado, sino que era evidente que había perfeccionado el arte de priorizar y tenía unos límites muy claros.

Parecía estar muy lejos del primer Andy que conocí en una sala de negocios anodina de un edificio gris en las afueras del distrito financiero de Londres en 2010. Headspace se había lanzado hacía unos meses; era una empresa de eventos dedicada a llevar la meditación a las masas. Andy, que se había graduado en artes circenses, acababa de regresar de estudiar meditación budista y de vivir como un monje en el Himalaya. Pero su incipiente marca ya estaba empezando a sonar, y cuando el *Sunday Times* estaba a punto de publicarse en Internet por primera vez, me dirigí a Andy para crear algún tipo de meditación guiada para la página web.

¿QUÉ ES LA MEDITACIÓN?

La palabra «meditar» significa «pensar», así que cualquier cosa que te haga ser consciente de tus pensamientos debería llamarse «meditación», puesto que la palabra literalmente se refiere al «acto de monitorear los pensamientos de tu cabeza». En los círculos espirituales, el acto de la meditación se utiliza, en general, como una forma de distinguir entre estos pensamientos, a menudo considerados el resultado del ego o *monkey mind* (ser caprichoso), y un alto nivel de conciencia consciente, o sea, nuestro yo superior, el universo, dios/diosa, etcétera.

¿Iba a ser la meditación el próximo bombazo? Parecía que podría ir por ese camino, así que cuando me invitó, a mi compañero y a mí, a una sesión después de que le hubiera contado mi idea, por supuesto, aceptamos. Ahí estaba yo, con la espalda recta como si me hubiera tragado una escoba, los pies clavados en el suelo y las manos descansado sobre mi regazo, sentada en una silla de su oficina, siguiendo las instrucciones relajantes de Andy de contar las inspiraciones y espiraciones, y a la vez observar cualquier pensamiento que me venga a la cabeza, «como si estuvieras tumbada en una hamaca bajo un árbol y los pensamientos solo fueran tráfico que pasa».

El silencio de la sala era tan denso que podía cortarse, y la dulce y amable voz de Andy se oía cada vez más y más lejos. Me ordenó: «Ahora deja de contar tu respiración y permite que tus pensamientos divaguen». Al hacerlo, sentí una oleada de impulsos de energía por todo el cuerpo, y el corazón me dio un vuelco. Mi respiración empezó a ser tan fuerte y tan rápida que me abrumó un sentido de vértigo, y tuve que abrir los ojos para asegurarme de que no me había desplomado de la silla. Estaba experimentando lo que solo puedo describir como «un miniataque de pánico».

La sensación se desvaneció después de un par de segundos más, dejándome fría, mojada y con náuseas, pero me sentía demasiado avergonzada para contarle a Andy lo que había ocurrido. Había sido tan amable, ¡y se trataba de una meditación, por el amor de Dios! Se suponía que tenía que ser profundamente relajante. ¿Qué narices me estaba pasando? Es verdad que había estado muy estresada por aquel entonces, y quizás estuviera agotada. O tal vez fuera el *cappuccino* triple que me había metido en el cuerpo antes de la reunión.

No hace falta que diga que, cuando mi amiga astróloga Shelley von Strunckel me invitó de nuevo a intentar meditar unos seis meses más tarde, tuve mis dudas. Pero Shelley era la persona a quien le había pedido orientación para mis estudios místicos (era la mentora que me estaba ayudando a germinar *The Numinous*) y confiaba en ella. Me había dejado claro que, junto con una práctica de yoga diaria, la meditación regular era clave para conectar con los reinos numinosos. ¿Cómo iba a decirle que no? Organizaba sus clases de meditación solo para invitados en su lujoso *loft*, que por aquel entonces visitaba con frecuencia, así que el lugar en sí también me resultaba seguro. Y, bueno, las cosas fueron bastante distintas. De hecho, solo puedo describir esa tarde como la primera vez que «conocí» oficialmente a mi yo superior.

Shelly había reunido a cinco amigas maravillosas (es una de estas mujeres que atrae a personajes interesantes). Cada una encontró su rincón en los sofás de terciopelo y nos servimos de los cojines para mantenernos erguidas. Sus instrucciones fueron muy sencillas: que cerráramos los ojos y nos concentráramos en la sensación de nuestra respiración moviéndose por el cuerpo. Prosiguió: «Cada vez que os venga un pensamiento, observadlo y volved a vuestra respiración».

Cerré los ojos con cierta trepidación, medio esperando que se repitiera la experiencia que tuve con Andy. Pero meditamos en silencio durante no sé cuánto tiempo (creo que Shelley nos dijo luego que habían sido unos tres minutos), y cuando abrí los ojos, me sentí… deliciosamente colocada. Llevaba años sin fumar porros, y lo dejé porque me estaba volviendo paranoica. Pero la sensación física que estaba experimentando era lo que me gustaba de fumar hierba: una sensación cosquilleante de dicha, de alivio absoluto y de expansividad. Como cuando acabas de despertarte de un sueño largo y profundo. ¿Y solo en tres minutos? No podía dejar de sonreír.

Pero luego llegó lo mejor. Shelley nos preguntó: «¿Os habéis fijado en los pensamientos que iban y venían?». Todas asentimos. Y añadió sonriendo como un gato de Cheshire: «Lo volveré a preguntar, y esta vez pensad en quién o qué exactamente se percataba de esos pensamientos». Lo que nos estaba diciendo es que nuestra conciencia y los pensamientos de nuestra cabeza estaban totalmente separados. O sea, que lo que llamaba «yo» no era necesariamente todo lo que era «yo». Y aún mejor, que el resto de «yo» evidentemente se encontraba en algún lugar del vacío de tranquilidad absoluta en el que me había encantado estar.

Ese momento fue algo revolucionario para mí. Me abrió un portal a la comprensión de mi «yo» más allá de mi cuerpo físico y mi ego-mente. Como espíritu. ¿De qué estaba hecha esta parte intangible de mi «yo»? ¿Cuál era su perspectiva en la vida? ¿Y cómo podía conectar con este yo más a menudo?

¿POR QUÉ CUESTA TANTO SENTARSE?

Toda esta revelación de que mi yo iba más allá de mi cuerpo físico y mi ego-mente es el motivo por el cual muchos creen que una práctica de meditación regular es el requisito indispensable para tener una vida más espiritual, una existencia que está alineada con las necesidades de tu yo superior. O, en términos laicos, una experiencia más pacífica, menos estresante y en general más feliz y más plena de ser humano. Todos los grandes maestros (de Deepak al Dalai Lama) te dirán lo mismo, y las buenas noticias son que la evidencia sugiere que el mundo está despertándose poco a poco (o quizás esté recordando) ante esta verdad. Sin embargo, esto no hace que sea más fácil sentarse en el cojín y empezar a meditar.

¿Empecé a meditar cada día después de mi experiencia en casa de Shelley? No. Una colaboradora de *The Numinous*, que tiene el centro de meditación MNDFL en la parte sur de Manhattan, compara meditar con ir al gimnasio. Un día, diciéndome de broma que había montado el centro de meditación para seducirse a sí misma a meditar con regularidad, me explicó: «Al principio, me pasaba quince minutos decidiendo si iba a meditar o no, como con el deporte, que a veces la parte más difícil de practicarlo es enfundarse en la ropa deportiva».

Y sé que no soy la única que se ve reflejada en esta afirmación. A lo largo de los años, he intentado meditar con la *app* Headspace de Andy, he asistido a clases de meditación budista zen en varios centros de Nueva York, he encontrado meditaciones guiadas en YouTube, y me he apuntado al Reto de meditación de 21 días de Deepak y Oprah, todo para intentar practicar la meditación de forma regular. Como había encontrado a mi yo superior y había experimentado esa sensación embriagadora de calma cuando medité con Shelley, sabía que tenía que ser bueno para mí, a todos los niveles (físico, mental, emocional y espiritual). Así que el hecho de que cuando llegaba el momento de cerrar los ojos para empezar la introspección se me ocurría cualquier cosa para distraerme (limpiar el baño, mandar... va, solo un correo más) me preocupaba, porque pensaba que mi alma no estaba para nada evolucionada. Además, la mayoría de las veces ni siquiera me acercaba a ese mismo estado de relajación profunda que conseguí con la meditación con Shelley. Quizás es que no estaba preparada.

Me consoló cuando entrevisté a Elizabeth Gilbert (quizá, con *Come, reza, ama*, una de las primeras voces que ha hablado sobre las ventajas de meditar para las masas) y me contó que incluso ella había «decaído» en su práctica. Después de todo, en *Come, reza, ama*, describe con todo lujo de detalles «el aburrimiento y la incomodidad» que siente cuando medita, así como lo muy «disciplinada» que una debe ser. Bueno, no son precisamente palabras alentadoras para motivar a meditar.

Porque el caso es que nuestras mentes no quieren meditar. Nuestras mentes quieren pensar. Como nos recuerda Ellie: «La mente piensa involuntariamente, como el corazón cuando late y los pulmones cuando respiran. Si el corazón y los pulmones se detienen, nos morimos. Si la mente se detiene, entramos en coma o muerte cerebral». ¡Así que tiene sentido que la evolución haya hecho que sea complicadillo apagar nuestras mentes!

Por supuesto, como la mayoría de profesores de meditación nos recuerdan: «No se trata de apagar la mente. Se trata de aprender a observar y a despegarnos de nuestros pensamientos». Pero ¿cómo puede ser que acto seguido, estos mismos profesores también nos expliquen a menudo que el objetivo de la meditación es conseguir una mente tranquila o incluso vacía? Porque a mí eso me suena como una mente a la que han puesto en modo *stand-by*.

¿LA FORMA CORRECTA DE MEDITAR?

Quizá también hayas oído la frase: «No hay una única forma de meditar». O sea que, como con el yoga, existen distintos estilos o enfoques de meditación que funcionan para gente distinta. Pero Ellie piensa que el motivo por el que a tantos nos cuesta mantener una práctica regular es que muchos intentamos meditar como los monjes budistas, que se pasan años meditando durante horas cada día con el objetivo final de conseguir el nirvana, o sea, trascender la experiencia humana del sufrimiento. Dicen los monjes que es en este estado de «integración con el espíritu puro» cuando somos capaces de comunicarnos plenamente con Dios (el universo, la fuente, la conciencia de la unicidad, etcétera). Y que la forma de conseguirlo es eliminando todos los pensamientos terrenales de nuestras cabezas, o al menos desvinculándonos de ellos tan minuciosamente que ya no notemos que están allí.

Hay un nombre para este enfoque: «atención focalizada». Se trata de un control activo de cada pensamiento que se te aparezca. Hay que pedirle que se retire amablemente (son budistas, después de todo). O si no, ignorarlo y mantenerte centrada en la respiración. Cualquiera que lo haya probado sabrá que es extremadamente difícil. Sobre todo porque la mente (al menos la mía) suele decir: «¡Ah, un pensamiento! Ignóralo y vuelve a concentrarte en la respiración... Oh, espera... Ahora estoy pensando que tengo que ignorar el pensamiento». Etcétera. Y en nada, al menos para mí, se convierte en lo que yo entiendo por frustración, así que lo más seguro es que no vaya a dedicarle un ratito diario.

La atención focalizada es una técnica que intenté practicar en el centro budista zen de Manhattan, y es el tipo de meditación sobre el que Liz Gilbert escribe en *Come, reza, ama*. También es el tipo de meditación que Andy Puddicombe aprendió en el Tíbet. Lo cual nos lleva a la observación de Ellie otra vez. Aunque vaciar la mente de todos los pensamientos para crear un canal despejado con Dios es un objetivo muy noble, no es exactamente el motivo por el que mi insignificante ser, una chica material ocupada en un mundo material, se ha metido en esto. Sí, quiero sentirme conectada con mi yo superior, pero básicamente para escoger mejor y pasármelo mejor aquí en las dimensiones terrestres.

Busca «meditación de atención plena» (*Mindfulness Meditation*) o «meditación de monitorización abierta» (*Open Monitoring Thinking*). Este enfoque es ligeramente menos intenso, puesto que el objetivo es ser consciente y observar los pensamientos que van y vienen, sin intentar que se vayan de manera activa. Como resulta mucho más fácil que mantener una atención focalizada total, la meditación de atención plena se ha popularizado (por ejemplo, se trata del enfoque que hay detrás de la *app* Headspace de Andy, que tiene dos millones de descargas, y sigue sumando). Pero, aun así, el esfuerzo de monitorizar de manera atenta mis pensamientos me disuade a practicar la meditación de forma diaria. Tampoco es demasiado divertido; es como ser el monitor del patio del cole, el encargado de cortar el rollo cuando la acción empieza a ponerse interesante. Lo cual me lleva a…

CÓMO ENCONTRÉ MI ZEN CON LA MEDITACIÓN TRASCENDENTAL

Durante cinco años más o menos fui probando todas estas técnicas, diciéndome a mí misma que con esto bastaba. Los mismos que insisten diciéndote que «no hay una forma correcta de meditar» también te dicen que solo un par de minutos al día (o incluso a la semana) es mejor que nada. Después de todo, la gente que más practica (profesores como mi amiga Gabby Bernstein o mi chamán Marika, a quien conocerás en el siguiente capítulo) también es la más comprometida (rollo monje) con su camino espiritual, puesto que ha aceptado enseñar y sanar con espiritualidad como parte de su *dharma*.

Además, incluso lo que yo estaba haciendo parecía que tenía efecto. Después de experimentar la vida (o sea, mis pensamientos) desde la perspectiva de mi yo superior, empecé a dar un paso atrás para observar los contenidos de mi cabeza «todo el rato», sobre todo en situaciones de estrés. En vez de dejarme llevar por el tren de alta velocidad en dirección a Villa Ansiedad, la conversación interna era algo así como: «Mira, ansiedad, ¿quién te ha invitado a la fiesta?». Era algo menos reactivo y, sin duda, mucho más conectado con mi sentido del yo. Después de todo, sentía que podía darme una palmadita en el hombro por haber aceptado la práctica de la meditación en primer lugar.

En esta parte del libro quería confirmar que, sí, CUALQUIER meditación, incluso la «meditación en movimiento» del yoga, es mejor que ningún tipo de meditación, sobre todo porque empiezas a notar las enseñanzas de la atención plena, ecuanimidad y autoconciencia (superior) en tu vida diaria. Sin lugar a dudas, creo que es mi caso, y es lo que quiero que entiendas de este capítulo.

Pero luego descubrí la Meditación Trascendental y entonces todas las piezas encajaron.

La Meditación Trascendental es una técnica de meditación basada en mantras de cinco mil años. O sea, que más que intentar que tu mente se siente obedientemente en un rincón mientras «tú» (tu yo superior) tienes una conversación de adulto con la unicidad universal, le das algo (un mantra) para distraerle. Como si el ego-mente fuera una especie de niño de cinco años incansable y hacer meditación trascendental fuera como ponerle una película de Disney, para darme un feliz respiro de unos minutos de sus constantes llamadas de atención.

Cuarenta minutos al día, para ser exactos, divididos en sesiones de veinte minutos, mañana y tarde, tal como recomienda la escuela de meditación trascendental. Teniendo en cuenta que para mí sentarme cinco minutos ya era abrumador, el mero requisito del tiempo habría bastado para desalentarme, pero a su vez este es el motivo por el que considero que la meditación trascendental es LA meditación a seguir, porque es un buen trato, es un estilo de meditación que solo tiene aspectos positivos. A diferencia de las técnicas de concentración y de atención plena, que fueron creadas para los monjes, la meditación basada en mantras (también llamada «meditación védica») fue creada para nosotros, «usuarios de a pie». Como el Kundalini yoga del yogui Bhajan.

Decidí aprenderla para tener todo lo básico cubierto antes de escribir sobre meditación en este capítulo, ¿y sabes qué? Es la práctica que encaja conmigo. ¡Sobre todo porque me hace sentir estupendamente! ¿Recuerdas la sensación de cosquilleo y alivio de la meditación de Shelley? La experimento cada vez que practico este tipo de meditación, lo cual es un incentivo más que suficiente para ponerme el despertador veinte minutos antes por la mañana, o para dejar lo que sea que esté haciendo y tener tiempo para mi sesión vespertina. Hace un par de semanas describí la sensación a mi profesor, Bob Roth, como «si me hundiera en tu sofá después de un día ajetreado». Me relajo de cuerpo y mente, y me transporto a una nube de bienestar. También lo he descrito «como un masaje para la mente».

Bob es el director de la Fundación David Lynch, la cual montó, junto con el director de *Twin Peaks* (un asiduo de la meditación trascendental desde 1970), para enseñar este tipo de meditación en cárceles, colegios y centros para los sin hogar. La palabra que él siempre utiliza para describir la técnica es «sin esfuerzo», comparado con el «esfuerzo intenso» que se requiere para vaciar o controlar una mente que no tiene ningún tipo de intención de apagarse o callarse. La meditación trascendental tiene que ver con acceder a una parte de la mente que está silenciosa, en calma y relajada «por su propia naturaleza», en cada humano, siempre, pase lo que pase «en la superficie». Y Bob afirma que puede enseñar esta técnica a cualquiera, sean cuales sean las creencias demográficas o espirituales. Le encanta afirmar: «No hace falta creer en nada para hacer este trabajo; no tienes que creer en la gravedad, es una ley de la naturaleza y punto».

También utiliza la analogía de un océano para describir la mente: «Siempre habrá olas, o pensamientos, en la superficie. A veces serán enormes y abrumadoras. Pero en las profundidades del océano, el agua siempre está calmada». Hum, si yo fuera mi yo superior, sé dónde me gustaría estar. El mantra (la traducción literal de la palabra es «vehículo mental») es el submarino que utilizamos para ir a visitarle. Es un viaje que nuestras mentes desean y están diseñadas para realizarlo. Según Bob, nuestras mentes estaban acostumbradas a embarcarse en dicho viaje cuando querían, al menos antes de que cada minuto de cada día quedara salpicado con sugerente información para nuestras sinapsis, que se tiñen de curiosidad, ansiedad, posibilidad y deseo (o sea, correos electrónicos, tweets, vídeos de YouTube y *likes* en los medios sociales).

Lo solían llamar «soñar despierto» (dejar que la mente divagara cuando no había información nueva por procesar) y tengo recuerdos muy vívidos de experimentar este estado de pequeña. Cuando estaba tumbada en el jardín o en mi cama, entraba como en trace mirando cómo se movía la luz entre las hojas de un árbol, o quedaba absorta por una nueva palabra que había aprendido y repetía hasta que se convertía en un sonido abstracto. Sin embargo, esto ya no es así para muchos niños hoy en día.

Otro motivo por el que la meditación trascendental me parecía menos accesible (a pesar de ser la técnica más fácil de calle) es que te la enseña individualmente un profesor de meditación certificado. Esto puede resultar caro (aunque, en el caso de la Fundación David Lynch, los honorarios también cubren clases gratuitas para cientos de miles de personas que están en comunidades de riesgo). Sin embargo, la necesidad de recibir atención individual queda justificada por varios motivos.

En primer lugar, que te den el mantra verbalmente y en privado ayuda a que continúe siendo un sonido abstracto. Es esencial porque tiene que ser un «vehículo mental» eficaz para distraer al *monkey mind* (ser caprichoso); no puede ser una palabra con la que se pueda relacionar un significado y, por lo tanto, aún más pensamientos. En segundo lugar, la técnica es tan engañosamente sencilla que es fácil pensar que lo estás haciendo mal. Aprender durante una serie de sesiones le da a tu profesor muchas oportunidades de responder a todas las preguntas que puedan surgirte. Y finalmente, es maravilloso saber que tu profesor estará allí para apoyarte en tu práctica de por vida. Después de todo, tanto tiempo sola con los contenidos de tu cabeza puede convertirse en algo un tanto solitario.

LA MEDITACIÓN ES EL NUEVO EJERCICIO

Así que Bob, quien ha practicado la meditación trascendental durante casi cincuenta años y enseña la técnica desde 1972, no podría ser mejor publicidad para la práctica. Es un hombre atento, calmado y muy amable, y me contó que se había convertido en profesor de la técnica porque es «un tipo activista» que desea «aliviar el sufrimiento de los demás». Lo cual nos lleva de nuevo al yogui Bhajan, y una dolencia muy Now Age que acuñó como «enfermedad informática».

Es de todos conocido que nuestra creciente dependencia e integración con la tecnología no ha resultado exactamente en que rebosemos felicidad y seamos seres humanos sanos. Así pues, echa un vistazo a esta breve lista de beneficios científicamente probados de cualquier tipo de meditación:

- Menos estrés.
- Más atención.
- Menos ansiedad e impulsividad.
- Mayor autoestima y autoaceptación.
- Mayor retención de memoria.
- Mejor toma de decisiones.
- Ayuda a gestionar el TDAH.
- Reduce la presión arterial.
- Ayuda a prevenir la artritis y el VIH.

Bueno, esto hace que la meditación suene cada vez más como una píldora mágica para gestionar los efectos adversos de vivir en la era digital. Como ya he dicho, puedo sentir físicamente los efectos relajantes de la meditación trascendental, y en cuanto a las ventajas de la meditación, la teoría dice lo siguiente: estás en silencio o te desvinculas del ego-mente; ahorras bastante energía; enfocas esta energía hacia el proyecto y / o sanación física en cuestión. Por ejemplo, Ellie Burrows afirma que gracias a su práctica de meditación védica se recuperó muy rápido de una lesión por latigazo, tanto, que sorprendió a su quiropráctico. Explicó que es «como si el cuerpo estuviera suficientemente relajado como para hacer lo que debe».

Como me contó Bob: «Creo que los seres humanos deben tener silencio para sobrevivir. Y ahora hay que ir a nuestro interior para encontrar paz, porque la naturaleza de estar siempre conectados de la vida moderna implica que ya no hay silencio en el exterior».

Busca «enfermedad informática», que, por cierto, también tiene un nombre que suena más científico: «fatiga adrenal». Un malestar muy del siglo XXI, la fatiga adrenal es el resultado de la sobreestimulación crónica de las glándulas suprarrenales, las que segregan la hormona cortisol de «lucha o huida» como reacción al estrés.

A mí me diagnosticaron de fatiga adrenal durante la época más oscura de mi período en la revista *Style*. Estaba exhausta pero conectada, a menudo estresada hasta el borde de romper a llorar, y no podía dormir una noche entera (todos los síntomas clásicos). Un nutricionista me aconsejó que dejara el café y el azúcar como primer paso para intentar cambiar la situación, y fue como un milagro (porque cualquier sobreestimulación del sistema nervioso, ya sea con cafeína, azúcar y otras drogas, como por ejemplo demasiada exposición de pantalla, puede activar las glándulas suprarrenales).

FATIGA ADRENAL: UN CICLO VITAL

El cuerpo experimenta estrés (emocional, mental o físico) → las glándulas adrenales segregan cortisol, diseñado para darnos energía extra para combatir el estrés → el cortisol en sí causa una reacción al estrés en el cuerpo → las glándulas adrenales segregan más cortisol → los suministros de cortisol, y la energía, bajan → vamos a buscar café, azúcar, alcohol, etcétera, para compensar → estas sustancias causan una reacción de estrés en el cuerpo → las glándulas suprarrenales segregan más cortisol.

El problema es que la vida moderna nos expone a muchos más factores estresantes diarios de lo que pueden gestionar las suprarrenales, incluyendo y no solo: fechas de entrega, correos electrónicos desagradables, notificaciones automátitráfico, viajes en avión, miedo a perderse algo, estar sin wifi, alimentos procesados, contaminación lumínica... Ya vas haciéndote una idea, ¿verdad?

Y esto me lleva de nuevo a mi primera experiencia de meditación con Andy Puddicombe. En ese momento, presentaba niveles máximos de adrenalina y me automedicaba para superar el cansancio y la ansiedad tal como no debía: café, alcohol y a veces cocaína. ¡Madre mía! Era algo que iba a la par con la evolución de mi profesión. Y luego de repente llega Andy, con su respiración lenta y controlada, y sus tranquilas instrucciones de despegarse de la cháchara innecesaria de mi mente... Mis niveles de cortisol cayeron en picado al instante, y mi cuerpo se acojonó. Por no mencionar a mi yo superior, que se megaemocionó pensando en que quizá por fin ya estaba lista para conectarme, después de meses de intentar llamar mi atención haciéndome sentir nerviosa y abrumada por la vida (vuelve al capítulo del *dharma*, donde hablo de los mensajes que nos manda nuestro yo superior para cambiar nuestra situación actual en forma de sentimientos).

Ahora pienso en la anécdota como un ejemplo de lo muy poderosa que puede ser la meditación. Y hablando de píldoras mágicas y sus efectos secundarios, la medicina moderna ha fracasado estrepitosamente a la hora de tratar muchos de los problemas mencionados con anterioridad. Por ejemplo, el exceso de prescripción de fármacos está matando en la actualidad a más gente que los accidentes de tráfico en Estados Unidos, y las muertes por sobredosis de calmantes prescritos se han cuadruplicado desde 1999 (unos cincuenta norteamericanos cada día). O sea, una razón más por la que hay que cambiar toda esta mierda por la meditación trascendental. Si el mensaje es cada vez más claro: «medita antes de medicarte», pues aleluya si existe un estilo de meditación que puede atraer a todo el mundo.

Todas hemos tomado nota ya de que tenemos que movernos más, ¿correcto? (¿recuerdas la «enfermedad sedentaria»?). Y aunque sabemos que ir al gimnasio quizá no sea divertido al principio, vamos igualmente porque sabemos que es bueno para nuestra salud (y luego, oh, sorpresa, acabamos pasándolo bien también). Lamentablemente, como hay tantos intereses en la industria farmacéutica moderna, los gobiernos no van a apostar por la meditación del mismo modo. Pero ¿quién necesita las pautas del gobierno cuando tu yo superior sabe que es cierto? Pase lo que pase, medita porque es bueno para ti.

LA VISIÓN GENERAL (Y GIGANTESCA)

Diría aún más, la meditación también es buena para nosotros, como raza humana, y para el planeta en el que vivimos. Cuando le pregunté a Bob qué aspecto creía que tendría el mundo si todos meditáramos, me respondió: «Si solo un uno por ciento de la población aprendiera a meditar, así como a tener menos estrés y a enfermar menos, habría menos divisiones y violencia. Habría más consenso y voluntad de trabajar conjuntamente y de colaborar».

Es una respuesta mucho más ambiciosa de lo que estaba esperando, y que explica el papel de la meditación en el cambio mundial de conciencia, que es el sello distintivo del pensamiento Now Age. A menor escala, esto es lo que ha observado Bob cuando la gente empieza a meditar en contextos comunitarios y en familia: «Cuando una familia medita, todo el mundo acepta más las diferencias, así que todos acaban llevándose bien. Cuando me siento bien y confiado en mí mismo, no me importa si a alguien le gusta un estilo diferente de música o tiene una opinión que difiere de la mía». La meditación lo hace posible porque, como David Lynch escribe en *Catching the Big Fish*, su libro sobre meditación trascendental: «Lo que ocurre con la meditación es que cada vez eres más tú». Es decir, estás más conectado con tu yo superior.

Lynch también dice que la meditación trascendental es una forma de acceder al océano de conciencia pura conocida como «campo unificado», un concepto místico de los eruditos védicos de la antigüedad en la India que se refería al origen de todas las cosas vivientes, incluidos los pensamientos y las ideas. Para Lynch, lo que hay que «pescar» son las ideas que están en lo más profundo, en el campo unificado. Y ha llegado la hora de otra gran cita de Einstein: «Pienso noventa y nueve veces y no encuentro nada. Dejo de pensar, nado en silencio y se me aparece la verdad».

Y aún hay más sobre este elemento cósmico de «ser humano» en mi charla TED preferida, de Jill Bolte Taylor, una científica especializada en el cerebro que sufrió un derrame fulminante, pero que fue capaz de utilizar su experiencia para sobrevivir, ahondando en el funcionamiento del cerebro. Desde que tuvo el derrame en el hemisferio izquierdo del cerebro, el lado que rige el pensamiento lógico, empezó a observar cómo empezaron a dejar de funcionar todas las funciones del hemisferio izquierdo (cualquier cosa relacionada con la capacidad de procesar la información) una a una, lo cual le permitió experimentar la vida desde una perspectiva totalmente basada en el hemisferio derecho. O, podría decirse, desde lo más profundo del campo unificado.

¿Su percepción más profunda? «Soy un ser de energía conectado a la energía que me rodea a través de la conciencia del hemisferio derecho de mi cerebro. Somos seres de energía conectados entre nosotros a través de la conciencia de nuestros hemisferios derechos como una única familia... Somos el poder de la fuerza vital del universo.»

¿Qué pasaría si millones de personas se subieran al carro de esta idea, de que estamos, en esencia, todos conectados por ese yo universal? El impacto que podría tener en la escena mundial (menos división, menos violencia... y más consenso y voluntad de trabajar conjuntamente y de colaborar) es enorme. De lo contrario, ¿por qué habría invitado Richard Branson a Andy Puddicombe a su cumbre de súper mentes en Necker Island (y anda que no me muero por saber lo que se discutió allí...)?

Así pues, para concluir sobre el tema, sea lo sea que hagas para que puedas meditar, HAZLO PARA QUE PUEDAS MEDITAR. Porque sí, yo también he acabado viendo que es el requisito de entrada para reestablecer tu conexión con el yo universal y unificado de toda la humanidad (espíritu, Dios, la unicidad, etcétera), para poder iniciar tu viaje de la evolución de la conciencia que ya está empezado a remodelar nuestro mundo.

7

Tú, la chamán

Sin duda, una de mis experiencias numinosas más profundas y emotivas hasta la fecha fue cuando conocí a mi animal espiritual, por Skype. Vivía en un apartamento en un edificio muy alto del East Village, en Nueva York, en ese momento, y el encuentro ocurrió un día de primavera gris, sobre las cuatro de la tarde. Estaba sentada en mi sofá, siguiendo una meditación profundamente relajada… y de repente me vi de pie en el claro del bosque de mi subconsciente, abrazada al cuello de un semental negro muy hermoso, sintiendo la piel de gallina por todo el cuerpo y lágrimas de amor y gratitud resbalando por las mejillas.

También había conocido a un erizo, un caleidoscopio de mariposas (¡es el término oficial!) e incluso a un unicornio por el camino, «un camino» que había sido un viaje psíquico vívido hasta el centro de la Tierra y luego fuera en un paisaje frondoso y natural que representaba mi universo interior. Pero fueron la piel de gallina y las lágrimas, que habían surgido de la nada, lo que me indicaron que aquel era mi «animal de poder».

Y el mensaje que tenía para mí poseía una fuerza interior firme y absoluta. Frente a él, de pie, con orgullo y silencio en los recovecos más profundos y oscuros de mi psique, supe, sin lugar a dudas, que toda la valentía, resiliencia y apoyo que fuera a necesitar en esta vida estaban «en mi interior».

Mi guía en el reino animal espiritual era Marika Messager, una chamán moderna que vivía en Londres (de ahí que nos viéramos por Skype) que había utilizado la hipnosis para llevarme allí (su técnica preferida para «viajar» o para acceder a lo que llamaba «trance chamánico»). El viaje al subconsciente, los reinos numinosos para buscar respuestas a los problemas del mundo material, conforma la base de la tradición de sanación chamánica. Y como explicaba Marika, era en este estado de conciencia alterada que sus clientes podían conectarse con sus guías animales (tótems que simbolizan los diferentes aspectos de la psicología humana, un poco como los distintos arquetipos humanos representados por los signos del zodíaco).

TU ANIMAL ESPIRITUAL Y TÚ: ¿QUÉ SIGNIFICAN LOS TÓTEMS?

Cuando se te aparecen tus animales espirituales, dicen que son una representación simbólica de los diferentes aspectos de la psique humana y / o el viaje del alma. Como en una meditación guiada, también puedes conectar con tu yo superior en cualquier momento y pedirle que quieres ver a un guía animal, y entonces hay que estar atenta al primer «animal» que se te aparezca. Aunque puede ser una criatura de verdad, también puede aparecer en forma de imagen en una valla publicitaria o en una revista, o quizá simplemente en una fuerte impresión psíquica. Tu animal podría ser cualquier cosa, pero he aquí algunos de los animales más populares y sus significados:

MARIPOSA: transformación, ligereza de ser y trascendencia de las preocupaciones terrestres.
CIERVO: sensibilidad, inocencia y una conexión con el niño interior.
CABALLO: motivación personal, pasión y un deseo de libertad.
BÚHO: intuición, sabiduría y un presagio de transición o cambio.
ARAÑA: creatividad, sobre todo escribiendo, paciencia y el lado más oscuro de la energía femenina.

Luego hay que investigar sobre ese animal, sus hábitos y rasgos físicos, como un recordatorio de las cualidades innatas a las que tenemos acceso en tiempos de necesidad. Por ejemplo, el semental es conocido por su sólida fuerza y voluntad inquebrantable. También representa la libertad, puesto que los sementales libres son muy complicados de domar. Por su lado, las mariposas que yo también había visto representaban la transformación; el pequeño erizo, la armadura punzante que nos ponemos a menudo para enmascarar nuestras emociones más vulnerables. ¿Y el unicornio? Quizás el ojo de mi mente hizo que apareciera para divertirme. Aunque he buscado su significado desde que se me apareció, y parece ser que el unicornio representa la fe, así que quizás apareció como una mera invitación a que «creyera».

En general, cuando experimento algo tan genuino e innegablemente mágico como mi viaje con los animales espirituales, quiero que todas mis amigas lo prueben inmediatamente (es mi parte del *dharma* investigador/reportero en acción). Así que dos meses más tarde, *The Numinous* ya estaba organizando un grupo de meditación sobre animales espirituales en Celestine Eleven, una *boutique* de moda con librería metafísica y también botica natural en East London. La respuesta ha sido excelente y más de veinte curiosos buscadores, incluyendo un puñado de mis antiguos contactos en la revista (a muchos no les he vuelto a ver desde que crucé la frontera numinosa), se han reunido en este espacio. Y mientras estoy esperando nerviosa a que llegue Marika, a quien he pedido que modere el acto.

Digo «nerviosa» porque más allá de la cara sonriente que veo por Skype, no tengo ni idea de lo que esperar. Lo único que sé de esta mujer es que es francesa, que antes se dedicaba a las finanzas y que ahora se dedica a emparejar a la gente con sus guías espirituales. ¿Cómo narices se visten los «chamanes modernos»? Me imagino que con túnicas vaporosas y algún tipo de toca, y que queman mogollón de incienso. Teniendo en cuenta el tipo de gente que ha acudido a la cita esta noche, este acto podría bastar para convencer a todo Londres de que oficialmente estoy como una cabra.

Y de repente aparece Marika, con unos pantalones de cuero, un chaleco de pieles y un par de botas Isabel Marant de la hostia, con un collar de perlas Mala colgado en el cuello. Así que pensé por dentro: «Marika, te quiero». Y, por supuesto, ella viste así. Los clientes de Marika son abogados, banqueros y consejeros delegados; no es el típico perfil que se traga de buenas a primeras lo megamístico, rollo los animales espirituales, sin una buena dosis de superglamur antes, para ayudar en la deglución.

De hecho, desde que conocí a Marika, he trabajado con varios «chamanes modernos» occidentales (como se llama Marika a sí misma para distinguir su práctica del chamanismo tradicional), entre ellos un exejecutivo de Sony y un par de chicas exfiesteras de las que van a Ibiza. Ahora, mis preconcepciones iniciales sobre esta antigua magia de la Tierra, y la gente que la practica, han cambiado radicalmente. Y según mis experiencias e investigación posterior en el campo, también he llegado a la conclusión de que la medicina de las tradiciones chamánicas quizá sea el último bálsamo para nuestros males Now Age; una «medicina» que todos tenemos al alcance.

¿Que qué pasó con el grupo de meditación del animal espiritual? Fue como un torbellino y todo el mundo se marchó con esa cara asustadiza, en el buen sentido, que se te pone cuando has visto magia de verdad en acción. O sea, un cambio de percepción que desafía toda lógica y razonamiento, y que abre un portal a otro sistema de creencias o manera de ser. Para Marika y sus compañeros chamánicos, es el tipo de revelaciones que consiguen en un día de trabajo cualquiera.

ASÍ PUES, ¿QUÉ ES EXACTAMENTE UN CHAMÁN?

Cuando le pedí a Marika que me explicara su práctica, me la presentó de esta forma: «Un chamán es básicamente alguien que puede conseguir (él mismo o sus clientes) otro estado de conciencia. Se llama trance chamánico y en este estado abres la puerta a otra realidad. Acudes allí para recibir una nueva percepción, energía de sanación y sabiduría sobre la situación actual a la que tú o tu cliente se enfrenta».

Continuó explicando: «A este "trance" puede accederse de muchas formas: a través del baile, el canto, los tambores y, en el extremo del espectro, el uso de plantas medicinales alucinógenas (otro viaje Now Age en sí mismo, al que le dedicaré todo un capítulo más tarde)». Sin embargo, Marika había llegado al chamanismo después de años de psicoterapia, así que prefiere utilizar la hipnosis. Marika afirma que «en la cultura de los indios norteamericanos, por ejemplo (donde el chamanismo sigue siendo una fuerza dominante), no hay duda alguna de que existen muchas realidades, y de que la realidad que vivimos es tan válida como la realidad de los sueños, la realidad del trance. Pero yo, de algún modo, necesitaba entender cómo funciona la mente subconsciente».

Porque, afrontémoslo, más allá del diván del psicoanalista, la sociedad moderna (por no hablar de la medicina moderna) no da demasiada credibilidad a lo que ocurre en los recovecos de nuestra psique. El autor y filósofo Graham Hancock explica en su charla TED «censurada» *The War on Consciousness* (el personal TED explicó que la había relegado a un fórum de debate después de someterla a un proceso de investigación científica): «La civilización occidental solo valora el estado de conciencia "despierto y productivo" que nos permite construir imperios y ganar guerras (lo que se llama "conciencia de supervivencia"), que, a su vez, se alimenta de sustancias penalizadas que alteran la conciencia, como el azúcar y la cafeína».

En cambio, los chamanes SOLO se centran en los otros estados de la conciencia humana más nebulosos (o numinosos), puesto que es donde tenemos acceso a la sabiduría de la intuición canalizada directamente del universo, Dios, el mundo espiritual, etcétera. Los estados del hemisferio derecho de Jill Boyle Taylor. Y en cuanto a la sanación, esta filosofía afirma que todas las herramientas, la «medicina», que necesitamos para curarnos también están disponibles en estos reinos sutiles, en vez de tenerla disponible en forma de píldora confeccionada en un laboratorio y prescrita por tu médico.

Con esto no quiero decir que los chamanes no se saquen de la manga sus propias pociones, trucos y tinturas. Las esencias florales y los aceites, los cristales, los diapasones de sonido, la sanación con las manos, el diseño humano y el tarot han estado todos presentes en las distintas sesiones de sanación «chamánica» que he recibido. Como dice Marika: «Es porque el chamanismo es muy holístico. Funciona en tu cuerpo mental, emocional, físico y espiritual». La idea es que la «salud» perfecta es el resultado de la alineación de los cuatro cuerpos.

Así pues, se dice que el chamanismo puede usarse para «sanar» los problemas mentales y emocionales, como las adicciones, la ansiedad y la depresión, así como los problemas físicos, como los trastornos del sueño y el dolor crónico. Marika me explica que tradicionalmente la función de los chamanes era mantener «el equilibrio ecológico, espiritual y social en su comunidad». Entonces me surge la duda e interés de saber qué capacita a alguien (a ella, por ejemplo) para ejercer.

Llegados a este punto, es importante subrayar de nuevo que Marika utiliza el término «practicante chamánico moderno» para describirse a sí misma, en vez de «chamán» (porque en algunas culturas tribales de América del Sur, por ejemplo, debes ser de un linaje concreto y formarte en las tradiciones chamánicas desde la infancia para merecer este título). Marika cuenta que se lo toman muy en serio. Pero también cree que el futuro del chamanismo radica en que la tradición florezca de una forma distinta, más accesible a la cultura occidental, puesto que «depende de nosotros si queremos realizar nuestro trabajo y conectar con nosotros mismos». O sea, que hay un chamán en cada uno de nosotros.

El estudio de chamanismo de Marika surgió de un interés más fuerte de lo habitual en entender la psicología humana, y de un compromiso de adentrarse en el camino de lo que llama «el sanador herido» (es decir, utiliza la experiencia de sanar su propia vida para ayudar a sanar otras vidas). Pero más allá de este hecho, constata: «No tengo poderes especiales; pienso que la mejor manera de describirme es que he aprendido a encontrar mi propio camino en la oscuridad, así que puedo guiarte».

EL CHAMANISMO EN PRÁCTICA

¿Y cómo escojo con qué chamán trabajar? Bueno, *The Numinous* siempre es un buen primer recurso de información de practicantes conocidos de todas las modalidades sanadoras. Cuando tengas algunos nombres, te sugiero que sigas un intuitivo proceso de tres pasos basado en la técnica para conseguir sueños lúcidos de Betsy LeFae: para, déjala caer y déjate llevar (véase a continuación).

Marika también tiene más consejos, como analizar cómo vive su vida esta persona. O sea: ¿predica con el ejemplo? En su caso: «Siempre intento mantener mis cuatro cuerpos totalmente despejados, limpios y alineados. A nivel físico, esto implica que ni bebo ni fumo ni me drogo, y soy vegana un 80 por ciento del tiempo. Mentalmente, presto atención a mis pensamientos, y tengo a una terapeuta y *coach* que me supervisa. Emocionalmente, cuando experimento una emoción, me concentro en ella para aprender. No intento adormecerla ni negarla. Y en el sentido espiritual, hago todo lo que puedo para vivir mi vida con integridad, transparencia, amabilidad y coraje».

Lo cual es un resumen estupendo de mis #objetivosdeestilode-vidaNowAgepersonal.

PREGÚNTATE:

¿Apoya esta persona mi bien más elevado? (Para/párate a pensar.)

¿Siento una absoluta confianza cuando estoy con esta persona? (Déjala caer/deja caer la intuición en tu estómago.)

Y luego escucha lo que tu cuerpo tenga que decirte al respecto. (Déjate llevar.)

Por supuesto, también está la recomendación personal. El trabajo chamánico más extenso que he realizado ha sido con Manex Ibar (también francés, el tipo que solía trabajar para Sony). A Manex me lo recomendaron dos personas por separado, una de ellas (una escritora de moda en *Harper's*) había realizado algo llamado «búsqueda de visión» con él. Ritual del viaje chamánico en la antigüedad, el objetivo de la búsqueda de una visión es retirarse de la sociedad para permitir que el subconsciente (el yo espiritual) salga totalmente a la superficie, y también para reavivar la sensación de confianza de que la naturaleza puede proveernos y lo hará.

La opinión general de las dos increíbles e inteligentes mujeres que me lo recomendaron fue la misma: «Manex es el mejor». Lo de la «búsqueda de visión» me parecía un poco extremo para mí (aunque mi amiga de *Harper's* afirma que es la única experiencia en su vida que de verdad la ha conectado totalmente con su fuente de poder personal), así que decidí apostar por la prescripción chamánica de Manex.

Se organizaba en tres sesiones, con unos tres meses de diferencia entre sí (puesto que Manex viaja entre Nueva York, Londres, París y Los Ángeles para visitar clientes), y la primera vez que le vi me sentí un poco como si tuviese una cita con Indiana Jones. Un tipo de más de un metro ochenta se presentó en mi apartamento con un sombrero de ala flexible, pluma incluida y con un maletín de lona lleno de diapasones, libretas y aceites esenciales. Y digo una «cita», porque Manex es uno de esos tíos que suena como si estuviera ligando contigo, hable de lo que hable (o quizá sea solo su acento).

Las sesiones se basaban en una lectura general de mis energías, chacras y heridas ancestrales, una inmersión en mi psicología a través del tarot, y un viaje chamánico para conocer a mis guías espirituales. También había «deberes» relacionados con esencias florales y aceites esenciales, y algunas prácticas de meditación. Pero como no acudí a Manex con un problema concreto (era menos «solucionemos esto» y más «¿qué podrías hacer por mí?»), me resulta difícil determinar si las sesiones funcionaron o no.

Mirando hacia atrás, es innegable que las cosas han cambiado un montón desde que trabajamos juntos: hay más abundancia en mi vida y siento que la relación con mi familia es afectuosa, abierta y sin estrés. Pero como cualquiera que lea *The Numinous* ya sabrá (o incluso este libro), experimento con todo tipo de modalidades de sanación, a menudo semanalmente, con lo cual me resulta difícil señalar qué práctica concreta me ha ayudado a llegar a este punto de mi viaje en el que me siento más completa. ¿Y yo qué pienso? Que cada pieza de mi puzle numinoso ha sido una parte esencial del proceso, incluidas las sesiones con Manex, que me aportaron unas nuevas percepciones sorprendentes sobre mi vida y mi viaje.

Además, tuvimos conversaciones muy profundas sobre la naturaleza del chamanismo y el lugar que ocupa en la sociedad occidental, y él está de acuerdo con Marika sobre un punto muy importante respecto a la práctica chamánica moderna comparada con la tradicional. Me explicó: «Tradicionalmente muchos chamanes realizan la parte del viaje ellos mismos, en nombre del cliente, y entonces les entregan los mensajes que reciben». Sin embargo, tanto él como Marika piensan que es importante que sea el individuo quien viaje por ese camino por su cuenta. «De lo contrario, estoy pidiéndote que me consideres tu autoridad, lo cual crea una gran dependencia.»

Y es verdad, porque si Marika hubiera conocido a mi semental en un trance y se hubiera limitado a informarme de que el animal estaba allí para ayudarme, estoy convencida de que no habría tenido la piel de gallina y no podría invocar su presencia yo misma tan fácilmente cuando la necesito (¡lo cual hago constantemente!). Según Marika: «Ahora más que nunca los chamanes ayudan a la gente a entrar en trance por su cuenta, para que puedan encontrar sus propias respuestas. Es muy inspirador poder tener esta experiencia tú mismo».

LOS PROBLEMAS DEL CHACRA RAÍZ: EL CHAMANISMO PARA LA NOW AGE

Cuando vuelvo a escuchar las cintas de mi primera sesión con Manex (grabo casi todas las sesiones de lecturas y sanación para poder atar cabos con el tiempo), oigo que su diagnóstico inmediato fue que dos de mis chacras estaban cerrados: mi chacra corazón y mi chacra raíz. Hum, ahora que pienso en ello, los dos chacras directamente relacionados con las áreas de mi vida que más mejora han mostrado en los últimos dos años: abundancia, apoyo y sentimientos de conexión abierta, auténtica y afectuosa con los demás.

Según él, se trataba de un diagnóstico común entre sus clientes urbanitas y que se manifiesta en todas las dolencias modernas clásicas: depresión (más prevalente en París); ansiedad/no tener nunca suficiente tiempo (Nueva York); frigidez emocional (Londres); y problemas de confianza (Los Ángeles). ¿El hilo conductor de todo esto? Un profundo sentido de desconexión, con nosotros mismos y con los demás.

Según Brené Brown, investigadora sobre la vergüenza y la vulnerabilidad, y autora del gran libro (en serio, si aún no lo has leído, hazlo) *El poder de ser vulnerable*: «La conexión es el motivo por el que estamos aquí. Estamos conectados para relacionarnos con los demás. Es lo que da sentido a nuestras vidas; sin ello solo hay sufrimiento». Si dicen que es imposible amar a los demás hasta que aprendes a amarte a ti mismo, pienso que también es imposible conectarse totalmente con los demás si no has desarrollado una auténtica y profunda conexión con tu yo superior.

Esta es la base del chamanismo, y el motivo por el que creo que esta «medicina de la Tierra» está ganando tanto terreno en la Now Age. Como dice Marika: «El chamanismo es el trabajo de conectarte con tu propia verdad, de entender y liberar todos los patrones y condicionamientos heredados que están impidiendo que consigas un yo verdadero y completo». A un nivel más profundo: «Al conectar contigo mismo y darte cuenta de que todo está en tu interior, nos recuerdan que hay una parte de la fuente, de Dios, o lo que sea, en cada uno de nosotros. Y por lo tanto todos estamos conectados».

Esto también describe el papel de los chamanes, con sus animales tótem, medicinas basadas en las plantas y respeto por los elementos, como recordatorio de nuestra conexión innata y divina con la Madre Tierra. Nuestra indiferencia ante este ser es un problema que algunos, incluidos los chamanes, dirían que se encuentra en la «raíz» de la epidemia de la desconexión de la sociedad moderna. Lo cual me lleva a Manex de nuevo y los problemas relacionados con el chacra raíz, que dice observar en el noventa por ciento de sus clientes (seguidos de cerca por los otros chacras de la parte inferior del cuerpo, sacro, plexo solar y corazón).

Encontrarás un gráfico que explica todo el sistema de chacras en la página 138, pero el chacra raíz representa la seguridad, el hogar y la seguridad material. En nuestras vidas diarias, esto se traduce como familia o tribu, cobijo y finanzas, y cuando se cierra este chacra, uno entra en pánico pensando que «nunca tendrá suficiente» de lo anterior. Brené Brown lo ve en su trabajo, «todo, de la seguridad y el amor al dinero y los recursos, se ve como algo restringido y escaso. Dedicamos cantidades de tiempo ingentes a calcular cuánto tenemos, queremos y no tenemos, y cuánto tienen, necesitan y quieren los demás». O sea, la clásica trampa de la comparación, la cultura del «yo versus ellos» que se crea con ello, otro ejemplo más de nuestra epidemia de la desconexión (es decir, los problemas del chacra corazón).

Según Manex, «esto significa que nos presionamos mucho para conseguir lo arriba mencionado, tanto que nos olvidamos de confiar en la vida». Porque, desde una perspectiva chamánica, nuestros problemas del chacra raíz son un síntoma de nuestra desconexión con la naturaleza, la Tierra y el planeta, que literalmente es la base de «toda la vida».

En mi opinión, esto ha creado una especie de círculo vicioso. Intentamos corregir la «brecha de la escasez» ganando más dinero, para poder comprar más cosas. El sistema capitalista, que es tanto el resultado como el motor de todo esto, causa la devastación del mundo natural (con la quema de los combustibles fósiles, por ejemplo). Entonces tenemos aún más miedo de que no haya suficientes «recursos naturales» para nosotros. Y así nuestros problemas del chacra raíz se exacerban aún más.

Graham Hancock también habla sobre este hecho en su charla TED, y de cómo cuando le preguntó a los chamanes con los que ha trabajado sobre la «enfermedad de Occidente», respondieron: «Es bastante sencillo. Vosotros habéis cortado vuestra conexión con el espíritu». Refiriéndose a la fuerza vital amorosa y omnisciente (Dios, el universo, nuestro yo superior/conciencia, etcétera) que se manifiesta como las fuerzas de la naturaleza que mantienen la vida en el planeta tal como la conocemos.

Así pues, ¿qué proponen los chamanes para que forjemos lo que ellos ven como una reconexión vital con la fuente? Una manera es literalmente comulgar con la naturaleza. Manex afirma: «El chamanismo es como decir "Ve a pasar dos horas con el agua". Parece muy aburrido, pero cuando lo haces, es alucinante. El río empieza a cantarte y a traerte un montón de mensajes. Y empiezas a darte cuenta de que lo que se dice en los mitos de la antigüedad no tenía que ver con la imaginación o la alucinación. En realidad, es como: "Ostras, hablaban con los elementos"».

TÚ, LA CHAMÁN

Ahora quiero que conozcas a Tamara, una expeluquera de unos veinte años de Essex, Reino Unido, que descubrió el chamanismo como una manera de gestionar la ansiedad crónica que se manifestaba en su vida en forma de ataques de pánico, insomnio y un trastorno alimentario (vaya, me suena). Me dijo que después de practicar la meditación «podía experimentar visiones de animales, que sin saberlo en ese momento eran mis guías espirituales». Ahondando más en ello, me explicó que fue guiada por unas señales universales muy claras para viajar a Bali para aprender con un chamán y realizar una inmersión en la práctica (un viaje que cuenta en su cuenta de *The Numinous*).

A nivel personal, Tamara afirma que al descubrir el chamanismo: «Ya no sufro de ansiedad, mi trastorno alimentario es un recuerdo del pasado y descanso cuando duermo». También describe cómo la práctica del chamanismo le ha enseñado a no temer al mundo. Cuando le pregunté sobre el tema, me respondió: «La vida es un flujo constante, así que aún tengo algún momento en el que me siento abrumada, pero gracias al chamanismo, tengo las herramientas para enfrentarme a ello, lo cual hace que sienta que la vida es más fácil y sencilla que nunca».

EL SISTEMA DE CHACRAS: UN REPASO

«Chacra» significa literalmente «rueda» en sánscrito y es la palabra utilizada para describir los siete centros de energía «giratoria» en el cuerpo. Empezando por el cóxis y continuando hasta llegar a la cabeza, cada chacra está representado por un color (reflejando el espectro de los colores del arcoíris) y se conoce como la fuente de poder energética necesaria para que los diferentes órganos funcionen, que a su vez potencian distintos elementos de nuestra vida.

La salud óptima requiere que todos los chacras estén abiertos, para que nuestra energía fluya con libertad donde se necesita y, por lo tanto, si un chacra se cierra o se bloquea, puede desequilibrar todo el sistema, conllevando enfermedades físicas, mentales, emocionales y espirituales. Al igual que con el chamanismo, todas las prácticas de yoga y meditación intentan equilibrar el sistema de los chacras y crear conciencia sobre cómo cultivamos e invertimos nuestra propia energía, para ayudarnos a equilibrar estos centros de fuerza vital en nuestro interior.

Chacra raíz
Color: rojo.
Ubicación: base de la columna vertebral.
Potencia nuestro instinto de supervivencia y regula los sistemas que mantienen el cuerpo físico en vida.

Chacra sacro
Color: naranja.
Ubicación: justo por debajo del ombligo.
Potencia nuestra creatividad y sexualidad, y controla cómo nos sentimos sobre nosotros mismos y los demás.

Chacra plexo solar
Color: amarillo.
Ubicación: justo por encima del ombligo.

Potencia nuestra voluntad y autoestima, y controla nuestro sentido general de satisfacción con la vida.

Chacra corazón

Color: verde.
Ubicación: centro del pecho.
Potencia nuestra capacidad de compasión, devoción y amor incondicional. El Chacra corazón también es el puente que conecta las energías inferiores (físicas) y las superiores (espirituales) en el cuerpo.

Chacra garganta

Color: azul.
Ubicación: centro de la garganta.
Potencia la comunicación y la autoexpresión, y mantiene el deseo de hablar y escuchar la verdad.

Chacra tercer ojo

Color: índigo.
Ubicación: mitad de la frente.
Potencia la imaginación, el conocimiento y la intuición, y es la puerta de entrada al despertar espiritual.

Chacra corona

Color: violeta (a veces blanco).
Ubicación: parte superior de la cabeza.
Potencia el yo superior y nuestra conexión con el espíritu. El chacra corona integra la energía de todos los chacras inferiores, lo cual nos permite experimentar la vida humana desde una perspectiva espiritual.

Tamara incluso ha seguido el camino del sanador herido y ha convertido el chamanismo en su trabajo, así como su práctica personal. Recibe el nombre de Hermana Loba, por su animal de poder, y me contó cómo, para ella, «el chamanismo incluye mi amor por la magia de la Tierra, la naturaleza salvaje, los cristales, los rituales y las ceremonias, la adivinación y la práctica intuitiva». Parece la lista de compras de muchas de mis herramientas preferidas de autodescubrimiento y sanación, las mismas herramientas que utilizan los buscadores Now Age por todas partes.

Lo cual me lleva a pensar lo que Marika dijo sobre el hecho de que existe un chamán en todos nosotros. Y también, que la forma con la que vive su vida (con su dieta, pensamientos y prácticas diarias para mantener los cuatro cuerpos alineados) es un reflejo de cómo muchos de nosotros estamos cambiando nuestro estilo de vida para poder cuidar mucho más el sentido de la totalidad, y una conexión con nuestro auténtico yo. También tiene que ver con conseguir el tipo de cuerpo que queremos, o menear el último vestido Reformation.

He aquí lo que mi investigación me ha ayudado a identificar como piedras angulares de la tradición chamánica:

- Reestablecer una conexión con el yo auténtico.
- El uso de herramientas como la adivinación, los cristales, la meditación, los rituales y las ceremonias.
- Vivir con, y con respeto por, las fuerzas de la naturaleza.
- Creer que existe más de una realidad o manera de ver el mundo.
- Confiar y actuar según los mensajes del espíritu, Dios, la unicidad universal, etcétera.

Se trata de temas y prácticas que aparecen una y otra vez, cuando analizo a las personas que se suben al carro de una forma de pensar y estar en el mundo Now Age, o numinoso. En general, tiene que ver con asumir la responsabilidad de sentir plenamente, sanar, y por lo tanto enfrentarse a lo que sea que nos impide adentrarnos con convicción en el camino de nuestro máximo potencial humano, como individuos, y como parte de nuestra comunidad mundial.

En mi opinión, en la Now Age somos nuestros propios chamanes en formación. Y cuando nos cuesta encontrar el camino en la oscuridad, creo que forma parte de nuestro viaje buscar consejo y orientación de los místicos y los sanadores heridos que están entre nosotros.

TERCERA PARTE

Amor, sexo y relaciones

8

Llamada al número uno (amor propio)

Cuando se trata del amor y las relaciones, siento que estoy totalmente capacitada y también incapacitada para hablar del tema. Por un lado, me he pasado los últimos diecisiete años en una relación feliz con mi hombre, el Piscis, que sin duda es el amor de mi vida. Por otro lado, llevo sin salir para buscar novio desde 1999 (sí, muuucho antes de que hubiera *apps* de citas). Pero tener una cita con alguien (según mi propia limitada experiencia, más años de observar a mis amigas teniendo citas) no es necesariamente como vas a conocer a tu pareja. Las dos veces que conocí a la persona con la que acabé compartiendo mi vida (una vez con alguien que literalmente me hacía sentir como un fantasma en mi propio cuerpo, y otra con alguien que me ha permitido expresar mi verdadero yo de maneras que jamás habría imaginado) no estaba buscando activamente una relación. Más bien fue como si sintiéramos una atracción magnética de una fuerza cósmica irresistible.

Paro el carro, ya que me estoy avanzando, porque este capítulo se supone que trata del amor propio, ¿verdad? Todos sabemos que es la relación más importante de todas: tu relación con número uno. Después de todo, como explica el gurú Meher Khalsa en su brillante libro sobre sanación emocional, *Senses of the Soul*: «Vives contigo misma veinticuatro horas al día, siete días a la semana, para toda tu vida, así que ha llegado el momento de trabajar esa relación». Y con eso no estoy implicando en absoluto que el objetivo de conseguir un profundo aprecio por tu dulce alma sea pegarse a alguien para que luego te complete de algún modo.

De hecho, nunca me he sentido más completa en mi vida que durante ese breve período de seis meses de soltería entre el momento que reuní el coraje para mostrarle al Capricornio la puerta (o mejor dicho cuando la crucé yo con rapidez, di el portazo y no miré nunca atrás) y el momento en que caí por la madriguera de terciopelo y dicha para acabar en los brazos del Piscis. Completa, porque fueron unos meses en los que fui cien por cien y sin excusas YO MISMA. Porque todas las relaciones, sean buenas o malas, requieren un compromiso, una concesión de las necesidades del «yo», para acomodar las necesidades de «otro».

Y aquí es donde entra en juego lo del amor propio, que he llegado a la conclusión que quiere decir «reconocer de verdad lo que necesitas». Porque al identificar tus deseos más profundos a nivel del alma (o sea, más allá de tus deseos materiales por unos Celine o un cónyuge que te trae el desayuno a la cama), y luego intentar que se cumplan, es otro ejemplo, como cuando persigues tu *dharma*, en el que solo tú puedes tejer la tela de la unicidad universal. Y así es como experimentamos un tipo de amor y conexión universal.

¿Y el efecto de imán cósmico que he mencionado? También lo llaman «ley de la atracción», y todos sabemos ya que «me gusta atrae a me gusta», ¿verdad? En cuyo caso tiene sentido que cuando iba por ahí cual pavo hinchado de orgullo, totalmente enamorada de mí misma, por haber dejado finalmente al Capricornio, atraje a una persona que expresaba el mismo sentido de aprecio incondicional por mí. Y que continúa, a día de hoy, siendo mi fan número uno. También es alguien cuya inquebrantable energía y actitud de no andarse con chiquitas ha proporcionado el pilar que mi combinación testaruda, aunque vulnerable, de Aries-Sol-Cáncer-Luna necesita para sentirse segura y poder así perseguir su *dharma*.

Me disculpo, porque no estoy intentando sugerir que atraer a un cónyuge sea el objetivo final a la hora de cultivar el amor propio. Nada más lejos de la realidad. Solo utilizo mi caso personal para ilustrar que para atraer algo que realmente deseamos, cualquier cosa que responda a nuestras necesidades fundamentales, primero

a) tenemos que reconocer qué queremos realmente; b) tenemos que ser lo suficientemente valientes como para intentar conseguirlo; y c) nos tenemos que valorar suficientemente como para confiar en que nuestras necesidades se satisfarán. Que nosotras lo valemos.

Después de todo, el universo sabe lo muy valiosa que eres. Esto me recuerda una cita magnífica que escuché hace poco: «Tu cumpleaños es el día que el universo decidió que no podía seguir sin ti».

A continuación, enumero algunas prácticas y principios que pienso que te ayudarán a creer esto sobre TI, a aprender a reconocer y priorizar tus necesidades únicas y entrañables. Son prácticas y principios que te invito a probar, sea cual sea tu estado de relación (o incluso tu estado de relación deseada), puesto que mi propia experiencia también ilustra que NO tener ninguna relación es infinitamente mejor que tener una relación fundada sobre algo que no sea el máximo respeto y admiración por el primer punto.

El amor propio es... mucho más que una bañera de burbujas y que comprarte flores

Si empiezas una conversación sobre el amor propio, es fácil caer en la trampa de buscar cosas externas. Como, ¿cómo me gustaría que me tratara mi amante ideal? Me diría que soy guapa, me compraría comida deliciosa, regalos y me haría un masaje en los pies al final de un día estresante. Bueno, imagínate que todo esto se cumple. Por supuesto que una quiere cuidarse y tratarse bien a una misma. Pero a menos que no observemos lo que nos pasa por dentro, cómo podemos aprender a amarnos a un nivel emocional y espiritual, todo queda en gestos vacíos, más postureo que algo sincero. El viaje al amor propio verdadero no es tan perfumado o bonito: de hecho, puede resultar muy caótico.

El amor propio es... autoconciencia, autoaceptación y perdonarse a una misma

Esto se debe a que para amarte de verdad, primero tienes que intentar crear una relación de amor con cada parte de tu ser. Es muuucho más difícil de hacer que de decir, puesto que requiere inevitablemente poner el foco en todos los impulsos, pensamientos y sensaciones oscuros o feos (o sea, muestras de tu yo superior de que hay necesidades insatisfechas) que nos han enseñado a esconder (ya que nos han hecho creer que estas partes poco atractivas y quizá «demasiado exigentes» de nuestro yo al final harán que no seamos merecedores de amor; ¡menuda ironía!). Lo cual me lleva de nuevo… a la astrología.

> El amor propio tiene que ver con reconocer lo que necesitas, e intentar que se satisfaga a nivel del alma.

Cuando las Astrogemelas describen la interpretación de la carta natal como una herramienta para conseguir «el perdón radical», lo hacen porque identificar los aspectos más difíciles de tu carta puede ser una manera de cultivar conciencia sobre donde pueden estar escondidos tus problemas. Porque me juego el cuello a que eres una experta en fingir que no existen (ahogándolos en media botella de vino cada noche, por decir algo). También puedes hacer esto en psicoterapia, con un diario o incluso convirtiéndote en una friki de tu práctica del tarot.

Así pues, el trabajo radica en reconocer tus celosas rendijas, o tus problemas con la ira, o tus impulsos de competitividad, para que aceptes estos rasgos como parte de ti y, en última instancia, te perdonas por, bueno, ser humana. Que, por cierto, no es lo mismo que darte carta blanca para continuar comportándote mal o con bajas vibraciones. Se trata de aceptar y perdonar, con el objetivo de transformar las vibraciones bajas en altas.

El amor propio es... el yo como amor

Mi amiga Jennifer Kass, una *coach* que enseña el amor propio como base del desarrollo personal en cada área de la vida, lo lleva un paso más allá. En el nivel más espiritualmente avanzado y más profundo, dice que conocer y amarse a una misma es potenciar una conexión con nuestro interior, o yo superior, como una expresión pura de lo divino (espíritu, Dios, la unicidad universal, etcétera).

En realidad, utiliza las palabras «Dios» y «amor» de forma intercambiable (y eso que se describe como el tipo de persona que, antes de su crisis/avance/despertar espiritual hace cinco años, no sería tu amiga si le decías que creías en Dios) y afirma que el truco para experimentar de verdad y, por lo tanto, conocer esta fuerza cósmica como la parte más elemental de tu yo, la piedra angular de tu ser, es trascender totalmente el ego-mente, o sea, la fábrica en la que se producen todas esas cosas feas que he mencionado antes. Y explica: «Y entonces, BOOM, ya lo tienes. Porque más allá del ego, el yo superior es amor».

El amor propio es... una práctica diaria

¿Y cómo lo hacemos? Jennifer tiene la respuesta: «Es sencillo. A través de la meditación y nuestra práctica espiritual diaria». Lo cual, como todos sabemos, es más fácil de decir que de poner en práctica, pero cuando se trata de conocer realmente tu yo y tus necesidades únicas, «escucharse a una misma» atentamente es la clave. Como he explicado en el capítulo de la meditación, cuando experimenté la práctica por primera vez, me sorprendió de verdad ver que podía escucharme a mí misma pensar, lo cual iba seguido de la idea de que esto significaba que «yo» era, de algún modo, una entidad separada de mis pensamientos. Y este «yo» es el yo que queremos pescar para iniciar con él una relación amorosa apasionada y desenfrenada. Es el yo que Jennifer nos alienta a reconocer como la expresión del «amor en sí mismo». ¿Por qué una práctica diaria? Porque este «yo» puede ser una bestia caprichosa, ¡y, por lo tanto, lo que necesito puede cambiar drásticamente según el tipo de día asqueroso que tuvo el yo!

El amor propio... requiere tiempo

El *vox populi* dice que se necesitan veintiún días para crear un nuevo hábito, aunque un estudio de 2010 de la University College of London mostró que se necesitan de dieciocho a doscientos cincuenta y cuatro días para conseguir cambios en el estilo de vida, como para salir a correr cada día de manera automática. Y como de lo que estamos hablando aquí puede implicar un cambio fundamental en el código de nuestro sistema operativo (aprender, por ejemplo, que nuestras necesidades no solo cuentan, sino que tienen una importancia primordial), según tus niveles de compromiso, me aventuraría a triplicar esas cifras.

Porque puedes tener todas las intenciones y recitar todas las afirmaciones positivas que quieras, pero una tiene que estar preparada para que la vida detenga (básicamente en forma de autosabotaje, mensajes de los medios, interacciones con los demás y, en general, lo que implica ser humano) su progreso con el amor propio. Claro que podrías hacer como Elizabeth Gilbert y desaparecer para iniciar tu propio peregrinaje de «comer, orar y sentir amor propio», y volver a encontrar tus necesidades fundamentales de ese modo. Pero esta opción no está disponible (o ni siquiera es apropiada) para todos, y lo más probable es que emprendas un camino hacia el amor propio, pasito a pasito, mientras lidias con la vida y las lecciones que recibes (o mejor dicho, que tu alma escoge por ti). ¿Y por cada dos pasos atrás que demos? «Autoconciencia, autoaceptación y perdonarse a una misma.»

El amor propio... se puede medir en la calidad de tus relaciones

Relacionado con la teoría del imán cósmico gigante de «me gusta atrae a me gusta», Jennifer constata: «Uno de los mayores aspectos de mi despertar fue observar cómo mis relaciones se transformaban a medida que yo me transformaba, y cómo se sanaban mis relaciones a medida que yo me sanaba». Así que si estás iniciando tu peregrinaje de amor propio, pero te cuesta saber cuánto has avanzado, mira a la gente de tu alrededor en tu vida.

Y no solo a las personas con las que tuviste una relación amorosa. ¿Hacia qué amigos y nuevos conocidos te sientes atraída y para quién sientes que tienes menos tiempo? Cuanto más alto vibre tu amor propio, a más gente de mayor vibración atraerás, y será gente que te hará sentir mejor y, por lo tanto, serás más propensa a sentir amor hacia tu yo (ah, y por favor ni pizquita de culpa por cortar del todo con los aborrecedores).

Pero también, y esto es muy importante, ¿cómo están mejorando las cosas en las relaciones existentes? ¿Por ejemplo, la relación con tu madre (que no es de las fáciles para muchas mujeres, lo sé)? Como ya he explicado, solía molestarme un montón que mi madre siempre quisiera saber cómo me sentía, y contarme también cómo se sentía ella. ¿Acaso no podía dejarme en paz? ¿Por qué tenía que ser tan insistente con el temita? A día de hoy, me considero afortunadísima de tener una madre que quiere hablar de lo que realmente está pasando, por no mencionar que aprendió a considerar sus propias necesidades como las más importantes, y quiere satisfacerlas.

Ello se debe a que desde que empecé a trabajar con el autoconocimiento, la autoaceptación y el perdón a mí misma, ya no tengo tanto miedo a revelar mis demonios (necesidades poco atractivas), lo cual implica también que ya no me siento tan expuesta (y a la defensiva) con sus constantes preguntas. Lo que solía recibir como una crítica por su parte (estás reprimida emocionalmente, no te preocupas por mí), ahora lo veo como una preocupación bondadosa y un deseo de establecer conexión. Es un reflejo exacto del cambio en mi relación con mi yo.

El amor propio... es salir con alguien con integridad

Elyssa Jakim es una sanadora y una mujer intuitiva cuyo trabajo se centra en la sanación sexual, y ella llegó a su recorrido de amor propio del siguiente modo: «Como salía con hombres sin sentir integridad con mi yo (espiritual), al final me di cuenta de que lo que tenía que sanar era mi sentido de la autoestima y mi amor propio».

Se había mudado a Nueva York para ser actriz, y había acabado liada en muchas citas de Tinder para intentar recuperar el tiempo perdido por haber empezado tarde y no haber salido con demasiados chicos en el instituto. Y no es que esté mal follar por follar; de hecho, si eso es lo que quieres y necesitas, pues entonces salir con integridad para ti significa «reconocer, aceptar y perdonar» a tu puta interior (reivindiquemos esa palabreja infame ya que estamos en ello), y explicar desde el principio a tus ligues ocasionales que básicamente eso es lo que buscas.

Pero en su caso, Elyssa se dio cuenta de que la falta de intimidad y respeto resultante reflejaba una falta de intimidad y respeto en su relación con su «yo», y entonces fue cuando decidió realizar una declaración al universo.

Elyssa me explicó: «Cada vez que conocía a un chico que solo quería sexo, le decía: "Ahora estoy buscando una relación y no puedo hacer el amor sin tener una relación". Se convirtió como en una práctica espiritual. Al hacer esta declaración, estaba expresando mi intención y me estaba recordando que era merecedora del tipo de relación que deseaba de verdad». Por no decir que resultaba más atractiva, según la ley de la atracción «me gusta atrae a me gusta», al tipo de compañero y amor que quería experimentar.

El amor propio es... placer con una misma

Vale, en esta nos recrearemos un rato, porque puede resultar un poco científica y también tiene su miga.

Cuando una amiga se embarcó en su viaje de amor propio, se lamentaba: «Pero esto probablemente implique que vaya a estar sin follar al menos seis meses». Y es verdad que parece que falte una pieza del puzle. Por supuesto que esperar a que llegue ese sexo que te haga sentir plena en vez de como un condón usado es una forma de cultivar el amor propio… pero hay que sobrevivir el tiempo de espera, ¿correcto?

Correctísimo. La especialista en medicina china Sandra Lanshin cree que los cuerpos de las mujeres están diseñados para recibir y sentir placer, incluido el placer sexual. Vamos, que es esencial para nuestro bienestar. La hormona de la oxitocina (o sea, la hormona del amor o la droga del abrazo), que la mujer libera durante el orgasmo, reduce el estrés, la posibilidad de sufrir obesidad y una conducta psicótica, mejora la función cognitiva y disminuye el riesgo de sufrir cáncer de mama. (Y, por cierto, se libera en cualquier momento que el útero se contrae, como cuando das a luz e incluso cuando tienes la regla.)

¿Lo mejor? En la mayoría de mujeres, los orgasmos del clítoris (o sea, los orgasmos que son consecuencia solo de la estimulación del clítoris, que no tienen función alguna en el proceso reproductor, y que puedes proporcionarte tu solita) son los más fuertes. Y cuanto más fuerte es el orgasmo, más oxitocina se libera. ¡Genial!

Pero, madre mía el estigma que hay con las mujeres y la masturbación. No es «de señoritas», es vergonzoso, es autocomplaciente… Mis teorías al respecto son demasiado complejas para ahondar en ellas ahora, pero piensa en cómo se enseña a las mujeres a sentir el placer sensorial en general. Desde la comida al ejercicio físico, lo que rige es la negación y la disciplina; es la idea de que sin dolor no hay recompensa. Ser indulgentes con cosas que queremos es un «placer culpable». Me encanta cuando Sandra prescribe a sus clientas «una dieta de placer con ellas mismas de treinta días» (un orgasmo al día durante treinta días) para que las mujeres se enfrenten a este tabú. (Sí, anda, ¡pruébalo!)

Ahora piensa lo siguiente. Los antiguos taoístas se referían a darse placer como uno de los nueve principios del «cultivo personal» (la sabiduría sexual colocada al lado de la entrega, la armonía, la simplicidad, la base, la integridad, la transformación, la inmortalidad y la espontaneidad). Encontré esta bonita descripción para hablar de la «alquimia sexual meditativa en solitario» en Internet: «(usar) nuestra esencia sexual tangible para captar y cristalizar la esencia invisible de nuestro espíritu».

Para mí, esta idea recoge el hecho de que nuestra energía sexual está en el segundo chacra, el chacra sacro, junto con nuestra energía creativa. Así pues, ponerte en contacto (literalmente) contigo misma como ser sexual también es una manera de estimular tu ser creativo, o poderes de manifestación. Esta teoría es la base de una práctica llamada «magia del sexo», o lo que la educadora sexual Annie Sprinkle llama «medibación»: el acto de darse placer mientras una tiene en la mente la imagen de algo que quiere atraer, o crear.

Lee esta cita de Vanessa Cuccia, la fundadora de Chakrubs, empresa productora de unos bonitos consoladores de cristal (¡en serio!): «Cuando estamos realmente envueltas en nuestro placer, cómodas y excitadas, nuestras mentes entran en un estado de meditación (Nota: es mucho más fácil que tener que estar pendiente del placer del compañero o de nuestra "actuación"). El crecimiento espiritual es autoconciencia y, por lo tanto, eliminar el miedo y la vergüenza (o mejor dicho, no agarrarse a estos sentimientos) para poder recibir y dar placer es un punto potente para iniciar un camino espiritual».

Esto debería darte mucho que pensar la próxima vez que toque salir de noche en busca de ligue y no te aparezca nada sugerente en Tinder. ¿Y lo que mola? Que si aprendes a sentirte bien dándote placer sexual a ti misma, la espera del «elegido» será más llevadera. Además, la mayoría de hombres no tienen ningún problema con la masturbación y, como bien sabemos, tampoco parecen invertir tanta energía como las mujeres angustiándose por estar solteras. Vaya… ¿será coincidencia?

El amor propio es... abrazarse

¿Y qué pasa con esas noches en las que simplemente necesitas un abrazo? Pues también puedes abrazarte a ti misma. Cuando Elyssa se tomó en serio lo de encontrar a su media naranja, diseñó una práctica de meditación de amor propio para poder cultivar los sentimientos de amor incondicional hacia ella, puesto que sabía que eso a su vez atraería el tipo de relación que quería. Es algo así como: «Antes de ir a dormir, meditas y representas a tu yo superior. Entonces le pides que vea, sienta o escuche al yo superior de tu alma gemela, y luego les invitas a que te abracen mientras duermes».

Cuando Elyssa lo practicó durante unos meses, dice que le ayudó a saber y sentir que era totalmente merecedora de amor. Dejó de practicarlo por un tiempo cuando empezó a salir con alguien, pero explica: «Me alegró un montón volver a la idea de mi alma gemela cuando acabó esa relación». Y aunque estaba cultivando una valiosa herramienta de amor propio que implicaba que no fuera tan importante encontrar a un compañero, esta historia acaba como un cuento de hadas también. Poco después de que me contara todo esto, Elyssa inició un viaje de autodescubrimiento en el noroeste del Pacífico, donde conoció a un tipo al que ella llama «el mío» durante la primera semana, con una *app* de citas corriente, ni más ni menos. Lo último que supe de ella es que se habían comprometido e iban a casarse.

El amor propio es... una práctica holística de autocuidado

Y repito: no solo estoy hablando de baños de sales Epsom con fragancia de rosa (¡eso lo doy por sentado!). Quiero que pienses de nuevo en cómo enfocan la sanación los chamanes, teniendo en cuenta las necesidades de los cuatro cuerpos (físico, mental, emocional y espiritual) y que ajustes tu enfoque de autocuidado en consecuencia. Para mí, sería más o menos lo siguiente:

FÍSICO: los baños de sales Epsom, un masaje frecuente del tejido profundo, yoga, mínima cantidad de alcohol, consumo frecuente de helados veganos.

MENTAL: ni correos electrónicos ni redes sociales antes de las 9.00 horas ni después de las 21.00, y no comparar mi persona, mi vida, mis logros y mis deseos con los de los demás.

EMOCIONAL: un compromiso a sentir todos mis sentimientos, a compartir cómo me siento de verdad y a permitirme llorar, UN MONTÓN.

ESPIRITUAL: meditación trascendental; mis sueños diarios; visitas frecuentes a mis astrólogos, sanadores y chamanes; venerar mi intuición; y rituales para conectarme con las fases de la Luna.

Luego hay que priorizarlo todo en serio. Es decir, hay que marcar límites (lo cual se podría describir como «tiempo y espacio sagrado para mí») y lo cual considero una práctica de autocuidado en sí. Con el Capricornio, por ejemplo, no tenía ningún tipo de límite. Entró como una apisonadora en mi vida y secuestró mis cuatro cuerpos antes de que le viera siquiera llegar. Es muy triste, pero ocurre todo el rato en nuestras relaciones: las románticas, las laborales y las familiares. Sobre todo porque al estar tan conectados a la tecnología aún estamos más presionados a estar siempre disponibles, para todos, en todo momento. Pero para estar disponible de verdad en tus relaciones, primero tienes que estar disponible para ti.

El amor propio es… un diálogo interno bondadoso

Bajo el cuerpo «mental» (véase arriba), también quiero añadir la práctica de «controlar el diálogo interno», puesto que ser demasiado críticas y duras con nosotras es, probablemente, uno de los mayores obstáculos, y también uno de los más comunes, a la hora de cultivar el amor propio. La mayoría ni siquiera sabemos que lo hacemos, lo cual me lleva de nuevo a la meditación, puesto que es un componente esencial para aprender a dejar de escuchar el cuchicheo del ego/*monkey mind* (ser caprichoso).

Cuando eres capaz de escuchar de otra manera, puedes hacer que la conversación tome una dirección más indulgente/más bondadosa. Pregúntate: ¿le hablaría alguna vez así a mi mejor amiga? ¿O a mi hijo? Como dice Elyssa: «Es casi como tratarme como una chica delicada que necesita comprensión y cuidado». Según ella, también es particularmente eficaz para cultivar el amor al cuerpo. «En cuanto decidimos hablar a nuestros cuerpos de este modo, es como si lo lleváramos esperando toda la vida, como una planta que necesitaba agua.»

Y con esto no estoy diciendo que haya que atenuar las verdades menos agradables de la vida. Por ejemplo, cuando le dices a tu mejor amiga que su novio actual es un capullo, o que se está metiendo demasiado, o que quizá no debería haberse teñido de ese color el pelo, ¿verdad que solo quieres lo mejor para ella? Si no te importara, lo dejarías pasar y no le dirías nada. Pero ¿le dejarías caer esta bomba de la verdad recordándole también que es imbécil? Pues eso.

El amor propio es... hacer lo correcto

Ser sincera contigo misma es en realidad una práctica de intuición, porque, como ya he dicho, equiparo la sensación de un «sí» en el estómago con la sensación de «la verdad». Asimismo, sé que estoy ignorando mi intuición (yo superior, espíritu, el universo, etcétera) cuando siento que estoy contando una mentira. Y puesto que decir la verdad y actuar con integridad es casi siempre «lo bueno» (por no decir lo bonito), el amor propio requiere el mismo compromiso a ser sincera contigo misma.

O sea, no te mientas sobre lo mucho que te gastas en ropa que nunca te pones o lo muy mal que te hace sentir el sexo sin sentido. Basta de fingir que solo te tomas siete copas a la semana cuando sabes que son más de diecisiete, o que no te importa no hablarte con tu madre.

Todo esto tiene que ver con desarrollar la autoestima (que en realidad es solo otro término para amor propio), ya que ser sincera contigo misma, perseguir tus promesas y actuar según lo que realmente sientes significa que estás escuchando y que valoras lo que tu yo superior te dice que necesitas. O, como dice Jennifer Kass, «que finalmente eres la heroína de tu propia historia, desenfundas tu espada y te salvas».

Lo cual también significa que no necesitas ninguna relación, ni al clásico caballero enfundado en su armadura brillante para que mate al dragón por ti.

9

Tu regla, tu código de diosa sagrada

No recuerdo exactamente qué lo desató, pero en el algún momento de mi viaje numinoso, sincronizar mi ciclo menstrual con la Luna se convirtió en uno de mis objetivos de estilo de vida más brujiles. Fue un estilo que surgió debido a mi cruzada constante por regular las cosas de por ahí abajo.

Hasta donde alcanza mi memoria, había tenido una regla irregular, o al menos desde que desapareció por completo durante mi fase anoréxica de adolescente. Las cosas se complicaron aún más tras probar varios métodos anticonceptivos a lo largo de los años, puesto que las hormonas me habían proporcionado períodos falsos (la píldora) o los había eliminado por completo (un dispositivo intrauterino).

Sin embargo, tras décadas de haberme sanado de mi trastorno alimentario y tras varios años de estar limpia de intervención hormonal, mi ciclo seguía irregular. Además del inconveniente de que mi sangrado variaba a lo bestia de mes a mes, cuanto más me centraba en el concepto de mente, cuerpo y alma como una única unidad, más sentía que se trataba de una reacción sintomática de un desequilibrio más profundo en mi sistema operativo cósmico.

Porque, piénsalo bien. El hecho de que un ciclo de veintiocho-veintinueve días refleje exactamente el crecer y decrecer de la Luna, de nueva a llena y vuelta a empezar, es la prueba más tangible que se me ocurre de que la vida humana está directa e íntimamente conectada con los planetas de nuestro sistema solar más extenso.

Si además añadimos el detalle no insignificante de que el ciclo de una mujer es un recordatorio mensual físico de la magia de la vida en sí, cuanto más reflexionaba sobre el período, más intrigada estaba por los misterios de la menstruación, alentada también por el hecho de que mi propio horario lunar parecía ser más esquivo y misterioso que el de la mayoría.

Mi doctora no estaba de acuerdo. Cuando le preguntaba su opinión, tipo: «¿Debería preocuparme por algo?», siempre me respondía que era totalmente normal tener un ciclo irregular. Pero que algo sea normal no significa que esté bien. Después de todo, uno de cada diez norteamericanos toma antidepresivos y se estima que en el 2050 casi un tercio de la población estadounidense podría tener diabetes. Todas estas cuestiones podrían considerarse normales (en el sentido de que son la «norma»), pero no son precisamente una muestra de que la población goce de una salud óptima.

Así que empecé con la acupuntura (es bien conocido que es estupenda para temas hormonales), pero después de unos meses, no noté ninguna diferencia. También creé un «diario» de la regla para intentar registrar mis ciclos, un proceso frustrante y lento porque a veces pasaban seis y hasta siete semanas sin que me viniera la regla, solo algunas manchas que lo sugerían.

Descorazonada, sentí cómo el entusiasmo por mi proyecto empezó a mermar. Además, como tampoco tenía en mente intentar embarazarme de inmediato, empecé a cuestionarme por qué estaba tan preocupada con este tema. A fin de cuentas, sangrar menos a menudo significaba menos estrés y mucha menos suciedad, ¿correcto? Pues no, incorrecto. Uno de los motivos por los que tenía tantas ganas de tener un período regular era que, en realidad, disfrutaba con la sensación de liberación física y emocional que acompañaba mi menstruación.

Sí, sí, lo has leído bien: ¡ME ENCANTA tener la regla! De hecho, lo considero una especie de orgasmo emocional. La tensión se acumula más y más, y en cuanto sangro, mi corazón canta, mi cabeza se aclara, y el mundo es fantástico otra vez (en parte gracias a la oxitocina que se libera, ¿recuerdas?). Sin la regla, a veces me sentía como si la fase del síndrome premenstrual durara semanas y semanas.

Luego mi amiga Alexandra Derby, una artista y experta en bienestar menstrual, me mencionó que iba a llevar a cabo una activación de una Carpa Roja en el centro de partos naturales del sótano de su casa de piedra rojiza en Williamsburg, y se me encendió una lucecilla (roja) en el alma.

Ritual de un día diseñado por una mujer llamada DeAnna L'am, considerada por todos la voz a seguir en el empoderamiento menstrual; la ceremonia de una Carpa Roja consiste en que las participantes compartan y recuperen las historias de su primera regla. Aly me explicó: «¡Se trata de liberarse de los juicios y prejuicios que adoptaste en los primeros y valiosos años de tu yo adolescente, que han impedido que hoy puedas acceder totalmente a tu poder y potencial creativo como diosa Creatrix!».

Y luego siguió contando con esa mirada salvaje y emocionada que se le pone cuando hablamos de sanar por un bien mayor: «La segunda parte del ritual se basa en representar la ceremonia que nunca celebramos en la sociedad moderna, la de una niña a quien le dan la bienvenida a la femineidad. Ruby, es conmovedor que aceptes tu lugar como mujer en el planeta con la capacidad de dar vida, ya sea de hijos, ideas, negocios o incluso una nueva Tierra. Sí, ¡es así de potente!».

DeAnna L'am inició su viaje como sanadora en 1992, después de que ella misma se embarcara en su viaje personal para entender mejor su síndrome premenstrual e intentar «invertir su curso». Sus estudios la llevaron a descubrir el mito de la Carpa Roja, el lugar en los tiempos bíblicos al que las mujeres se retiraban cuando tenían la regla o daban a luz. DeAnna convirtió en su trabajo reinstalar la Carpa Roja como ritual, para reconocer el rito de iniciación del primer período de una niña, y ella y sus facilitadoras ahora dirigen ceremonias de Carpas Rojas por todo el mundo. Existe un calendario de sus actos, así como información sobre cómo organizar una activación de una Carpa Roja a tu alrededor, en su página web: Womenoftheredtent.com.

Ostras. ¿Y si esta era la pieza que faltaba en mi puzle de la regla? Después de todo, no existía ninguna explicación física para que tuviera el ciclo irregular y, sin embargo, tenía muchos prejuicios al respecto. Por no hablar de la frustración, la duda y la decepción con mi cuerpo. ¿Y qué decir de todo esto que había dicho Aly de que yo soy una «diosa Creatrix» y de que las mujeres se reúnen para dar a luz «a una nueva Tierra»? Me apunté en ese mismo instante, antes de que la lógica de mi cerebro izquierdo tuviera la posibilidad de convencerme de que no lo hiciera.

EN LA CARPA ROJA

La activación de la Carpa Roja en sí tuvo lugar en una luna nueva en Virgo, cuando estaba a punto de tener la regla. Me levanté sintiendo un montón de mariposas en el estómago. ¿En qué narices me había metido? Nos habían pedido que lleváramos algo rojo y me preocupó descubrir que no tenía ni una pieza de ropa escarlata, ni siquiera un par de bragas rojas (así que me las apañé pintarrajeándome con ese pintalabios rojo que me da confianza y seguridad, pero apunté mentalmente que tenía que invertir desde ya en lencería roja, en serio).

Cuando llegué, Aly iba vestida con un vestido *vintage* de fiesta rojo y sorprendentemente había transformado el lugar en una carpa roja de verdad, con grandes cantidades de tela roja vaporosa. Conté que había seis mujeres más, y una a una nos embadurnaron con palo santo al entrar en el espacio, después de habernos invitado a repetir después de Aly: «Entro en este círculo de amor perfecto y confianza perfecta». Nos explicó que como íbamos a compartir algunas de nuestras verdades más íntimas, era esencial tener esta intención.

Y como creo que mencionar los detalles puede ayudar a presentar mejor la escena, añadiré que Aly es megabritánica, se expresa muy bien y estudió Arqueología en la Universidad de Cambridge. Pero resulta que también es una de las personas más mágicas que jamás he conocido (es como si Hermione de *Harry Potter* conociera a un hada en toda regla). En otras palabras, es exactamente el tipo de mujer que quieres que te guíe en un viaje para conectar con tu yo divino femenino.

Una vez dentro, nos invitaron a colocar objetos en un altar con rosas esparcidas, y entonces empezó el ritual. Con Aly, invocamos las energías de los distintos elementos, antes de dar las gracias a las mujeres de nuestro antiguo linaje. Y durante las cuatro horas siguientes, hubo más y más rituales profundos de este tipo, que Aly describe como «el lenguaje del alma», puesto que «el alma solo nos puede hablar a través de símbolos, metáforas y ceremonias».

Pero lo más relevante de esta historia es lo que me ocurrió cuando llegamos a la parte en la que se hablaba de la primera vez que nos vino la regla. En realidad, porque no era consciente de que pudiera resultar raro o problemático para mí. ¡Ostras, si lo había estado esperando! Pero está muy relacionado con sentimientos de inadecuación y de vergüenza. O sea, que me di cuenta de que de joven estaba desesperada por tener la regla porque necesitaba que me vieran como a una adulta, sofisticada y guay (en el fondo, lo mismo que me motivó a meterme en el mundo de la moda). Después de todo, las chicas más populares eran las más desarrolladas, y yo odiaba mi cuerpo porque se había empecinado en no abandonar su aspecto infantil. Recuerdo que me compré un sujetador deportivo muuucho antes de que hubiera algo que pudiera rellenarlo, e incluso había practicado la inserción de tampones (¡ay!) mucho antes de tener la regla.

Y al compartir la verdad de mi historia con el grupo, me di cuenta de que tampoco la había compartido conmigo misma hasta ese momento; de repente pude ver con gran claridad que era un reflejo de la lucha que seguía teniendo con mi cuerpo cada mes, deseando que me viniera la regla cada mes como prueba física de que era una mujer sexualmente normal. Y también me di cuenta de que la conversación que había iniciado con mi cuerpo a los catorce años era el punto de partida de todas mis inseguridades, que luego se multiplicaron hasta llegar a mi problema con la comida, que duró seis años. Por no hablar de los sentimientos de no sentirte suficiente, que sé que muchas muchas mujeres sufren en sus vidas.

Sí, lloré a cántaros al contar estas verdades. También me sentí muy triste porque había estado tan emocionalmente distante de mi madre que no había podido compartir nada de todo esto con ella en su momento. Terminamos esta parte de la ceremonia lavándonos las manos con agua de lavanda para limpiar los sentimientos negativos asociados a nuestro primer sangrado, y cuando acabó el día, me sentía vulnerable, aunque curiosamente aliviada. Pero ¿iba mi participación a afectar a mi regla?

«El alma solo nos puede hablar a través de símbolos, metáforas y ceremonias.»

ALEXANDRA DERBY

Recibí la respuesta dos semanas más tarde. Como ya he dicho, me «tocaba» tener la regla el día después de la Carpa Roja (contando un ciclo de veintiocho días), pero en este caso no llegó hasta catorce días más tarde, hasta la siguiente luna llena. Ni más ni menos que un «eclipse lunar de sangre en Aries», que pude observar de cerca, puesto que regresaba a Nueva York desde Montreal esa noche en un vuelo que se había retrasado. ¿Coincidencia cósmica? O prueba de que mi alma había estado escuchando, y mi cuerpo estaba listo para aceptar mi necesidad de sangrar.

JOVEN, MADRE, ANCIANA... Y MUJER ESCARLATA

La ceremonia de la Carpa Roja concluyó con una ronda para dar la bienvenida a cada participante como «una nueva mujer», recreando el rito de iniciación femenino de la antigüedad, de niña a mujer, que Aly nos contó que se había eliminado en la sociedad moderna. En su opinión, sin este rito, el alma se confunde sobre la fase vital en la que se encuentra la mujer, lo cual conlleva todo tipo de malentendidos kármicos en todos los sentidos, desde nuestras relaciones hasta nuestro propósito en la vida. Permíteme que te explique.

En las tradiciones paganas, la femineidad se define como el arquetipo de la triple diosa «joven, madre y anciana», lo cual hace referencia al papel de una mujer en la sociedad antes, durante y después de sus años de menstruación.

De niña, o joven, está totalmente en su mundo, con total libertad para usar su energía creativa y espiritual con pureza para su propio desarrollo personal, para descubrir y aprender sobre ella misma y el mundo. Durante sus años de menstruación, pasa a la fase de madre, en la que utiliza estos descubrimientos para alimentar la vida que ahora tiene la capacidad de crear, ya sean hijos, proyectos creativos o nuevas empresas, como nos recordó Aly.

¿Y qué ocurre cuando no acabamos de reconocer esta transición? Que la joven se cabrea y empieza a hacer de las suyas para llamar la atención, obsesionándose con su aspecto y la ropa (¿hola?, sí, adicción a las compras), optando por las fiestas como su mejor pasatiempo y escogiendo compañeros que están más interesados en un juego pueril que en una relación madura de respeto mutuo. O sea, el clásico embrollo que abarca de la adolescencia tardía hasta los treinta y pocos, y que además me resulta bastante familiar.

Si seguimos, la anciana, o la fase de la mujer sabia, es cuando una asume su lugar entre los mayores de la tribu, puesto que la menopausia la ha aliviado de sus responsabilidades de la maternidad, y ya ha reunido suficiente sabiduría y experiencia para liderar y guiar a un nivel superior.

La anciana es la figura matriarca, como Arianna Huffington o Oprah Winfrey, por ejemplo. Sin embargo, el hecho de que ninguna de estas dos poderosas e inspiradoras mujeres estaría contenta de que se las describiera como «ancianas» (por no hablar de que la palabra en sí se asocia de forma negativa con la brujería) dice mucho sobre cómo se han marginado nuestros ciclos femeninos en el patriarcado dominante.

De hecho, cuanto más sé sobre la historia de las mujeres y la menstruación, más cuenta me doy de que se trata de un tema muy feminista, impregnado de siglos de masacre de igualdad de género (más adelante hablaré de las consecuencias más extensas de todo ello). Pero en cuanto al arquetipo de la triple diosa, Aly señaló un cuarto personaje de la saga que no está presente, uno que está directamente relacionado con tu vida sexual y con el que la sociedad del patriarcado dominante se siente mucho más cómoda.

«Es como si la hubieran creado adrede; ¿qué ocurre con la mujer escarlata?» Aly se refiere a la fase entre joven y madre. «Es cuando una mujer sangra, y disfruta y utiliza todos los dones de ese sangrado antes de sacrificar una parte de ella misma para ser madre.»

Para ponernos un poquito bíblicos, Aly identifica la mujer escarlata con María Magdalena. Fue una seguidora de Jesús, que viajó con él y salió con los otros discípulos, y también fue la primera persona que lo vio después de la Resurrección. Pero en la Edad Media, el cristianismo occidental empezó a representarla como una prostituta o mujer «impura» (o sea, la mujer sin hijos y con libertad sexual que Aly echa de menos en la mitología colectiva del género femenino).

Y de aquí surge la paranoia masiva sobre las mujeres que controlan totalmente su sexualidad (tildarlas de zorras, la perversión del deseo femenino en la pornografía y la «celebración» de la sexualidad femenina que conviene al patriarcado representada en el espectáculo de moda de Victoria's Secret).

LOS MISTERIOS DEL SANGRADO

Aly también habló sobre «los misterios del sangrado», es decir, mitos de la antigüedad sobre las mujeres y la menstruación que tienen que ver directamente con «el don» de nuestro ciclo mensual. Y también de cómo este don se transformó en «maldición».

Así que remontémonos, y mucho, a cuando los humanos vivían en tribus. Cuando las mujeres se encargaban de los niños y los hombres, sin matriz y por lo general más rápidos y más musculosos, salían a cazar en busca de alimento. Como las mujeres se pasaban la mayoría de su tiempo gestionando las aldeas (es decir, «en el gobierno»), desarrollaron un sexto sentido sobre lo que más convenía a la comunidad (un conocimiento interior que parecía potenciarse cuando sangraban).

Al vivir muy cerca unas de otras, las mujeres tenían la regla a la vez (un fenómeno que todos conocemos). Y sin la interferencia de los despertadores, la luz eléctrica, los viajes internacionales y otras invenciones que han permitido que los humanos sigan su vida como si nada más allá de los ciclos de nuestro hábitat natural, la regla les llegaba siempre a la vez cada mes, en la oscuridad de la luna nueva.

Busca en Internet la Carpa Roja «original». Aliviadas de sus tareas tribales cotidianas, las mujeres iban a este lugar sagrado para sangrar y soñar juntas, y aún más, para recibir descargas cósmicas del universo que respondieran a las cuestiones más acuciantes a las que se enfrentaba la tribu en ese momento. Ya sabes, como cuáles son las hierbas que van bien para un brote de fiebre y cuáles son los mejores días para cazar este mes. Bueno, siempre damos por sentado que nuestros antepasados solo se preocupaban por la mera supervivencia. Quizá también preguntaran cosas como quién se está follando a quién y qué ponerse para las celebraciones del Solsticio.

En fin, el caso es que además de ser las encargadas de dar a luz, la conexión mística de las mujeres, a través de la menstruación, con la unicidad, Dios, el universo, etcétera, sin duda les otorgaba casi todo el poder en la tribu. Si a esto le añadimos que sangraban a voluntad y copiosamente durante días todas a la vez, y no se morían, seguro que los hombres consideraban que las mujeres eran más que superhumanas.

Así que en algún punto en la historia, justo con la introducción de la agricultura y cuando la religión organizada empezó a aplicar la lógica a la caótica y mística historia de la evolución humana, los hombres más inseguros decidieron utilizar la fuerza bruta que ya no utilizaban para cazar para reparar el equilibrio. Y el resto, como dicen, es la historia del patriarcado.

Sin duda esto explicaría por qué las mujeres que menstruaban pasaron a considerarse impuras, y las reglas en general un inconveniente caótico que debía medicarse para que dejara de existir o que debía esconderse por vergonzoso. Además, a medida que la sociedad empezó a seguir cada vez más las ideologías masculinas (competitividad, consecución de objetivos y linealidad versus colaboración, intuición y ciclos), la sabiduría que recibimos en nuestro momento lunar acabó etiquetándose como «síndrome premenstrual», que nos transforma en putas cabras.

No sé tú, pero yo en general voy por ahí disculpándome por estar supermegasensible justo antes de la regla (por ejemplo, no estoy muy sociable y podría llorar porque se me ha roto la bolsita del té). El hecho de que me cueste tanto contener las emociones en esos momentos se considera una debilidad del carácter, como si fuera una rehén de mi propio cuerpo.

Pero ¿y si se tratara de eso? ¿Qué ocurriría si en realidad tuviéramos que retirarnos de la sociedad cuando sangramos para sentir a fondo la sabiduría de nuestro subconsciente o intuición durante esos días? Después de todo, en astrología, nuestra compañera menstrual la luna representa nuestras necesidades y deseos más fundamentales, aunque a menudo más enterrados.

¿Y si la parte de la rabia y la frustración del síndrome premenstrual (os suena, ¿verdad?) es en realidad una respuesta a todas nuestras necesidades en el fondo no cubiertas? Qué injusticia; luego dicen que nosotras, las mujeres, somos demasiado exigentes o pedimos demasiado o, hablando en plata, que se nos va la olla si lo expresamos. ¿Y qué ocurre con las ansias de chocolate? Visto en este contexto, el imperioso impulso premenstrual de atiborrarse de *brownies* de chocolate me parece una especie de automedicación excelente.

CONOCE TU CICLO, CONÓCETE A TI MISMA

El pensamiento Now Age de aceptar la naturaleza cíclica de cualquier vida implica que los ciclos menstruales de las mujeres están diseñados por la naturaleza para ir avanzando por las fases de joven, mujer escarlata, madre, anciana, cada mes, y que nuestras fluctuaciones hormonales invitan a las energías de nuestro yo más creativo, sexual, protector y consciente. Y que nuestro sangrado representa nuestro renacimiento.

Por ejemplo, en la medicina china, se cree que el espíritu, o *shen*, vive en el corazón y viaja por la sangre, y que cuando las mujeres sangran, nuestro espíritu se está limpiando de la basura psíquica que se acumula durante el mes. En este sentido, incluso he llegado a oír que la cámara de sudación de los indios norteamericanos (una fuerte sauna exterior que induce a estados tipo trance) en realidad se diseñó para ayudar a los hombres a purgar del mismo modo, ¡para poder estar a la altura espiritual de las mujeres!

Una de mis autoras preferidas sobre el tema de las mujeres y los ciclos es otra bruja británica, Lisa Lister, que cree que parte de nuestro mayor trabajo espiritual como mujeres tiene que ver con realinearnos con el ritmo de nuestro momento lunar. Hace poco me dijo: «Conocer tu ciclo es como la llave maestra para acceder a tus superpoderes mensuales». Aunque tuve que esperar tres días para recibir su correo, porque cuando le escribí estaba en su primer día de regla y había empezado a sangrar. «Retirarse del mundo exterior el primer día de la regla es sagrado e innegociable para mí. He dicho que no a programas televisivos por estar en mi primer día de regla.»

Según la investigación de Lisa (que se convirtió en el trabajo de su vida después de que le diagnosticaran endometriosis a los veinticinco años y le dijeran que necesitaba una histerectomía), las cuatro fases de nuestros ciclos se pueden esquematizar y, por lo tanto, utilizar como se señala en la página siguiente.

El caso es que en el sistema que Lisa llama «tío-céntrico» en el que vivimos no se permiten estas fluctuaciones. Semana tras semana, se espera que estemos presentes y rindamos del mismo modo. Si tenemos en cuenta que la sociedad premia a las mujeres seguras de sí mismas, productivas y sexis, las fases 1 y 2 son fáciles de capear. Pero cuando las expectativas de la sociedad van en contra del momento en el que nos encontramos del ciclo (véanse las fases 3 y 4), aparece la frustración, acompañada de grandes dosis de anhelo de chocolate.

EL CICLO LUNAR

Esto es una guía basada en un ciclo de veintiocho días y puede variar ligeramente en tu caso, si tu ciclo es más largo o más corto.

Preovulación (días 7-13)
Energía a tope, arriesgada y con visión expansiva, haces lo que toca.

Ovulación (días 14-21)
«La reina del mambo», sexi, social, quieres ser vista.

Premenstruación (días 22-28)
Sin tiempo para chorradas, un cambio de «hacer» a «ser», dejas que todo fluya.

Menstruación (días 1-6)
Intuición profunda, retiro y perdón, una reconexión con nuestra verdad interior.

Lisa sigue explicando: «Pero si en realidad escucháramos a nuestros cuerpos durante las otras dos fases, descubriríamos formas muy poderosas de acceder a nuestra mujer salvaje interior (intuición, ira, verdad, alquimia). Allí es donde ocurre la verdadera magia». Magia como, por ejemplo, escuchar a tu yo superior y permitirle que te guíe hacia tu objetivo vital más grandioso e importante.

Cuando me presentaron el trabajo de Lisa, todo esto me emocionó mogollón, porque si acabas conociendo bien tu ciclo, puedes planificar tu vida teniéndolo en cuenta, y aprovechar mejor la energía y los dones de cada fase. Te aseguro que es más fácil si te puedes organizar la agenda laboral tú misma. Pero si tienes uno de esos trabajos en los que tienes que fichar cada día a la misma hora, al menos no hace falta que te castigues si un día «no lo das todo» porque te cae un marrón justamente el primer día de la regla.

Pero espera un momento. ¿Qué ocurre si tienes un ciclo irregular como el mío? Que, por cierto, Lisa también cree que es muy común, que no «normal». ¿Su teoría? «Es un síntoma más de que vamos en contra de nuestra naturaleza cíclica, intentando vivir de forma linear, tío-céntrica.» Si tengo en cuenta que todo mi trabajo se ha basado en ser creativa a demanda para satisfacer plazos semanales, por no decir diarios, estuviera o no en la fase tres, no hace falta ser muy lista para entender que este mero hecho ya puede haber afectado a mi flujo. A muchos muchos de nuestros flujos.

¿El consejo de Lisa para que pueda encontrar el mío? Seguir el rastro de mi ciclo sin pausa. O sea, literalmente apuntarlo todo cada día, desde mi humor y niveles de energía hasta cómo me siento por mi aspecto, hasta que empiece a entender dónde empiezan y acaban mis fases. Te aliento a que lo hagas tú también, ya sea escribiendo cada día en un diario o en el teléfono, o descargándote una *app* (he empezado a usar una que se llama «Luna») para ver por dónde vas. Me explicó que la duración de las fases varía con cada persona, y añadió: «Cuanto más registres, más rápido encontrará tu ciclo su ritmo, porque en general es irregular porque no le prestas atención y vas en contra de su ritmo, en vez de seguir su ritmo natural».

En mi caso: «Quizá tu preovulación sea superlarga porque tu cuerpo lo necesita para que puedas hacer más cosas. ¡Menudo pasote!». E independientemente de mi propio ciclo, todo lo que he aprendido sobre los períodos en general, es un pasote en toda regla.

EL ORGULLO REGLA Y LA REVOLUCIÓN MENSTRUAL

Mientras escribo esto, sé que circula una camiseta muy popular entre los Now Age cuyo eslogan reza «El futuro es femenino». Creo que ha tenido éxito no porque seamos una panda de «feministas cabreadas» que reclaman «su turno» para estar al mando, sino porque habla de una comprensión colectiva y mística de la nueva ola de feminismo. O sea, va más allá de la igualdad entre los hombres y las mujeres en el mundo material (aunque aún queda mucho camino por recorrer en este sentido) y ha llegado el momento de iniciar un nuevo paradigma femenino.

El nuevo modelo femenino implica la colaboración más que la competición, el cuidado en vez de la opresión, y la construcción de relaciones y no de imperios. En cuestión de negocios, política, medio ambiente... en la Now Age (la plena era de Acuario, la era astrológica que empezamos a cambiar en los años sesenta y que tiene que ver con la caída de las estructuras jerárquicas) cada vez es más evidente que lo que el mundo necesita es un mayor conocimiento de la energía femenina de nuestros antepasados tribales, para aplicarla a los sistemas humanos modernos que parecen peligrosamente superados.

Oigo hablar mucho del regreso de lo Divino Femenino (ahondaré en ello en el capítulo 11), que básicamente es la conexión con la idea de dios(a), el universo, la unicidad cósmica, etcétera, o sea, la fuerza femenina en vez de la masculina. Y está claro que no soy la única mujer (¡ni hombre!) que despierta ante nuestros períodos como si de un código secreto de diosa se tratara, y que considera que la menstruación es como un símbolo mágico de la personificación de cada mujer.

Hace poco conocí a Miki Agrawal, la sorprendente empresaria detrás de Thinx, bragas con estilo con protección para la regla incorporada, diseñadas para «eliminar la vergüenza» que rodea el mundo de la regla (y también la necesidad de usar salvaslips y muchos otros productos para la regla de usar y tirar, principales responsables, junto con los pañales, de llenar los vertederos).

Ya dice mucho de la situación que cuando conocí la marca por primera vez, en 2013, ninguno de los editores a los que les mencionaba la historia de Thinx quería considerarla. «Demasiado asqueroso» era la respuesta general. Si avanzamos y pasamos al otoño de 2015, la primera campaña publicitaria elegante y sexi de Miki fue viral, en parte porque la Autoridad de Transporte Metropolitano de Nueva York, que gestiona el sistema de transporte público de la ciudad, intentó prohibir los anuncios en el metro de Nueva York porque utilizaban la palabra «período». #PACAGARSE

Como parte de la campaña Thinx, Miki pidió a sus clientas que completaran la frase: «Thinx es... _____». Estas son algunas de mis respuestas preferidas:

«Thinx es una conexión con mi diosa interior».
«Thinx es la clave de mi existencia fluida».
«Thinx es fuerza, dignidad y libertad para todas las mujeres».

La última en concreto se refiere a lo que Miki llama el «orgullo regla». En su opinión, el orgullo regla es «la importancia de experimentar nuestros períodos como un momento de limpieza mensual, como nuestra conexión con la luna y entre nosotras como mujeres». Y para mí la historia de Thinx (que ha pasado de ser «demasiado asquerosa» (¡para revistas de mujeres!) a ser considerada uno de los mejores inventos del 2015 por la revista *Time*) demuestra que ha llegado la hora del orgullo regla.

10

La madre universal

Confesión. Una vez utilicé mis enchufes en los medios para saltarme la cola y recibir un abrazo de Amma. Bueno, vale, dos veces. En ambos casos, no tuve que soportar la media de ocho horas de espera para que me diera audiencia la mujer a la que llaman «la santa de los abrazos». ¿Qué puedo decir? La relaciones públicas Kelly Cutrone, mentora y colaboradora de *The Numinous* desde hace mucho tiempo, también representa a Amma, un trabajillo gratuito que realiza para la mujer que según ella salvó su vida (en un sentido espiritual). Y parece ser que las listas de privilegiados existen incluso en las peregrinaciones santas.

Para las no iniciadas, Amma es una líder espiritual india que básicamente se dedica a viajar por el mundo repartiendo, sí, abrazos. Abrazos envolventes y afectuosos por los que la gente espera días. Para sus devotos, se trata de un acto de *darshan,* la oportunidad de conocer a una persona santa o deidad. Es el *puja* final, y muy personal, o la expresión de una devoción solemne.

Nacida con el nombre de Mātā Amrtānandamayī Devī en Kerala, la India, a principios de los años cincuenta, cuenta la historia que incluso de pequeñita Mātā sentía la necesidad de hacer todo lo posible para aliviar el sufrimiento de los demás. Llevaba comida y ropa de su casa a otras personas pobres del pueblo, a menudo abrazándoles de forma espontánea para aliviar sus penas. En poco tiempo, la pequeña Mātā se había ganado el mote de «Amma», madre en hindi.

Por supuesto, las noticias volaron y pronto los buscadores espirituales viajaron de todas partes de la India para recibir un abrazo, a menudo con la esperanza de convertirse en devotos de Amma. Sin embargo, sus padres no estaban para nada seguros de todo este rollo gurú y no paraban de intentar casarla. Pero Amma no estaba dispuesta a aceptarlo. Ella lo veía así: «Del mismo modo que la tarea de un médico es tratar a sus pacientes, mi tarea es consolar a los que sufren». O mejor dicho, su *dharma*.

El resto es un popurrí de folclore fantástico e historia fáctica. Amma amplió su alcance creando una organización benéfica humanitaria internacional. Obraba milagros, como desviar tormentas y alimentar a multitudes de un único bolecito de arroz. Y en 1987 empezó a viajar por el mundo repartiendo abrazos, millones y millones hasta la fecha, para difundir su mensaje de que lo que necesita el mundo es amor. Y es mejor que nos queramos, porque «todos somos uno, hijos de la misma madre».

Es evidente que hay un elemento muy importante que no está presente en la historia de esta mujer llamada Amma: sus propios hijos. No es que se espere que los santos produzcan santos mini-yo (al fin y al cabo, casi todos son hombres). Además, ¿acaso tuvo tiempo de engendrarlos? Amma abraza más y más, no deja de abrazar, a menudo renunciando a comer, dormir y hacer pausas para ir al baño (seguro que a cualquier madre al uso le suena).

Pero con o sin hijos, para mí, Amma representa una energía maternal universal. Su vida representa el altruismo con mayúsculas (como ya he dicho, abraza más y más, no deja de abrazar, renunciando a comer, dormir y hacer pausas para ir al baño), y considera que es su obligación de diosa ofrecer alivio a quienes lo necesitan. Por no mencionar el hecho de que también es la madre de todos los multitareas.

Lo sé porque también tuve la oportunidad de entrevistar a Amma una vez, y ocurrió durante un *darshan* (sesión de abrazos). Como un *darshan* a menudo se puede alargar veintitrés, veinticuatro y hasta veintiocho horas de tirón, me explicó riendo: «Todas mis reuniones ocurren durante los *darshans*». Te doy una pincelada de cómo fue. Estamos en el Javits Center de Nueva York (un centro de exposiciones del tamaño de un hangar de aviones) y Amma está en un escenario abrazando. Al menos la mitad de la sala está llena de filas de sillas para que la gente se siente a esperar pacientemente su turno y el resto del centro se ha transformado en una especie de minibazar en el que la gente vende ropa y baratijas devocionales, y también el mejor curry que jamás haya comido por dos dólares el plato.

Cuando se acerca la hora de tu abrazo, te hacen sentar en una silla que está más cerca del escenario, luego a una silla que está en el escenario y luego a una silla más cerca de Amma sobre el escenario. La gente toca y canta, hay incienso y guirnaldas por todas partes, y es todo bastante intenso. Cuando finalmente te llega la hora del abrazo, huele a rosas y el resto desaparece, porque solo oyes a Amma susurrarte al oído: «Hija mía, hija mía, hija mía». Y simultáneamente está respondiendo al teléfono, tomando decisiones sobre la gestión de su fundación, dirigiendo a un ejército de voluntarios y haciendo entrevistas, con un traductor, como la mía.

Así que estas son las preguntas que te lanzo. ¿El hecho de que Amma no tenga hijos biológicos la convierte en menos mujer? ¿El hecho de que no haya vivido la intensidad mortal de desarrollar y dar a luz a una nueva vida la convierte en menos espiritual? ¿Implica que esté paralizada emocionalmente o que esquive toda la carga de la responsabilidad de un adulto?

Decidí *motu proprio* no tener hijos y me gustaría saber qué piensas al respecto, porque me he planteado estas preguntas, y más, bastante a menudo desde que tengo veinticinco años. Recuerdo que había una terapeuta que solo quería hablar de que no quisiera tener hijos. Luego un chamán (era un hombre) que me dijo que solo se me respetaría en la comunidad espiritual si me convertía en madre. Y, por supuesto, también varios editores de revistas me pidieron que escribiera sobre mi decisión «poco convencional». Eran editores, y por extensión sus lectores, supongo, que no podían comprender cómo una mujer en principio sana y felizmente casada podía declarar con tanta determinación que lo de ser madre no iba con ella. Por supuesto, tengo mis motivos, que recaen en dos categorías:

A. Ya hay demasiada gente en el mundo. Me horroriza el parto. Estoy muy centrada en mi trabajo. Siento que querría tanto a mi bebé que acabaría sacrificando mi trabajo. Soy muy reservada y necesito pasar mucho rato sola para estar equilibrada. Mi matrimonio se resentiría. El planeta se está muriendo, y la situación no es demasiado alentadora para las generaciones futuras.

B. Siempre he sabido que no quería ser madre.

Evidentemente, solo vale la pena centrarse en el motivo B, porque todos los motivos de la categoría A se basan en miedo de que algo salga mal en el futuro, y por lo tanto no son reales. Así que centrémonos en el motivo B.

Recuerdo con gran claridad preguntarle a mi madre con cinco años por qué estaba tan obsesionada la gente con los bebés. Y ya que hablábamos del tema, ¿cómo era posible que los animales cachorros fueran tan monos y que la mayoría de bebés humanos que había conocido fueran como gusanillos arrugados que gritaban todo el rato? Fijo que esto tenía algo que ver con la llegada de mi hermanito, que me robaba la atención todo el rato. Pero también tengo una foto de cuando tenía nueve años con el bebé del vecino en brazos. La mirada que tengo (de miedo, de confusión, de que-alguien-me-quite-esto-de-encima-YA) habla por sí sola.

Jolín, incluso escribir esto me hace pensar que quizá tenga algún problema. Tipo, ¿me he perdido algo sobre lo que significa ser una mujer? ¿O una «muj-triz», como le gusta decir a Dori Varga, la fundadora del movimiento de empoderamiento femenino Now Age Tribe de Mama? El mensaje en la sociedad de que las mujeres y los bebés están hechos el uno para el otro, que no puede haber uno sin el otro, está mega arraigado. He tenido que resistirme y ser fiel a mis sensaciones en cuanto a este tema una y otra vez, siempre siguiendo mi intuición.

Porque de vez en cuando se me va la olla y digo que «por supuesto» que quiero hijos. Es una parte integral, por no decidir fundamental, de ser humano, la máxima aventura de la vida y la muerte. ¿Porque acaso cuando lo analizas todo a fondo no es la familia lo que más importa? Pero cuando llega el momento de la verdad, o sea, la hora de hacer el amor sin protección, para engendrar un bebé, el mensaje de mis entrañas siempre es: «Eh, para, ¿qué coño estás haciendo?». Y en palabras de la empresaria Marie Forleo: «Si no lo deseas mogollón, es que no lo deseas para nada».

No pretendo amargar a nadie ni ponerme a la defensiva. Ni tampoco me estoy comparando con Amma, quien como ya he dicho lleva una vida excepcional ayudando al mundo.

Pero la he puesto a modo de ejemplo, porque para mí Amma y lo que proyecta es una invitación para investigar «todas» las formas que tienen las mujeres (y también los hombres, ¡por qué no!) de representar una energía maternal «universal» en sus vidas, tanto si eligen ser progenitores como si no. Una energía maternal universal, que en mi opinión es el pensamiento, sentimiento y manera subyacente de ser Now Age.

Aunque los bebés no entran en mis planes, sigo siendo consciente de que estoy en la flor de mis años como madre. Pero ¿qué más implica exactamente tener matriz y no tener aún la menopausia? Y sin niños a la vista, ¿qué es la energía maternal? Tal como yo lo veo, existen tres pilares fundamentales de la energía maternal universal.

PRINCIPIO NÚMERO 1: CREACIÓN Y ALUMBRAMIENTO

En el hinduismo, la energía de la Madre Tierra fluye por todos los seres como la principal energía creativa del universo y se conoce como «*shakti*», lo cual significa «poder o empoderamiento». También se traduce como «la gran madre divina», puesto que *shakti* se entiende como la representación del amor y la semilla de toda creación. La creatividad es la primera pieza del puzle maternal para mí, porque una madre, por definición, da a luz a algo, ¿no?

Cuando conocí a los fundadores de *theSkimm*, boletín informativo de temas de actualidad superpopular y divertido, me contaron que durante los primeros años del boletín no durmieron. Vivían juntos y hacían turnos, levantándose a horas intempestivas para comprobar los teletipos antes de darle al botón de enviar a su versión más actualizada del boletín a las seis de la madrugada.

LOS TRES PILARES DE LA ENERGÍA MATERNAL UNIVERSAL

Creación y alumbramiento: la voluntad de reconocer cualquier manifestación de un espíritu que quiera convertirse en ser a través de ti (hijos, negocios, iniciativas de beneficencia, obras de arte, etcétera), y de dedicar el tiempo y la energía necesarios para materializarlo.

Crianza y protección: se refiere tanto al tierno cuidado y atención como a la postura intransigente de «sé lo que más te conviene» que necesitan nuestros «bebés» para desarrollarse.

Amor incondicional: escoges ver tus creaciones, tu comunidad y tu propia vida a través de los ojos del amor. O sea, sin juicio ni expectativas, y con el debido respeto y aprecio por todas las rarezas frustrantes y molestas que nos convierten en hermosos seres humanos únicos.

Así que les pregunté: «¿O sea que os sentíais como si tuvierais un bebé en casa?». Sonrieron y respondieron que tuvieron que dejar de utilizar esta analogía porque varias madres de bebés recién nacidos se habían molestado con la comparación. Pero sus ojos cansados (llevaban tres años así) lo decían todo: como tener un bebé, sí. Solo que sin el llanto, los abrazos o los pañales sucios.

Ya sé que es un poco un cliché hablar del negocio de una mujer como si fuera su bebé, pero es por un buen motivo, sobre todo cuando se trata de un negocio o proyecto creativo que nace de su deseo apasionado de aportar algo de su persona al mundo. Por un negocio así, pasarás noches sin dormir, sacrificarás amistades e invertirás dinero que no tienes cuando tenga hambre. También lucharás por darle lo que consideras que es lo mejor, alejando pretendientes que no te gustan por muy gordos que sean sus talonarios.

Hablo por experiencia, claro está, puesto que *The Numinous* es mi bebé empresarial. Me encantaba mi trabajo en la revista, pero concebir, alumbrar y crear mi proyecto creativo me ha llevado a un nuevo nivel de satisfacción. Por no mencionar la angustia, la preocupación financiera y las largas noches sin dormir. Desde que he traído mi idea de *The Numinous* al mundo, he experimentado algunos de mis momentos más eufóricos y también más dolorosos. Y como cualquier padre que se precie te diría, lo positivo compensa lo negativo.

En *Libera tu magia*, el libro de creatividad de Liz Gilbert, así se describe la inspiración: «Las ideas son una forma vital energética incorpórea... Las ideas no tienen un cuerpo material, pero sí tienen conciencia y, sin duda, tienen voluntad. Las ideas tienen un único impulso: manifestarse. Y la única forma que tiene una idea de manifestarse en nuestro mundo es con la colaboración de un socio humano». Así que cuando te surge una idea brillante que no te abandona, es el universo que está intentando hacer el amor contigo/fecundarte.

Sigue explicando que estas ideas, como espíritus, están flotando constantemente a nuestro alrededor en el éter, buscando socios humanos que estén disponibles y dispuestos. Me recuerda bastante a las creencias populares de los espíritus humanos (los astrólogos creen que nosotros escogemos a nuestros padres, por ejemplo). *The Numinous* se me apareció primero como un nombre, que se plantó en mi conciencia y no quiso ser ignorado. Yo le decía: «Estoy demasiado ocupada con mi trabajo. Creo que no se me dará bien. No quiero hacerlo sola». Pero estaba claro que *The Numinous* quería colaborar conmigo y solo conmigo, «quería que yo fuera su madre», puesto que este vaivén de mensajes duró casi dos años antes de que finalmente sucumbiera. Aunque *The Numinous* sabe, y yo también, que lo deseaba mogollón desde el primer momento.

Y este libro, que se concibió dos años más tarde, es como mi segundo bebé. Escribirlo/alumbrarlo ha supuesto un período de búsqueda intensa del alma (el otro día bromeaba con una amiga que para mí era como una de esas historias que cuentan de partos agonizantes de setenta y dos horas). También ha implicado que me abstuviera de beber alcohol por la salud de mi hijo, casi casi decir adiós a mi vida social, y contratar un servicio de puericultura profesional para mi primer bebé en forma de fantásticos becarios (¡por cierto, con mucha ansiedad de separación!).

Esto me recuerda una de mis citas preferidas de Amma: «Donde hay amor, no hay esfuerzo». Porque ¿acaso lo he vivido como un trabajo? ¡Claro que no! Me hace sentir viva.

Es curioso que muchas de mis escritoras preferidas no tienen hijos: Lionel Shriver, Candace Bushnell y, sí, Liz Gilbert. Y lo sé, por cierto, porque a mi ego le encanta irse de juerga por Wikipedia y comparar mi vida y logros con los de las mujeres famosas de una edad parecida. (Ya lo sé, ya lo sé, es muy de bajas vibraciones y en general lo evito, pero es que también es muy adictivo.)

De las autoras antes mencionadas, Liz ha sido la que ha comentado en más detalle lo de su estado sin hijos. Lo describe como «un reflejo de mi propia elección, mis propios deseos, mi propio destino». En otro de sus libros, *Committed*, también menciona que su abuela (madre de siete hijos) le dijo una vez que había rezado para que Liz no tuviera ninguno y se dedicara a escribir libros y a viajar.

Y si el futuro de verdad tiene que ser femenino, o al menos con una actitud «más femenina» (¡espera al siguiente capítulo porque tengo que contar mucho más al respecto!), en mi opinión tienen que haber más mujeres que dediquen sus vidas a influir en los pensamientos, opiniones y acontecimientos más allá de la unidad familiar. Que dediquen sus vidas a nuestra familia «humana» más extensa.

Pero también soy consciente de que los bebés libros y los bebés negocios no son de carne y hueso. Nadie morirá o se quedará huérfano si decido dejar de escribir mañana (tendrías que haber visto la cara de mi madre cuando intenté establecer esta comparación), y podría vender *The Numinous* en su totalidad a otra familia (como a un gran grupo de medios) y no afectaría a nadie. La verdadera maternidad SÍ representa la vida y la muerte, y mi decisión de no participar en ella sigue siendo algo que siempre me cuestionaré (junto con mis terapeutas). Y mientras tanto continúo centrada en cómo expresar mi propia energía maternal de otras formas.

PRINCIPIO NÚMERO 2: CRIANZA Y PROTECCIÓN

Una mujer que sin duda representa esta idea para mí es Lisa Levine, una exdiseñadora de joyas que decidió convertirse en maestra de

Reiki y acupuntora, y que ahora gestiona mi lugar de sanación preferido, un centro en Brooklyn llamado «Maha Rose Center for the Healing Arts». También es una devota de Amma. En 2010 renunció oficialmente al resto de gurús y maestros espirituales y recibió un mantra de Amma que utiliza en su práctica meditativa. En una ocasión, sintió la necesidad de pedirle a Amma que le permitiera hacer su trabajo durante un *darshan*.

El resultado es Maha Rose, que Lisa estableció en su casa un par de años más tarde, y uno de los lugares más enriquecedores con los que me he cruzado en mis viajes numinosos. Te sientes «rodeada» (¡sí, abrazada!) por la energía que hay. No lo puedo describir de otra manera. Descubrir el centro y conocer a Lisa, justo un par de años después de dejar atrás a mi propia madre en el Reino Unido, fue algo muy reconfortante para mí.

También hay un altar para Amma en Maha Rose, y cuando almorcé con Lisa por última vez (con su recién nacido humano de verdad saltando sobre su regazo), me describió a su gurú como «la protectora primordial, la matriarca y la madre de todo». También me contó que en su opinión existen dos aspectos principales relacionados con la energía maternal universal.

Primero, «está la madre que te quiere y te cuida, que te abraza y te ama, y que te da el pecho y te lo da todo. Todo, todo, todo. Altruismo con mayúsculas».

Sin embargo, en contrapartida, «está la madre feroz, la madre tipo "NO vas a salir vestida así"; es protectora, pero puede ser bastante severa».

Lisa dice que Amma representa a ambas. Por un lado, siempre está haciendo algo para ayudarnos, en todo momento. Pero también añadió: «Cuando empecé a seguir a Amma, todos los mensajes que recibía de mi yo superior gracias a la luz de su trabajo tenían que ver con liberarme de todo lo que en realidad en mi vida no me hacía ningún bien. Fue un proceso doloroso y aterrador».

La famosa que representa la energía maternal para mí es Angelina Jolie Pitt. Todo lo que desprende sugiere la misma vibración tierna, pero feroz: desde la forma en la que toda la tribu Jolie-Pitt viajaban juntos para estar en el lugar en el que ella y Brad grababan una peli (Brangelina, ahora ya no, claro), hasta sus operaciones preventivas para extirparse ambos pechos junto con los ovarios y las trompas de Falopio (empezó a tener la menopausia con cuarenta años). Ella explicó: «Tenía alto riesgo de cáncer de mama y de ovario, y como madre la decisión fue fácil». Tiene que estar viva, porque tiene que responder a las necesidades de sus hijos.

¡Menuda suerte tienes, porque el universo dispuso de forma muy oportuna que pudiera entrevistar a Angie para un brillante suplemento dominical, justo cuando estaba empezando a escribir este capítulo! Así que también le pregunté por su energía maternal.

Ha adoptado a tres niños y tiene tres hijos biológicos con Brad Pitt, así que flipé cuando me dijo que nunca se había planteado ser madre. O sea, que nunca había hecho de canguro ni jugado a muñecas de pequeña ni se había imaginado que sería una persona maternal.

Adoptó a su hijo mayor, Pax, después de empezar a sentir una compasión abrumadora por todos los niños del mundo que no tienen madre propia. Luego conoció a Brad, y es comprensible que quisiera aprovechar esos genes.

Como el personaje de la película por la que la entrevistaba (una peli que también escribió ella) sufre un ataque nervioso después de un aborto que la deja estéril, tuve que plantearle la siguiente pregunta: «Después de todo, ha descubierto su propio instinto maternal. ¿Cree usted que las mujeres que no son madres, por el motivo que sea, están destinadas a envejecer solas y amargadas?». (Léase: porfa, Angie, dime, ¿estoy destinada a envejecer sola y amargada?)

A lo que me respondió: «Oh, no. Para nada». (¡Uf!) «Pero sí pienso que es importante que una mujer cuide de algo. Cuidar forma parte de la naturaleza de una mujer.»

Para mí esto hace referencia a ambos aspectos de la madre universal de Lisa: la idea de «ejercer de madre», cuidando afectuosamente de algo que nos es muy preciado, porque sentimos que es nuestra tarea cuidarlo y protegerlo para que pueda desarrollarse. Tipo, ya sabes, ¿nuestro planeta, quizá?

Lo cual me lleva a hablar de la Madre Tierra, o Gaia o Pachamama, como he oído que la llaman en los círculos Now Age.

Cuando lancé *The Numinous* por primera vez, no acababa de ver la relación entre lo místico y el movimiento medioambiental. De hecho, quería distanciar mi plataforma de las protestas de la pandilla Greenpeace, pero anda que no ha cambiado mi perspectiva al respecto. Conectarse con el cosmos tiene que ver con aceptar la naturaleza como creadora suprema, como madre estricta aunque protectora de toda nuestra vida. También creo que es bastante evidente que a mamá Tierra le vendría bien un poco de nuestro amor a cambio.

Llega un momento en la evolución personal de cada humano en el que tomamos conciencia de que nuestra madre, a pesar de que nos dio la vida, no es inmortal, y que ahora nos toca a nosotros ejercer de madre para ella. (Quizá no te haya llegado el momento aún, pero créeme, llegará.)

Tal como yo lo veo, ante lo que dicen los científicos más sensatos estos días sobre el Armagedón medioambiental inminente, podría argumentarse que quizá también hayamos alcanzado este punto como raza humana. Un motivo más para que todos nosotros, mujeres y también hombres, sobre todo los hombres porque son los que suelen tomar las grandes decisiones sobre este tipo de cosas, canalicemos algo de energía maternal para cuidar de nuestro planeta.

PRINCIPIO NÚMERO 3: AMOR INCONDICIONAL

Además del cambio rápido de conciencia medioambiental, una de las cosas más sorprendentes después de que finalmente aceptara mi rol como madre para *The Numinous* fueron los correos electrónicos que empecé a recibir sobre la página. Solían ser de mujeres jóvenes, y la mayoría decían algo así como: «Gracias por crear esta página. Siento que finalmente he encontrado a mi tribu». Es una palabra que utilizo muchísimo, «tribu», para describir lo que siento con la familia *The Numinous* que he creado.

¿Moriría por mi tribu Numi? Probablemente no. Pero ¿siento amor incondicional por ella? Sí, porque en mi libro (este libro), el «amor incondicional», el amor maternal que no pide nada a cambio y solo quiere lo mejor para que el niño sea feliz y se sienta pleno en última instancia, es una mera elección. Para mí esta es la pieza final del puzle de la energía maternal universal. Te desafío a que veas cómo se transforma tu mundo cada vez que des un paso atrás y escojas ver cualquier situación bajo el prisma de una madre afectuosa aunque protectora.

LOS DIEZ MANDAMIENTOS PARA REPRESENTAR A LA MADRE UNIVERSAL

1. Te abrirás al flujo *shakti* para permitir que la vida ocurra a través de ti.
2. Investigarás qué planetas están en Cáncer en tu carta natal (para tener pistas sobre tu estilo maternal universal).
3. Practicarás el arte del altruismo.
4. Pero canalizarás a la mamá osa gruñona cuando tengas que protegerte, a tu familia y a tus intereses creativos / empresariales.
5. Estarás dispuesta a darlo todo cuando encuentres a un alma necesitada.
6. Pero también crearás los límites necesarios para conservar tu propia energía.
7. Recordarás que incluso el peor de los jefes fue en su día un bebé indefenso y que sus cambios de humor en realidad son un grito en busca de ayuda / amor.
8. Recordarás el cuidado y la protección de tu madre; a los catorce años te molestaba, pero ahora debes darle las gracias por ello.
9. Mostrarás el debido respeto a la tatara-tatarabuela de la Madre Tierra universal.
10. Darás abrazos intensos y a voluntad.

Por ejemplo, ¿responderías de manera diferente a la cabrona de tu jefa, que en tu opinión solo quiere tu cabeza, si decides verla a través del prisma del amor maternal universal e incondicional? ¿Escogerías lo que comes de forma distinta si te vieras a ti y a tu cuerpo de este modo, por no hablar de todos los seres implicados en la producción de lo que estás a punto de comer? ¿Seguirías esperando a ese chico o esa chica que solo te manda mensajes cuando está borracho y calentorro?

Después de mi segundo abrazo de Amma escribí: «el efecto del abrazo puede durar todo el día y toda la noche. Toda la semana siguiente. Te ha abrazado una santa de carne y hueso, ni más ni menos que "la madre universal". Transmite la sensación y serás una mejor persona hasta que desaparezca el efecto».

Te invito a que lo conviertas en tu misión: en todo lo que hagas, intenta que la gente se sienta de este modo también. Ya sean tus hijos, tus sobrinas y sobrinos, tus compañeros de trabajo, tus trabajadores, tus clientes, tus padres, tus amigos o incluso un completo desconocido. O tú misma. Si Amma está aquí para recordarnos que «todos somos uno, hijos de la misma madre», en la Now Age, seamos también todos uno, seamos todos madres.

11

Cómo encontrar mi divino femenino

«¡Vaya, la verdadera Ruby ha vuelto!» Es el último día de nuestras vacaciones en Hawái y el Piscis se refiere a que por fin me he secado el pelo para que me quede liso y estirado, como una cortina de color rubio. Ya volvemos a casa, pero las últimas dos semanas lo he dejado a sus anchas. Con lo de «a sus anchas», me refiero a dejar que fuera una maraña de rizos y encrespado rebelde. Llevo tres décadas de experimentación con distintos productos y métodos de secado, pero sigo sin poder domar mi fregona natural para transformarla en algo pasable para el público. ¿Solución? Me aliso la maldita melena con todo un arsenal de instrumentos que emiten calor a tope. Pero en un entorno más o menos «tropical», tengo la batalla perdida. Los elementos y los rizos conspiran contra mí, así que es más fácil… seguir la corriente.

El Piscis no pretendía ofenderme. Yo también prefiero mi pelo sin esos rizos perversos. De hecho, me siento físicamente incómoda si lo llevo «natural». Y por el tono de su frase sé que piensa que mi lucha constante contra el pelo es graciosa. Pero hay algo en su comentario que esta vez me irrita. Y le corrijo: «No. El pelo rizado es mi yo verdadero. Así es como me peino para sentirme guapa ante la sociedad…». Bueno, quizá sea una frase demasiado profunda teniendo en cuenta que estamos pasando por delante del aparcacoches, con un café Starbucks en la mano, para meternos en el coche y dirigirnos al aeropuerto. Pero es que en este viaje me he dado cuenta de varias cosas relacionadas con la naturaleza del Divino Femenino.

Es un tema que cada vez se ha repetido más entre mi tropa numinosa: reformular la energía creativa universal como fuerza femenina en vez de masculina. Una conexión con la noción de diosa y una reivindicación del paso de la evolución humana como historia, pero no solo la historia contada por ellos sino también por ellas. Y es de todos bien sabido que Hawái es una especie de centro de diosas.

«Pele, Hina, Kapo, Haumea…» Son las diosas de los volcanes, de la tierra y del cielo, del Pacífico Sur, y del nacimiento en sí. Son los nombres dados a las fuerzas más elementales de la creación en las antiguas historias de Hawái. Existían cientos de deidades que se veneraban en las islas en el pasado. Encontré un libro antiguo sobre el tema y lo devoré durante nuestro viaje. Se ve que cada dios o diosa gobernaba una parte de la vida, de la pesca a la música, y del crecer al menguar de la Luna. La autora señalaba que, desafortunadamente, la información referente a los ídolos femeninos a menudo era más difícil de encontrar, en parte quizá porque la mayoría de los que habían custodiado los registros históricos habían sido hombres.

También quizá, no podía evitar pensarlo, porque las diosas femeninas parecían referirse a las fuerzas más salvajes y más impredecibles de la vida humana, comparado con los dioses masculinos que gobernaban algunas plantas, animales y conceptos creados por los hombres, como la carpintería, la agricultura y la guerra. O sea, fuerzas femeninas salvajes e impredecibles que se han intentado suprimir a lo largo de toda la historia de la civilización. Para nuestra supervivencia, claro está, pero también en nombre de poder demostrar y mantener nuestro lugar en la cima de la cadena alimentaria.

¿Podría ser que el poder legendario de las diosas también se hubiera suprimido por el camino? ¿Que se hubiera borrado de la historia, la contada por ellos, al subir al poder los sistemas de la civilización moderna?

Ostras. ¿Ves a lo que me refiero cuando digo «profundo»? Bueno, estos son los pensamientos que empecé a tener después de haber estado alejada de los correos electrónicos y las redes sociales durante dos semanas. (Ahí lo dejo.) ¿Y que qué tiene que ver esta teoría con mi pelo? Bueno, siempre he visto la necesidad de tener que domar mis rizos como una metáfora de querer domar los aspectos quizá «más caóticos» de mí misma. Un buen secado siempre me hace sentir arreglada y bajo control, después de todo. Por no decir «más guapa» (léase: más aceptable ante la sociedad). Pero junto con esta idea siempre he tenido otra, bastante emocionante: si los rizos representaban mi «verdadera» naturaleza, entonces quizá mi alma fuera «más salvaje» de lo que pensaba.

Todos estos pensamientos empezaron a mitigarse cuando nos despedimos de los volcanes y de las vistas de color verde exuberante de Hawái, al meternos en el avión de vuelta al JFK. De regreso a Nueva York y la civilización tal como la conocemos.

LO DIVINO FEMENINO ES UNA CUESTIÓN FEMINISTA

¿Qué pasaría si las mujeres «en general» fuéramos más salvajes, más peligrosas, más exigentes y más impredecibles de lo que pensamos que se nos permite? ¿Y qué pasaría si este aspecto salvaje se hubiera reprimido porque, como las fuerzas de la Madre Naturaleza, el principio femenino no puede entenderse en su totalidad y por lo tanto no se puede aprovechar? ¿Qué pasaría si fuera verdaderamente numinoso e impresionante?

Para mí estas preguntas son el quid del tema del Divino Femenino, una cuestión con la que me cruzo una y otra vez en mi camino Now Age. Se trata de una conversación que habla alto y claro sobre la siguiente ola, o «contracción», como me gusta llamarlo a mí, del movimiento de empoderamiento femenino. Digo «contracción» porque la implicación más amplia de que las mujeres estén cada vez más empoderadas en la expresión total de nuestro lado salvaje supone, literalmente, el nacimiento de todo un nuevo paradigma (como sugería Aly en el Capítulo 9).

Entrevistada en el brillante documental de Michael Moore del 2015 *Where to Invade Next* (en el que visita varios países europeos para ver cómo viven, trabajan, juegan y gobiernan comparado con los países americanos), Vigdís Finnbogadóttir, expresidenta de Islandia y la primera mujer presidenta en Europa, opina lo siguiente sobre el tema: «Tengo tanta convicción y creo tanto en las mujeres y su inteligencia, que si podemos salvar al mundo, será gracias a las mujeres. Y no lo harán con la guerra, sino con las palabras. Las mujeres, si acaban al mando de la sociedad, buscarán la paz. Quieren salvar la humanidad. Quieren salvar a sus hijos».

Y las contracciones cada vez son más seguidas, desde las sufragistas de finales de 1800 y la quema del sujetador de los años setenta, solo en esta década hemos tenido a Lean In, la increíble Lena Dunham y la Marcha de las Mujeres de 2017 en Washington. ¿Y la camiseta con el eslogan «El futuro es femenino»? Es un símbolo de lo muy segura que se siente la próxima generación de llamarse a sí misma «feminista», de que la dulce igualdad quizá finalmente esté a nuestro alcance (a pesar del puto Donald Trump).

Porque cuando miras en la otra dirección, hacia las mujeres que viven sometidas al régimen talibán, hacia la ablación de las mujeres, hacia el hecho de que solo un 30 por ciento de las víctimas de violación en Estados Unidos acaba denunciando el delito, queda clarísimo que falta mucho camino por recorrer para ganar la guerra. ¿Y a que es interesante que todos los ejemplos que acabo de enumerar sobre cómo se reprime a las mujeres están relacionados con la expresión de la «sexualidad» femenina? (Ah, se puede añadir también el tema de la igualdad de remuneración, puesto que está relacionado con el hecho de que somos las mujeres las que nos embarazamos y criamos a los hijos.)

En cuanto a lo Divino Femenino y cómo se relaciona con el empoderamiento de las mujeres, tuve la siguiente conversación con mi editor: «¿Por qué es necesario el feminismo? Porque la sociedad patriarcal ha sometido a las mujeres y nos ha robado nuestra igualdad de derechos y por lo tanto nuestro PODER, especialmente el poder sobre nosotras mismas. ¿Por qué? La respuesta parece ser: miedo. ¿Miedo de qué? Miedo de lo Divino Femenino».

No miedo al afecto, al cuidado ni a las cualidades femeninas de colaboración de las que hablaba Vigdís Finnabogadóttir en su bonita y general visión de un futuro más femenino. Al patriarcado no le importa que las mujeres sean majas. Es miedo a nuestros humores y emociones impredecibles; miedo a nuestra intuición; miedo a nuestra conexión, con nuestros ciclos menstruales, con la obra del cosmos; miedo a nuestros orgasmos invisibles y enigmáticos; y, en última instancia, miedo a nuestro poder sexual, puesto que se manifiesta en la capacidad TODOPODEROSA de crear y criar vida.

¡Por esta razón este capítulo está en la sección «Amor, sexo y relaciones»! ¿Que cuál es el objetivo final de superar este miedo y aceptar los aspectos del Divino Femenino de nuestra naturaleza, tanto masculina como femenina? Conseguir mejores relaciones (y mejor sexo) entre hombres y mujeres; sentir una verdadera hermandad entre mujeres; entender mejor y conectarse con nuestros yoes superiores; y quizá, por encima de todo, una relación más respetuosa con la fuerza suprema del Divino Femenino, la Madre Naturaleza en sí.

ACEPTA A TU BRUJA

Entre los siglos XV y XVIII, en los juicios por brujería en Europa y en Estados Unidos, miles de mujeres acusadas de culto al diablo acabaron ejecutadas como castigo. La caza finalizó oficialmente con la introducción en Gran Bretaña de la Ley de Brujería en 1732, pero continuó con arrebatos esporádicos hasta hace relativamente poco, en 1833, en Tennessee, donde está registrado el último juicio.

Pero como cualquiera que haya sido juzgado por actuar, vestir o expresar una opinión fuera de la norma sabrá, la «caza de brujas» de la actualidad está vivita y coleando. O si no, busca «tildar de zorra, fascismo del cuerpo y acoso escolar homofóbico». Y como nota curiosa diré que el clima astrológico general de principios del siglo XXI en realidad recuerda a la época de los primeros juicios de brujas.

Como escribe en sus memorias *The Do-It Girl Diaries: Awakening the Divine Feminine* la autora y mística Sarah Durham Wilson: «Una mujer era juzgada por bruja si decía la verdad, vivía sola, tenía un terreno que quería el gobierno, trabajaba con la tierra, era demasiado hermosa/fea/sexi/inteligente/poderosa, no encajaba, creía en la magia, o quería al hombre o a la mujer equivocado». Y añade: «Ellas eran tus hermanas del pasado».

Con esto quiere decir que por muy emancipadas que parezca que estamos hoy en día, nosotros, todos, «hombres y mujeres», arrastramos las heridas ancestrales de estas injusticias.

¿Quieres un ejemplo escalofriante y desgarrador de lo que implica esto? Léete *La chica que lo tenía todo* (Roca Editorial, 2016), de Jessica Knoll (una exeditora de la revista *Cosmopolitan*): una novela trepidante que te atrapa y que también me leí en Hawái. Cuenta la historia de TifAni FaNelli, una chica de quince años violada por un grupo de chavales después de que el chico que le gustaba (y su amiguitos ricos y populares) la pusieran ciega de alcohol en una fiesta. Después del incidente, queda marginada y tanto alumnos como profesores del colegio le cuelgan la etiqueta de puta. O sea, una CAZA DE BRUJAS en toda regla.

Lo fuerte es que la historia de TifAni está basada en una violación real que sufrió Knoll, un pequeño detallito de nada que solo reveló después de que se hubieran vendido medio millón de copias de la edición rústica y que Reese Witherspoon hubiera comprado los derechos para rodar la película. Cuando le pregunté sobre «revelar la verdad» (lo hizo en un escrito para la página web de Lena Dunham, *Lenny Letter*), me dijo: «Sigue habiendo un estigma en contra de las mujeres que no esconden las verdades incómodas al público».

La historia de TifAni acaba con las primeras acciones de la autora para reclamar su identidad y su autoestima. En este sentido, ciertas facciones del movimiento Divino Femenino también intentan reivindicar la palabra «bruja». Mujeres como Bri Luna, conocida como «The Hoodwitch», que tiene una página web que vende el siguiente mensaje: «Magia diaria para la mística moderna» (junto con algunos potentes cristales). Cuando la entrevistamos para *The Numinous* y le preguntamos qué era una bruja, respondió:

«No hay una única respuesta a la pregunta. Cada mujer es una bruja. Quizá no lo sepa, o quizá sí. Pero para mí, ser una bruja significa algo más que hechizos y velas. Para mí, significa la fuerza de aceptar la naturaleza con valentía y sin reservas. De sanarte y sanar a tu comunidad. De respetar los reinos que se ven y los que no. Y significa también la libertad de ser tu yo más auténtico. De aceptar TODOS los aspectos de tu yo, sea quien sea, con intensidad. Eso es ser bruja».

Para mí, esta descripción es un grito de guerra para los cruzados de lo Divino Femenino. Me ha sorprendido porque me he empezado a dar cuenta de lo muy condicionada que estoy, y estamos las mujeres, cuando se trata de negar los aspectos de lo femenino menos, digamos, fragantes. Como mi obsesión por dominar el pelo rizado, aunque sea un ejemplo «encrespado» (ya lo sé, un mal juego de palabras). O como cuando permití que el Capricornio hiciera lo que quisiera conmigo sexualmente, año tras año, sin tener casi en cuenta mis necesidades o deseos (porque pensé que era normal), un ejemplo menos agradable.

Después de todo, como Jessica Knoll me recordó: «Como mujeres, llevamos en la sangre satisfacer a la gente. Y los tentáculos de este hecho pueden llegar muy lejos…». Es la idea de «ser limpia, delgada y bonita» para agradar. Las revistas para mujeres nos lo recuerdan una y otra vez. Se trata de una industria que curiosamente, como en mi caso, atrajo a Knoll, porque era una manera de tapar grietas empapelando paredes. Pero también es algo presente en dormitorios y alcobas de todo el mundo, porque estoy requetesegura de que no soy la única mujer que ha «dado» más de lo que recibió.

«No hay una única respuesta a la pregunta. Cada mujer es una bruja. Quizá no lo sepa, o quizá sí. Pero para mí, ser una bruja significa algo más que hechizos y velas. Para mí, significa la fuerza de aceptar la naturaleza con valentía y sin reservas. De sanarte y sanar a tu comunidad. De respetar los reinos que se ven y los que no. Y significa también la libertad de ser tu yo más auténtico. De aceptar TODOS los aspectos de tu yo, sea quien sea, con intensidad. Eso es ser bruja.»

BRI LUNA

LO DIVINO FEMENINO... EN LA CAMA

Bueno, pasemos al meollo de la cuestión. Aceptar lo Divino Femenino significa reclamar que tus necesidades sexuales se satisfagan. O sea, tienes que pedírselo a tu cónyuge y a ti misma. ¿Por qué? Bueno, es lo que explicaba sobre cultivar el amor propio: para empezar, debes reconocer tus verdaderas necesidades. Como el deseo sexual es el instinto humano más básico (nuestra especie puede sobrevivir sin comida ni cobijo mientras podamos seguir procreando, ¿verdad?), aprender a identificar y poseer nuestro deseo, para asegurar que luego se satisfaga, es la base para aprender a reclamar y satisfacer «todas» nuestras necesidades como mujeres, así como el lugar que nos toca junto a los hombres como cocreadoras del universo.

Todo esto surgió cuando me apunté a una sesión con Aly después de mi experiencia de la Carpa Roja. No acudí a ella para hablar de mi vida sexual (que, justo es decirlo, ha sido radicalmente opuesta a la que tuve con el Piscis). Pero me sentía «atrapada» y pensé que esta falta de «flujo» podía estar relacionada con mis períodos irregulares. Había identificado que a menudo sentía estar atrapada cuando la gente me decepcionaba, cuando no podía darme lo que necesitaba después de haberlo expresado. Pero... ¿lo había expresado? Aly me sugirió que quizá no estaba siendo tan clara o directa como pensaba, por miedo a parecer demasiado «exigente» (megaimportante en lo Divino Femenino). ¿Su solución? «Mira, Ruby, ¡vas a tener que mostrar tu lado más sexi!» (Esto dicho, no lo olvides, con un acento británico superpijo.)

De deberes, tenía que pasarme las siguientes semanas identificando todas las fantasías que tenía sobre lo que significaba ser una mujer sexual (tener este aspecto, actuar de esta manera), y luego realizar un ritual en privado para devolverle al universo (o mejor dicho, al patriarcado) este condicionamiento. La idea era que de este modo podría volver a ponerme en contacto con mis propias necesidades y deseos individuales y singulares.

¿Que qué aprendí que me resultara importante? La creencia de que solo debíamos hacer el amor cuando quería él. ¡Tenía tanto miedo al «rechazo» que temía iniciar yo el acto cuando me apetecía a mí! No hace falta ser Einstein para adivinar de dónde provenía este miedo, por no hablar de la influencia de nuestra idea colectiva de lo que les ocurre a las mujeres que «lo piden». Sí, me enfrenté a la vergüenza (de puta) y compartí esta revelación con el Piscis. Sí, hemos hecho mucho más el amor. Y SÍ, he visto el efecto dominó en mi vida al fundir mi miedo cual nieve en un día de primavera para «expresarle a la gente lo que necesito de verdad».

LO DIVINO FEMENINO... EN LOS NEGOCIOS

¿Cómo vas a gestionar tu negocio o promocionarte en tu trabajo sin exigir alguna cosilla? ¡Bueno, más que alguna cosilla! Cuando se trata de recibir la ayuda, la paga y el respeto (propio) que necesitas para que esto se materialice, he aprendido que hay que pedir/exigir estas cosas casi diariamente. O sea, hay que sentirse suuuuupercómoda con la idea de parecer un poco una bruja.

Lo he aprendido a base de tortas: me he quemado repetidas veces pensando que es «más fácil hacerlo yo misma» que pedírselo a otra persona; he acabado trabajando siete días a la semana ganando lo justo para subsistir; y me he abstenido de pedir consejo a los que considero que están por encima de mí.

Lo de mostrar mi lado sexi sin duda me ha ayudado, pero sigo trabajando en ello. Me atrevo a tener estas exigencias irrazonables porque me he centrado en el concepto del *dharma*. Me doy cuenta (gracias a la conciencia desarrollada con herramientas tipo meditación y astrología) que al satisfacer mi negocio/objetivos profesionales, también satisfago mi función como participante activa en la humanidad. ¡Esto me ayuda a ser más tenaz con las cosas que hay que hacer!

Después de todo, si lo Divino Femenino es nuestra expresión humana de las leyes de la naturaleza, entonces es la energía que dice: «Busco abundancia, para poderla compartir con mi tribu. Para poder crear nuevas vidas (también proyectos, productos, trabajos...), para tener «suficiente» y poder alimentar a los demás (bebés, colaboradores, personal...)».

Esto es otra cosa interesante que estoy aprendiendo. Mi amiga Chloe Kerman, una exestilista de moda que ahora trabaja como una sanadora energética de lo Divino Femenino, me dijo: «La clave es darse cuenta de que esta abundancia (de dinero, ayuda, respeto…) quizás aparezca con una forma distinta a la que tú la ofreciste. No se trata de: "Bueno, como hice esto por ti, ahora dame esto a cambio". El estilo femenino es reconocer que el flujo de la abundancia siempre está a nuestro alrededor, y hay que estar abierta para recibirlo».

Es lo que la *coach* personal y «posibilitadora» Cherie Healey me describió una vez como: «permitir que la vida ocurra a través de ti (mientras que el enfoque masculino es hacer que la vida ocurra por ti, con pura voluntad y esfuerzo)». Está claro que no es fácil de conseguir, sobre todo cuando hay un alquiler y personal que pagar, y cuando el flujo de la abundancia parece haberse estancado en el departamento de cuentas por pagar de tu cliente.

Pero una vez más, podemos al menos conectarnos con esta «idea» siguiendo el ejemplo de la naturaleza. Meditando sobre la idea de que podemos dar y dar y dar de nosotras mismas y nuestros dones creativos a imagen y semejanza de la madre divina, de la creación en sí, sin esperar nada a cambio, seguras y confiadas de que recibiremos todo lo necesario de nuestra conexión con el abundante universo, con la fuente.

LO DIVINO FEMENINO… COMO HERMANDAD

También hay que tener en cuenta la colaboración. Una de las consecuencias más tristes de nuestra desconexión con lo Divino Femenino es la competencia entre mujeres, que en mi opinión surge del miedo de que no hay «suficiente» (amor, aceptación, sueldos decentes, seguidores en Instagram…). Pero ¿cuál es la forma más rápida de recibir el apoyo que necesitamos para manifestar nuestros deseos más profundos y sinceros? Colaborando. Después de todo, la unión hace la fuerza.

El miedo a no ser aceptadas por quienes somos es un PROBLE-MÓN, y proviene del condicionamiento profundamente arraigado de lo que significa ser una mujer. Como explica Sarah Durham Wilson: «Tenía miedo de ella, de mí, de ello. Sabía que lo que tenía en mi interior era enorme, desconocido, salvaje y voraz. El patriarcado te ha programado muy bien para que te tengas miedo a ti misma». Y también para que tengamos miedo de otra mujer enorme, salvaje y voraz. ¿Qué hacemos cuando tenemos miedo de algo? Luchamos en contra de ello o competimos para intentar ganar lo que sea que ofrezca (amor, aceptación, sueldo, seguidores en Instagram...).

Sin embargo, como todos estamos conectados, en lo Divino Femenino «el éxito de otra mujer es tu éxito». Taryn Longo es otra voz destacada en este campo. Maduró de golpe con una escena desagradable en una fiesta y cuenta: «Empecé a trabajar para encontrar a una mujer que fuera lo suficientemente fuerte como para respaldar a otra, por el bien de la otra. Que pudiera ver el éxito de otra mujer y sentirlo como el suyo propio, en vez de sentirse amenazada, celosa o envidiosa».

Dos mujeres que en mi opinión encarnan este concepto con cada átomo de su ser son Ellen DeGeneres y Oprah Winfrey. ¿Rivales de programas de entrevistas? Por Dios, no. No tienen tiempo para estas cosas. Están demasiado ocupadas difundiendo paz, amor y positivismo, y construyendo en paralelo grandes imperios. Es interesante añadir que ninguna de estas increíbles mujeres tiene hijos, una observación que añade más argumentos a las conclusiones del capítulo anterior.

Y hablando de madres... Puesto que la rivalidad madre-hija es megacomún (algunos incluso dirían instintiva, a lo que yo respondería: «Anda ya, psicoanalistas del patriarcado»), la relación con tu madre es la primera oportunidad que tienes de practicar el arte de la hermandad. La hermandad puede entenderse de distintas formas (¡quizá tú ya domines el arte!), pero juro por «diosa» que vale la pena. De hecho, creo que sanar la relación con mi madre ha sido la clave final para aceptarme a mí misma y por lo tanto aceptar a todas las mujeres como mis hermanas.

Y hablando de diosas... Puesto que tu madre es la primera y única creadora que conoces, para el resto de tus días ella es la diosa, tu fuente de alimento y protección. Además, como tiene el terrible poder de quitártelo todo en cualquier momento, es la primera que te enseña a confiar en que el universo te aportará lo necesario. Así pues, si de repente estás sintiendo una dosis extra de escepticismo sobre la abundancia que fluye, te sugiero que pases al siguiente combate de sanación e indagación sobre tu madre. Por no hablar de que tu madre también es madre.

LO DIVINO FEMENINO... NO TIENE GÉNERO

Este capítulo iba a llamarse en un principio «Lo Divino Femenino se encuentra con lo Empoderado Masculino». Porque si el futuro realmente tiene que ser más femenino, pienso que hay que cultivar una mentalidad más femenina en nuestras relaciones, entre nosotros y con el planeta, sea cual sea nuestro género biológico. Después de todo, esto también tiene que ver con poner fin a la batalla de los sexos. Como Vigdís Finnbogadóttir explica en *Where to Invade Next*: «Cuando los hombres se abran a la manera que tienen las mujeres de ver las cosas y lo añadan a su arsenal, tendremos un mundo mejor».

O sea, un mundo que colabore más, que proteja más, que esté más dispuesto a hablar, más dispuesto a escuchar y más alineado con los ritmos de la naturaleza. También hay que tener en cuenta que para expresar lo Divino Femenino en nosotros el mejor modelo es la Madre Naturaleza, nuestra maestra más feroz y salvaje. Como las cualidades femeninas se han representado como algo débil en la historia, la contada por ellos, vale la pena consultar la leyenda de Kali (una diosa hindú de la transformación, el poder y el tiempo) para reformular este concepto (contaré más sobre ella en el capítulo sobre los iconos con estilos espirituales).

El marido de Taryn Longo, David Wagner, un *coach* y autor especializado en el trabajo espiritual de los hombres, mencionó algo al respecto en una entrevista para *The Numinous*: «Cuando alguien se entera de que voy a escribir un libro espiritual para hombres, reacciona diciendo: "Jo, ahora les vas a enseñar a abrir sus corazones".». A lo que yo respondo: «Pues sí. Les voy a enseñar a abrir sus corazones, pero el libro en realidad tiene que ver con reforzar la columna y las pelotas».

Porque, ¿sabes qué? Hacen falta agallas para ponerte en contacto con tus emociones y vivir desde la vulnerabilidad, centrados en el corazón, en lo Divino Femenino. Las emociones son aterradoras e impredecibles y tienen la fuerza (como las fuerzas impredecibles de la naturaleza, de nuestras madres cuando somos pequeños) de sorprendernos por completo. Tenemos como tarea invitar a nuestros hombres a participar en ello, ya sean nuestros cónyuges, jefes, padres, hijos o hermanos.

Después de todo, como dice Taryn: «Muchas mujeres no se sienten al cien por cien cómodas cuando ven a los hombres en su Empoderado Masculino, es decir, mostrando sus emociones. Pero ¿quieres estar con alguien que tiene miedo de alguna parte de sí mismo?». O sea, ¿que tiene miedo de su yo emocional?

¿Cómo vencer este miedo? La única manera de vencerlo es ATRAVESÁNDOLO. O sea, estar lista y dispuesta a aceptar lo Divino Femenino, el lado salvaje interior y todo lo demás.

LO DIVINO FEMENINO... A LA PRÁCTICA

PRACTICA EL AUTOCUIDADO MÁGICO. Del mismo modo que nuestro planeta descuidado reacciona a lo salvaje y de forma impredecible (con desastres extremos causados por el cambio climático), si una misma no se cuida (física, emocional, mental y espiritualmente), nuestro Divino Femenino se desequilibra. Hay que atajarlo y poner nuestro cuidado integral como máxima prioridad. Y hazlo a lo brujil.

Me encanta darme un bonito baño durante un buen rato; es mi ritual diario para conectarme con mi diosa interior. Me encanta rodearme de velas y escuchar música suave. Según el objetivo del baño, ya sea para atraer, para quererme, para limpiar el aura, o simplemente para relajarme, añado los ingredientes que correspondan: aceites esenciales, leche, sales o pétalos de flores. Disfruto con su belleza.

DEBORAH HANEKAMP

PASA TIEMPO EN LA NATURALEZA. La vida urbana implica divorciarse por completo de los ritmos de la naturaleza. Como tememos lo que no entendemos, aprender a aceptar lo Divino Femenino en nuestras vidas significa reconectarse con la naturaleza como madre suprema y fuente de vida.

Cuando camino sobre la tierra, cuando bebo o me lavo con agua, o siento el viento en la cara, soy capaz de ver o sentir el espíritu de mi alrededor en cada momento, y que mi vida está llena de magia y milagros.

CHLOE KERMAN

APOYA A OTRAS MUJERES. Hacer que las mujeres compitan entre ellas («¿Quién estaba más guapa? ¡Beyoncé contra Rihanna!») es una de las formas que tiene el patriarcado de alejarnos de lo Divino Femenino, hacer que lo temamos en nuestro interior y entre nosotras. Además, divide y vencerás; ¡de todos es sabido que es la forma más rápida que tiene cualquier ejército de ganar!

Estar al lado de otra mujer empoderada es muy importante. Encuentra a mujeres de tu alrededor o en Internet que creas que están conectadas con ellas mismas y que representan lo femenino de una forma que encaja contigo.

TARYN LONGO

CONÓCETE A TI MISMA. Y me refiero a TODAS las partes de ti misma. Utiliza la astrología. La meditación. Un diario. Haz un mural de TI. Prueba todos los métodos para acceder y explorar los recuerdos, las experiencias, los impulsos y las emociones que conforman tu yo

Divino Femenino, especialmente lo que el patriarcado/sociedad educada querría que tuvieras bien escondido y envuelto con un lacito rosa.

Pela las capas del yo, sana las heridas y enfréntate a las cosas. Permite que sea difícil. Quiero decir que no es fácil.

TARYN LONGO

QUIÉRETE DE FORMA INCONDICIONAL. O sea, sé consciente de ti misma, perdónate y acéptate.

«Chole, hoy te querré solo si tienes este aspecto. Chloe, hoy te querré solo si te sientes así.» Como provenía de la industria de la moda, tenía el amor propio y la autoestima bastante bajos. Ni siquiera era consciente de lo muy condicionada que estaba.

CHLOE KERMAN

COMPARTE «LA MEDICINA DE LAS HISTORIAS». Este es el término «numi» para expresar la idea de reunirse para compartir las verdades difíciles y dolorosas de lo Divino Femenino, y a su vez ofrecer el don de la escucha compasiva y profunda, para conectar y sanar la vergüenza de todas.

Más allá de los nombres de las personas y los lugares, así como el momento en el que ocurrió una acción, compartimos historias similares de vergüenza, rechazo, abandono de una misma, miedo, sanación y amor. Esta comunión y unión con tus hermanas (reconocerte en sus historias) nos lleva a una totalidad, una unicidad; nos hace pasar del aislamiento a la comunidad y del sentimiento de estar sola a entender que todos somos uno.

SARAH DURHAM WILSON

ESTABLECE UNA CONEXIÓN CON LA DIOSA.
O sea, con los arquetipos que han existido a lo largo de la historia, que simbolizan las distintas expresiones de lo Divino Femenino. Como el mundo aún está tristemente privado de modelos femeninos diversos, convierte tu mazo del oráculo de la diosa en tu biblia.

> La diosa Venus nos enseña a aceptar todas las facetas de nuestra femineidad y sexualidad. De hecho, una de las cualidades que separa el mito de Venus del de Afrodita es que Venus también era la diosa de las prostitutas. Deja que la sexualidad fluya, que exista en un espacio sin juicio.
>
> ELYSSA JAKIM

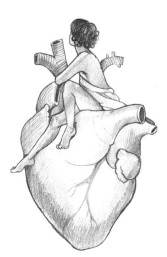

VIVE DESDE EL CORAZÓN. Ante cada decisión, pregúntate: «¿Cómo me siento?». Está en la naturaleza humana distinguir el bien del mal; o sea que lo que sientas como lo correcto, lo que sientas como la verdad, será el camino de lo Divino Femenino.

En el mundo masculino todo está orientado hacia la mente, mientras que lo Divino Femenino es una expresión profunda del anhelo de tu corazón. Así que vive desde tu corazón y toma decisiones desde tu corazón en todo momento.

CHLOE KERMAN

SANA TU MATRIZ. Tu útero, crisol de la vida, es el centro de todo el poder Divino Femenino. Presta atención a sus heridas y atiende con cariño su bienestar y sus necesidades. (Paso 1: ¡Más orgasmos!)

El nacimiento de lo Divino Femenino es el nacimiento de una nueva vida, una nueva creatividad, nuevos proyectos, el propósito de tu alma, el deseo de tu corazón y es lo que hemos venido a hacer. O sea, hay que redescubrir quién eres de verdad y cuál es tu propósito en esta Tierra.

CHLOE KERMAN

SÉ AMABLE, PROTECTORA Y COLABORADORA. Finalmente, por favor, sigue expresando todas las bonitas y caóticas características de tu yo Divino Femenino. Pero con ferocidad.

¿ALMA GEMELA O LLAMA GEMELA?
(Y CÓMO DIFERENCIARLAS)

Ah, el infame dilema de la llama gemela o el alma gemela. ¿Cómo sabes si tu compañero es tu media naranja o tu «única» media naranja; tu media naranja para esta vida o tu media naranja para cada vida? Aunque vas a necesitar indagar en tu alma y ser sincera contigo misma para descubrir la verdadera respuesta, el siguiente cuestionario te ayudará a descubrirlo. Daño no te va a hacer...

1. CUANDO CONOCISTE A TU PAREJA, LO PRIMERO QUE SENTISTE FUE...

   a. Una conexión instantánea. Supe de manera intuitiva que las cosas no volverían a ser iguales.

   b. Sentí una conexión, pero necesité un tiempo para saber que era mi media naranja.

2. HABLEMOS DE LOS CHACRAS. ¿ESTÁIS ALINEADOS TÚ Y TU PAREJA?

   a. Total y completamente. Si mi chacra sacro está cerrado, sabe que la clave es trabajar para abrir mi corazón. Hasta da miedo.

   b. Estamos equilibrados. Es un toma y daca, y nos alimentamos el uno al otro (¡espiritualmente, claro!).

3. NO PUEDES NEGAR QUE OS CONOCISTEIS EN UNA VIDA PASADA, PERO ¿EN CALIDAD DE QUÉ?

   a. Hemos sido amantes en muchas muchas vidas. Esta conexión trasciende cualquier otra cosa.

   b. Sin duda nos hemos encarnado juntos con anterioridad, pero nuestra relación es más multifacética. Nos hemos querido antes, pero también hemos aprendido el uno del otro.

4. ¿HAS SENTIDO ESTE TIPO DE CONEXIÓN CON ALGUNA OTRA PERSONA?

   a. Creo que no es posible sentir esta conexión con otra persona.

   b. Sí y no. Tengo amigos con los que me siento muy apegada, pero no desde esta faceta romántica.

5. **VALE, TU PAREJA NO ES PERFECTA, ¡Y QUE LO JURES! ¿PERO QUÉ OCURRE DESPUÉS DE QUE OS HAYÁIS PELEADO?**
   a. Como no hay ego en nuestra relación, no es un gran problema si nos peleamos. Nos calmamos un poquito y... solucionado.
   b. A veces nos acaloramos, pero siempre sentimos que crecemos y acabamos más cerca de lo que estábamos. Es como si no pudiera alejarme.

6. **¿QUÉ PALABRAS DESCRIBEN MEJOR TU RELACIÓN?**
   a. Hermosa, importante, pacífica y completa. Lo necesitaba en mi vida. Me siento plena cuando estoy con esa persona.
   b. Sobrenatural, significativa, profunda y apasionada. Ha cambiado la forma con la que veía el mundo.

CASI TODO A: ALMAS GEMELAS

Ya está. Se trata de tu verdadero amor, el alma con la que debes estar en esta vida. Sin duda, has vivido antes con tu alma geme- la en vidas pasadas, y por ello existe esta energía tan parecida e íntima entre vosotros. Quizá no hayáis sido amantes en cada vida, pero las lecciones que os habéis enseñado en cada encar- nación han sido esenciales para la evolución de tu alma. No hay ego en tu relación, puesto que tu alma gemela está encarnada contigo para ayudarte a aprender. Literalmente, os necesitáis el uno al otro, y ambos lo respetáis. Quizá también hayas encon- trado a un alma gemela en tu mejor amiga o hermana, pero el alma gemela romántica lleva ese apego a un nivel superior.

CASI TODO B: LLAMAS GEMELAS

Sientes un amor que trasciende vidas, pero este tipo de apego requiere valentía para comprometerse y ambos tenéis que estar listos para aceptarlo. Estar con tu llama gemela, o alma gemela, es como decir: «#objetivosdeunarelación mul-

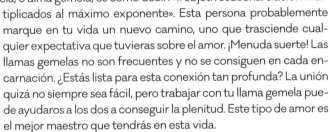

tiplicados al máximo exponente». Esta persona probablemente marque en tu vida un nuevo camino, uno que trasciende cual- quier expectativa que tuvieras sobre el amor. ¡Menuda suerte! Las llamas gemelas no son frecuentes y no se consiguen en cada en- carnación. ¿Estás lista para esta conexión tan profunda? La unión quizá no siempre sea fácil, pero trabajar con tu llama gemela pue- de ayudaros a los dos a conseguir la plenitud. Este tipo de amor es el mejor maestro que tendrás en esta vida.

CUARTA PARTE

Moda y belleza

12

Iconos con estilo espiritual
(lista luminosa de las que lucen los mejores vestidos)

Durante un tiempo, de pequeña, quise ser diseñadora de moda. Cuando tenía ocho años dibujaba ropa durante horas y horas, llenado infinidad de cuadernos con imágenes de «modelos» vestidas con mis creaciones. No recuerdo qué fue lo que me inspiró, pero probablemente fuera una combinación de pelis antiguas, la colección *Las gemelas de Sweet Valley* y Madonna.

En retrospectiva, creo que en realidad estaba dibujando versiones de la mujer que me moría por ser de mayor, porque invertía las mismas horas en dibujar el pelo, la cara y la silueta perfectos, prestando especial atención al aspecto de las tetas con el vestido. Después de todo, las mujeres adultas no solo conseguían la mejor ropa; también tenían a hombres que se habían enamorado locamente de ellas.

Como parecía que mi padre se había desenamorado de mi madre (y, por poderes, de mí), asegurarme que tenía el aspecto de una mujer a quien esto no le iba a ocurrir ocupaba una alta posición en el *ranking* de mi lista de prioridades. La historia de la separación de mis padres es evidentemente mucho más compleja y, por supuesto, no era consciente del efecto que tuvo en mí por aquel entonces. Sin embargo, aunque la lectura y la escritura siempre habían sido una alegría para mí y se me daban bien, llegó un momento en el que decidí que en realidad lo mío era la moda.

Veinte años más tarde me puse a trabajar con un contrato de seis meses para cubrir una baja maternal como editora de estilo para la revista rosa británica *Heat*. No era exactamente el tipo de carrera de diseñadora brillante que una niña de ocho años se imagina, pero se acercaba bastante, porque me pasaba el día escribiendo, pensando y hablando de ropa. En concreto, me centraba en quién la había acertado y quién la había fastidiado por completo sobre la alfombra roja.

Heat surgió justo al principio de todo el meollo de la «moda de los famosos». Fue la primera revista británica que tuvo una página permanente para «robar estilos» (o sea, que nos mostraba a nosotros, los mortales, cómo podíamos copiar la ropa de los famosos en versión barata) y que enfrentaba a los famosillos en «la batalla del más estiloso». Sí, señoritas de menos de treinta y dos años; hubo un momento en la historia (antes de los *likes* de *Heat, People* e Instagram) en el que no TODA nuestra inspiración sobre moda provenía de los famosos e *influencers*.

Como en 2006 se trataba de un nuevo juego divertido, cuando trabajaba en *Heat*, incluso el público intelectual de las pasarelas había decidido que podía obsesionarse con Jennifer López y compararla con Geri Halliwell y su Versace verde «con ironía». ¡Qué cómico! Pero seamos sinceros, qué adictivo también, puesto que se trata de un juego que alimenta uno de los pasatiempos preferidos del ego, compararnos con los demás.

Lo que más me gustaba del trabajo era repasar el montonazo de fotos de *paparazzi* que se acumulaban sobre mi mesa cada día (¡las agencias aún mandaban paquetes con fotos impresas!), para seleccionar las candidatas de nuestra lista semanal de «las mejor vestidas». Que, como en todas las listas de las mejor vestidas de la historia del Universo, se trataba de una lista de las más guapas, las mejores piernas y las que menos probabilidades tenían de asustar a los niños. En otras palabras, puro veneno comparativo.

Evidentemente, con perspectiva, cada pedacito de mi alma numinosa ahora ve lo muy ERRÓNEO que era todo esto. Sí, quizás esté en la naturaleza humana (ego) compararnos con nuestros «rivales» para sobrevivir. Esta comparación, para las mujeres, a un nivel superbásico, se reduce a qué aspecto tenemos (o sea, si somos aptas para que nos quieran/follen). Como la moda tiene mucho que ver con vestirse para impresionar, en mi opinión siempre tendrá un papel fundamental en nuestra neurosis colectiva sobre el tema.

Aunque no tiene por qué ser así. En el capítulo titulado «Llamada al número uno», ya he explicado que para mí el amor propio tiene que ver con cultivar el conocimiento de una misma, la autoaceptación y el perdonarse a una misma. En realidad, nuestros armarios pueden ser un lugar genial para practicar todo esto. ¿Cómo?

- Conocimiento de una misma, porque tu armario ideal estará lleno de ropa que refleje tu yo verdadero, y que hará que tu yo verdadero se sienta espectacular.
- Autoaceptación, puesto que quizás implique que tengas que ser muy realista sobre cómo eres ahora mismo, en vez de vestir (o gastarte cantidades ingentes de dinero en ropa que no vas a ponerte) para una versión ideal de ti misma pasada o futura.
- Y perdonarse a una misma, que básicamente va de la mano de la autoaceptación. Por ejemplo, perdonarte por esos cinco kilillos de más o esos diez años de más, que implican que probablemente nunca vayas a volver a ponerte estos *shorts* tejanos de nuevo (ah, se siente).

Si miro hacia atrás, puedo señalar numerosas ocasiones en las que no me vestí desde el amor propio, lo que mi amiga Annmarie O'Connor, estilista de moda y autora del libro *The Happy Closet*, describe como «cuando la niña mala de tu armario toma las decisiones». Me dijo: «También es la que te dice que no tires ese par de tejanos XS porque después de ponerte a dieta vas a poder enfundarte en ellos de nuevo. Ella puede llamarlo "motivación", pero en realidad es un rechazo de la persona que ves en el espejo ahora mismo. Es una farsa y un recordatorio de lo que percibes como fracasos».

Conocí a Annmarie cuando trabajé para una edición especial irlandesa de la revista *Style*. Era la marca-tendencias más conocida en Dublín. Cada vez que la veía, iba vestida con un *look* arrasador distinto: una semana iba con unos Louboutins y un kimono *vintage*, y otra enfundada en una chaqueta de piel y un *kilt* Westwood. Y todo, rematado con un copete *rockabilly* peinado a la perfección.

Siempre me decía a mí misma que seguramente vivía la moda a tope, maravillada por su capacidad a lo Bradshaw de ser un *shaw* (ja, ja) y despliegue de moda.

Así que te puedes imaginar mi sorpresa cuando hace poco me dijo por Skype: «Cada vez que se acercaba una *Fashion Week* tenía un ataque de pánico sobre lo que ponerme. Siempre pensé que era una especie de numerito de circo, ¿sabes? Tenía que vestirme para los fotógrafos». Me recordó a Chloe Kerman cuando me contó sus experiencias en la *Fashion Week* y me dijo que el evento absorbía toda su fuerza vital. Así que empecé a preguntarme cuánta gente en la industria de la moda se sentía igual y no lo decía. Ahora entiendo que el miedo a ser juzgada por mi atuendo (o sea, estar expuesta a una lista de las mejor vestidas no escrita de mis compañeros editores) era uno de los motivos por los que siempre quería evitar la *Fashion Week* como si de la peste se tratara.

Quizás estés más evolucionada que yo y no necesites que te recuerden esto. Sin embargo, cuando dedico un momentito a comprobar el tipo de «iconos con estilo» por los que se aboga en los medios principales, me sorprende ver que aún estamos en un período muy oscuro y lejos de entender la moda como un camino hacia el amor propio.

La palabra «icono» se define como «una persona o cosa que se considera un símbolo representativo de algo». Pero también un dibujo de Jesucristo u otra figura sagrada. Lo siento, pero no veo nada remotamente sagrado en la adicción a las compras de Kim Kardashian (llamemos a las cosas por su nombre) y tampoco representa de ningún modo la función que tiene la moda para mí. Es solo mi opinión y no puedo hablar de los motivos que tiene Kim para vaciar cada tienda Christian Louboutin que se cruza en su camino, puesto que no la conozco (aunque una vez realicé una entrevista interesante con sus hermanas Kendall y Kylie que acabó siendo viral, vaya por Dios).

Entonces, ¿qué pinta tiene exactamente un icono con estilo espiritual? En pocas palabras, se trata de alguien que, por su elección de ropa y la expresión humana que representa en consecuencia, se merece la denominación de icono, para TI. Alguien que, por su aspecto, encaja con tu alma, que te inspira a vestir tu cuerpo físico para que sea un reflejo (o mejor dicho una proyección) sano, genuino y alegre del ser mente-cuerpo-emo-espíritu que eres.

A continuación, en nombre de la diversidad, y para iniciar la sección sobre cómo adornamos a nuestro ser exterior, mostramos una lista alternativa de las mejor vestidas. Puedes recurrir a ella en momentos de duda, de crisis de imagen o de «¡Ayuda! No sé qué ponerme».

KALI

CONSEJO DE ESTILO ESPIRITUAL: haz que tu ropa signifique algo.

Bueno, pintarse el cuerpo entero de azul es un *look* muy fuerte y no estoy diciendo que debas vestirte literalmente como Kali, la diosa hindú del tiempo, el cambio, el poder, la creación y la destrucción. Sin embargo, si buscas figuras femeninas feroces de la mitología clásica, es de lo más potente que encontrarás.

Destructora de las fuerzas del mal, Kali suele representarse con un pelo salvaje y despeinado, con unos ojos enfurecidos e inyectados en sangre y con una lengua caliente y rosada, jadeante por el esfuerzo de crear y destruir mundos enteros. También se representa con el torso desnudo, #riendasueltaalpezón, normalmente vestida con una falda de brazos humanos y con una guirnalda de cabezas colgando del cuello. Cargada de joyas de oro, también sujeta un tridente, una cabeza cortada y una espada ensangrentada. ¡Espantoso!

Repito, no te imagino bajo ningún concepto vestida como Kali, pero lo que me encanta de ella (y en realidad de todas las diosas hindús) es que va vestida con «símbolos». Por ejemplo, se dice que la cabeza cortada representa el ego y la espada, el conocimiento divino, es su destructor. El estilo de pelo enmarañado es un símbolo de libertad de la naturaleza, libre de la civilización (sí, ¡es un icono Divino Femenino!). Por lo tanto, canalizar el espíritu de Kali implica elegir una moda que signifique algo para ti y envolverte en talismanes que amplifiquen tu sentido de poder personal.

Podría haber elegido una diosa menos agresiva para representar esta idea, como Lakshmi, la diosa de la abundancia, sentadita y toda mona en su loto en flor rosado. Sin embargo, muchísimas mujeres quieren canalizar la energía de Kali cuando se sienten «menos que». Quizá tenga que ver con que a menudo se retrata bailando sobre el cuerpo prostrado de su marido, el gran dios Shiva. ¿La canción de Kali? Seguro que es «Caught Out There», de Kelis.

LA REINA DE OROS

CONSEJO DE ESTILO ESPIRITUAL: compra lo que DE VERDAD te gusta.

Como decíamos con anterioridad, en el tarot los oros representan el elemento tierra, que se refiere a todas las cosas que tienen que ver con el mundo material. Cosas del chacra raíz, tipo comida, cobijo, dinero y confort físico. ¡Ah, sí, y moda! Y la reina del palo representa la parte emocional de la Tierra, nuestra conexión intuitiva y apasionada con nuestras cosas.

Cuando le pregunté a mi amiga hípster Now Age que escribiera sobre la reina de oros para *The Numinous*, la comparó con Beyoncé. Escribió: «Es poderosa, fuerte, tiene determinación y es supersexy. Podrían pagarle solo por respirar. Además, es la bomba. Todo el mundo quiere ser su amigo, no solo porque tiene dinero sino porque tiene "ese no sé qué"».

Es curioso que también se la asocia con la energía de Capricornio, el signo de muchos iconos normales y chapados a la antigua, tipo David Bowie, Kate Moss y Michelle Obama. La energía de Capricornio quizá sea bastante práctica, pero los Carpicornio saben cómo vestirse. No se puede acusar a un Capricornio de no llevar los pantalones (de Versace con estrases incrustados) perfectos. La reina de oros proyecta un control sobre lo material y un dominio (en vez de ser dominado) de los lujos de la vida.

Lo que sugiero es que la conviertas en tu *shopper* personal por defecto. Puedes, por ejemplo, llevar su carta cuando vayas a comprar o ponerla al lado de tu ordenador la próxima vez que decidas mimarte y comprar ropa por Internet en Nasty Gal, para algún evento benéfico a altas horas de la madrugada. La Reina de Pentáculos transmite una indulgencia empoderadora y te ayudará a escoger la ropa, para que te sientas que vales un millón de dólares, en vez de derrochar por derrochar y acabar con un armario lleno de paridas de diseñador que no vas a ponerte en la vida. Ah, y puesto que también controla el tema de la comida de calidad; es la típica que se sienta para comer. ¿Quién no va a querer comprar con esta ricura al lado?

DAMA VIVIENNE WESTWOOD

CONSEJO DE ESTILO ESPIRITUAL: vístete según el personaje que quieres representar hoy.

No me canso de contarle a la gente que comparto mi cumple con Vivienne Westwood. Porque siento que este dato nos convierta en hermanas gemelas. También me gusta considerar a esta diseñadora absolutamente flipante (la mujer responsable de convertir el punk en corriente principal en los años setenta y que sigue siendo rompedora a pesar de sus setenta y tantos) como mi animal espiritual de moda. Como yo soy la típica que evita confrontaciones, Viv me parece inspiradora e intimidante por igual, lo cual también la convierte en un atractivo icono con estilo espiritual.

Algunos, o mejor dicho, la mayoría de diseñadores de moda crean tendencias para vender al máximo, pero a Vivienne Westwood le importa más poder contar una historia con sus creaciones. En concreto, un cuento de miedo en toda regla, con duendecillos, piratas, niños perdidos, mucha fluidez de género y al menos una madrastra. Representa a la figura de Peter Pan, ya que rechaza rotundamente la idea de que la edad influya en su estilo personal o su vida sexual (fíjate en su sexi marido austriaco, que fue alumno suyo y tiene veinticinco años menos que ella).

Lo que me gusta de Vivienne es que lo que quiere es crear personajes, que es lo que hacemos todos en realidad cada vez que nos vestimos. También reconoce que algunos de estos personajes serán «buenos» y otros «malos», igual que los muchos yoes que tenemos en nuestro interior. Los mejores cuentos y mitos representan justamente esto, la naturaleza multifacética del ser humano y los dilemas a los que nos enfrentamos en consecuencia.

Vivienne Westwood dice: «Ni se te ocurra negar tu lado oscuro. Porque todos sabemos el resultado que tiene: tus impulsos menos atractivos encontrarán otro *outlet*, a menudo autodestructivo». Diseñadora con su propio estilo personal, Vivienne es una defensora de celebrar «todo» tu ser y de jugar con los muchos aspectos de tu personalidad, una manera estupenda de conocerte, amarte y aceptarte de verdad. Por eso es tan liberador disfrazarse y los niños lo hacen de forma natural. No deberíamos tener tanta prisa por crecer.

VENUS

CONSEJO DE ESTILO ESPIRITUAL: vístete para un cuerpo que amas.

Cuando Vivienne Westwood fue a recoger su OBE (Orden del Imperio Británico) en el Palacio de Buckingham, no llevaba bragas. El mundo entero lo sabe porque cuando Viv se dio la vuelta para mostrar el vestido, los *paparazzi* captaron todas sus partes íntimas. Venus, la diosa del amor, el sexo, la belleza y la abundancia, no podría haber estado más de acuerdo con ella. A lo largo de la historia la han representado como mucho con un trapito diáfano sobre sus partes.

Personalmente, no me mola el nudismo. Si, como cuenta mi madre, los primeros seis meses de mi vida no quise llevar ropa puesta, es porque el año que nací en el Reino Unido tuvimos un verano que batió récords de calor, no porque de manera innata me sienta más cómoda desnuda. No crecí en una casa de esas en las que van en pelotas, y la única vez que acabé en una playa nudista en Ibiza me coloqué el bikini en cuanto me levanté para ir a darme un baño.

Sin embargo, en general creo que nos ayuda, a los humanos, sentirnos cómodos con nuestro aspecto al desnudo, con sentir nuestra existencia más allá de los límites de la ropa. Con «cómodos» me refiero a aceptarnos. Lo que hace sexi a Venus es su falta total de autoconciencia. No te transmite para nada la idea de que le estrese el diámetro de sus muslos, ni de que esté metiendo la barriga para dentro o esté intentando ocultar su celulitis. Más bien parece una mujer que sabe que su cuerpo es suyo y es para disfrutarlo.

¿Cómo podemos materializar su icono estilístico? Los años que me pasé intentando conseguir un cuerpo concreto, en gran parte era para poder llevar cierto tipo de ropa. Ya lo sé, quizá lo llevé al extremo, pero sé que no soy la única que lo ha hecho. Venus me recuerda que tu cuerpo llegó aquí primero y, por lo tanto, la ropa debería ajustarse a él y no al revés. Como el día en el que decidí que ya podía comprarme algo de la talla 38 porque me sentaba y me sentía mejor que con la 36.

MAN REPELLER (REPELENTE DE HOMBRES)

CONSEJO DE ESTILO ESPIRITUAL: la autoexpresión es el mejor accesorio.

Sí, básicamente metería a Leandra Medine, el cerebro tras el megablog *Man Repeller*, en el mismo saco de la industria de la moda principal de la que hablaba al principio del capítulo.

PERO…

Lo que a mí (y a sus tropecientos seguidores) nos gusta de Leandra es que utiliza la moda como medio de pura autoexpresión y juego creativo. El nombre de su marca también hace referencia a que la moda, en su máxima expresión como forma artística, en realidad no tiene nada que ver con tener un aspecto sexy ni con estar en la lista de las mejor vestidas/mejores cuerpos de nadie. Su ropa suele ser una mezcla alocada de colores, texturas y estilos que, de algún modo, combinan. Es como un sutil codazo en las costillas a cualquiera que se toma las cosas demasiado en serio (por ejemplo, que se ha tragado la idea de que para ser creíble debes ir a la moda).

Esta última parte también se podría haber aplicado a Carrie Bradshaw, que empezó a romper las «normas» de la moda. Sin embargo, en mi opinión, Carrie siempre ha estado demasiado colgada por las marcas de los diseñadores (y por pillar a Mr. Big, claro está), que son como las credenciales de las *Girl Scouts* para el ego, sobre todo en las últimas temporadas de la serie y en la película *Sex and the City*. Cuando se dejó seducir por el glamur de las marcas millonarias, su experimentación traviesa del principio quedó reemplazada por un alardeo exagerado.

No es el caso de Leandra Medine que, sin duda, aún no ha superado la fase de disfrazarse de los cinco años y que, sin duda también, ha conseguido ganarse la vida con ello. No sé a ti, pero a mí ME ENCANTABA esa fase de disfrazarme a los cinco años. Para cualquier niña (o niño) pequeña se trata también de descubrir el poder trascendental de la ropa. Una editora mía solía enfundarse un sombrero de ala flexible de color verde jade cuando se bloqueaba y no podía ser creativa. Pienso que, a veces, un pequeño cambio en la vestimenta puede cambiar toda nuestra perspectiva sobre la vida. Es algo más que me ayuda a entender cómo todo, incluso la ropa que llevamos, tiene su propia energía.

ESTO, como me recuerda Leandra Medine una y otra vez, es el poder de la moda entendida como un vestido bonito.

JOHN LENNON

CONSEJO DE ESTILO ESPIRITUAL:
no tienes que vestirte para impresionar.

El honorario John se sube a este carro porque su hermosa alma Libra creó algunas de sus obras más numinosas en pijama, en la infame Encamada por la Paz que él y Yoko Ono representaron tras su boda en 1969.

Con el conflicto de Vietnam en su punto más sangriento, sus encamadas parecieron un truco publicitario diseñado para redireccionar la atención de los medios de sus desposorios

hacia el esfuerzo antiguerra. Las imágenes icónicas de John y Yoko recibiendo a la prensa en su cama siempre me han sorprendido. Es un ejemplo de activismo en su máxima expresión (soy una gran defensora de la protesta pacífica, lo que Mahatma Gandhi llamó *Satyagrapha*). También es el tipo de acción que considero que cualquier famoso que se precie en las redes sociales debería realizar en la Now Age.

Quiero decir que si ya tienes un millón de ojos siguiendo tu cuenta para ver lo que llevas puesto (como, ejem, una familia de famosos cuyo nombre empieza por K), creo que es tu deber lanzar algún que otro mensajillo para concienciar de vez en cuando. ¡Y no hace falta ponerse demasiado serios! Como explicó el propio John: «Forma parte de nuestra política que no nos tomen en serio. Nuestra oposición, sea quien sea, tenga la forma que tenga, no entiende de humor. Y a nosotros nos va el humor». Aceptar el humor es una manera de reconocer que nosotros, los humanos, estamos juntos en esto, después de todo.

Luego está el pijama en sí. Como suelo empezar mis días de trabajo saliendo de la cama y sentándome delante del ordenador, también realizo gran parte de mi trabajo más productivo en pijama. De hecho, ahora mismo llevo puesto el pijama (son las 6.47 horas) y ni te imaginas lo liberador que es no tener que empezar el día enfundándome la ropa, ropa con la que además sentía que tenía que «impresionar» de algún modo a mis compañeros.

En uno de mis trabajos en una revista, un compañero una vez musitó que era «un bicho raro vistiendo». En realidad, se refería a dos verdades como templos: (1) estoy muy en contacto con mis múltiples yoes y es cierto que no he superado mi fase de cinco años de disfrazarme, y (2) si puedo, me va bien estar un par de horitas en pijama cada mañana antes de decidir de quién voy a ir vestida ese día.

DONNA KARAN

CONSEJO DE ESTILO ESPIRITUAL: ponte pantalones de yoga cada día.

Quizá no me creas porque es bien conocida por su amor por el color *beige*, además de su línea llamada «Urban Zen», pero Donna Karan es un huracán humano en toda regla que va a mil revoluciones. Al menos esto fue lo que me transmitió cuando la entrevisté hace unos años. Hay algunas mujeres que de verdad representan «la fuerza de la naturaleza», y Donna, con todos sus brazaletes de madera ruidosos, su voz cascajosa y su negro moreno haitiano (de una misión humanitaria reciente) es una de ellas.

Originaria de Nueva York y con el típico nerviosismo de esta ciudad, no es de extrañar que Donna también sea una persona que NECESITE el yoga en su vida. Además, es Libra, así que tiene sentido que le guste el concepto del equilibrio «entre trabajo y relajación». Lleva practicándolo casi cuarenta años y un día me dijo: «Para mí el yoga es un estilo de vida. Es meditación, es conciencia. No se trata solo de rodearte el cuello con la pierna. Tiene que ver con conectarte a nivel espiritual, con abrir y sacar el corazón».

Madre mía, ahora que lo pienso, ¿será Donna la primera chica material en el mundo místico? Fue su necesidad de llevar la misma ropa a yoga y al trabajo (creó una de las colecciones más centradas en ello de los años ochenta) que conformó su *look* de firma: mallas + capas para el cuerpo de jersey de cachemira. Es ropa diseñada para un estilo de vida holístico, de mente-cuerpo-espíritu. En realidad, es tal como yo, y muchas de las Numinati, vestimos casi siempre con ella.

También ha dedicado la última parte de su trayectoria profesional a intentar que el sector médico general se pase al yoga y a la meditación, así como a otras prácticas de sanación alternativas. Por no hablar de todo el tiempo y el dinero que ha donado a los supervivientes de desastres naturales. Sin embargo, nunca, jamás a costa de proyectar un aspecto duro enfundada en unas mallas de yoga de mil dólares. Practica lo que ella llama «predicar con la vestimenta».

No me quiero poner demasiado política, pero la línea de Donna Urban Zen se creó para poder financiar sus iniciativas de cursos sobre bienestar. Cuanto más alejada estoy de la industria de la moda, más de locos me parece que las grandes marcas no inviertan para dar «un retorno». A fin de cuentas, después del petróleo, la industria de la moda es el segundo gran sector contaminante del planeta.

LAS TEJEDORAS ESPIRITUALES

CONSEJO DE ESTILO ESPIRITUAL: la artesanía no está muerta.

Para las no iniciadas, el Encuentro de las Tejedoras Espirituales es un retiro inmersivo de cinco días en el que solo hay mujeres, dedicado a las tradiciones de culturas pasadas, que se celebra cada año en Camp Navarro, en las profundidades de los bosques de secuoyas del Condado de Mendocino, en California. Según Instagram, porque no he asistido nunca personalmente, el festival atrae sobre todo a mujeres místicas que viven fuera del sistema ordinario el 80 por ciento del tiempo, del rollo partos naturales en casa y de las que prefieren ir en cueros a llevar fibras artificiales. Pero de las que también dejan a sus maridos realizadores sexis al mando del fuerte ecológico en Los Ángeles para poder asistir.

En palabras de los organizadores, el encuentro es «un lugar para recuperar habilidades, para volver al mundo salvaje y recordar». Hay talleres que duran días sobre el teñido, la pedrería, la confección del textil y, sí, también técnicas de tejido. El aire del festival se podría describir como «mujer de tribu con técnicas ancestrales se reúne con la flor y nata de la playa Venice». Se habla de moda y de confeccionar ropa como vehículo de expresión creativa y conexión con la Tierra.

Me encanta cómo en *Libera tu magia*, Liz Gilbert atrae la atención sobre el hecho que «la primera evidencia de arte humano reconocible es de hace cuarenta mil años. Sin embargo, la primera evidencia de agricultura humana es de hace solo diez mil años. Esto significa que en algún punto de nuestra historia evolutiva colectiva, decidimos que era mucho más importante crear objetos atractivos y superfluos que aprender a alimentarnos con regularidad».

¿Acaso no es la ropa que ofrece algo más que la protección más básica de los elementos un objeto atractivo y superfluo? Sin embargo, en la sociedad moderna, nuestra adicción a las tendencias y la moda pasajera es solo un ejemplo más de nuestros «problemas colectivos del chacra raíz» y también el principal causante de la contaminación de la Tierra.

Ya me conoces. Sigo pensando: «¡Bien, Alexander Wang!». Si incluyo a las Tejedoras Espirituales aquí, no es para sugerirte que tires tu tarjeta de Barneys y empieces a confeccionarte la ropa a partir de ahora. En mi opinión, esta tribu colorida nos recuerda que el deseo de adornarnos es profundamente humano y que, en cierto modo, escoger algo artesano es escoger una conexión con el Creador. Por no hablar de la mano humana que lo creó.

MADONNA

CONSEJO DE ESTILO ESPIRITUAL: tú eres todas las mujeres.

Mi enseñanza favorita del tarot es que la vida es un proceso evolutivo y, como tal, encarnarse en un traje humano es firmar un ciclo sin fin de transformación. Y para mí, nadie representa mejor este concepto que Madonna.

El estilo de Madonna fue el primero que de verdad me enamoró. Cuando salió el vídeo de *Like a Virgin* yo tenía ocho años (¡qué tutú, madre mía!) y luego un año más tarde salió *Buscando a Susan desesperadamente* (que probablemente no conseguí ver hasta un año más tarde, porque en los años ochenta tenías que esperar una eternidad para que salieran los vídeos en VHS). Así que pongamos que tenía unos diez años cuando arrastré a mi madrastra a Camden Market para buscar un bolso como la sombrerera gigantesca que tenía Susan en la película (¡ay, la psicología de los bolsos se merece, sin duda, un libro entero dedicado al tema!).

Algo en su estilo de tienda de baratija del East Village en esa película sin duda se dirigió alto y claro al joven #espíriturebelde en Mí. También me abrió la puerta a un mundo de emocionantes posibilidades sobre lo que significaba ser una mujer autónoma y de espíritu libre, como su personaje en el film.

Después de su fase de niña punk, Madonna ha representado casi todas las subculturas, tendencias y arquetipos femeninos existentes con la elección de sus prendas (de travestido *voguing* a vaquera de estrás). Es verdad que era un buen marketing, pero también era una auténtica expresión de su ser (que hace honor a su signo de Sol en Leo). Además, no puedes evitar sentirte inspirada por su uso constante de la moda para transformar y explorar todas las distintas formas de ser humano.

Con esto no quiero decir que haya sentido la necesidad de salir pitando para imitar los *looks* de Madonna, no desde la sombrerera de Susan. Pero Madonna, que se denomina a sí misma «Divina Femenina» y «zorra descarada», me hace sentir mejor sobre mis propios «errores» con la moda, que además podría interpretar como una experimentación lúdica. Porque el tarot también me ha enseñado que no existe una decisión incorrecta. Solo existen un sinfín de oportunidades para evolucionar, en este trayecto, para aprender a ser más y más nosotros mismos. Así pues, por favor, apliquemos el mismo rollo a cómo nos vestimos.

13

La belleza interior contra el debate del bótox

Tenía treinta y seis años cuando utilicé bótox por primera vez. En ese momento la vida me daba miedo. A nivel superficial, las cosas no podían ser más glamurosas. Fue el año en que me mudé a Nueva York y, como había trabajado como editora durante el verano para una revista en Ibiza, iba y venía cada dos semanas, y vivía a caballo entre Manhattan y el Mediterráneo. Una vida de ensueño, ¿verdad? Pues en realidad fue la época en la que más cerca estuve de sufrir una crisis nerviosa (y no en el sentido de «despertar espiritual»).

La mudanza a Estados Unidos había sido una aventura megaemocionante, algo que el Piscis y yo llevábamos buscando desde hacía ya un tiempo. Digamos que desde que había conseguido el trabajo en Londres en una empresa con sede en la ciudad de Nueva York, cada mañana le servía el té en una taza que decía «*I love NY*». Lo hice sin parar durante dos años. Un abordaje un tanto rudimentario, pero el espíritu lo había captado y aquí estábamos.

El caso es que cuando nos mudamos también tuve que dejar atrás todo lo que me daba seguridad. Cambié mi hermoso hogar en East London por un zulo por el que pagábamos 3500 euros al mes que estaba infestado de cucarachas y parásitos, en un edificio en el que los obreros entraban en tu piso por las buenas todo el santo día. En vez de las bonitas amistades que había cultivado con los años, mi vida social se había transformado en una ronda interminable de «citas a ciegas de amigos» que también eran almas sin raíces en Nueva York.

Como ya de por sí en mi familia no tenemos mucho contacto, mi clan ahora parecía más alejado que nunca. Pero quizá lo que más nerviosa me ponía (y es indicativo de la base endeble que tenía en ese momento) era que había dejado mi trabajo en la revista *Style*. Era un puesto que había perseguido toda mi vida, y que también venía acompañado con un buen sueldo cada mes y montonazos de regalitos resplandecientes y prebendas. Además, me había dado el estatus y el respeto en la industria (es decir, sentía que pertenecía al sector) que siempre había buscado. Alejarme de todo esto me había dejado supervulnerable. ¡Hablando de los problemas del chacra raíz del primer mundo…!

Así que cuando mi amigo Ben me ofreció el trabajo de verano en Ibiza, me agarré a ello como a un clavo ardiendo para volver a conseguir algo del terreno perdido en cuanto al estatus y al dinero. Sin embargo, no había vuelos directos, así que ir de un sitio a otro era un infierno y sufría *jet lag* todo el rato. También había problemas de politiqueo en la revista y en consecuencia no tenía apoyo editorial. A los dos meses, ya me sentía más que vacía. Y, sí, lo has acertado, me automedicaba con alcohol para cerrar esa brecha de «¿a que mi vida es fantástica?».

Fue justo entonces cuando conocí a Raj, un gurú del bótox que estaba pasando el verano en el hotel-balneario más molón de Ibiza. Cuando me obsequió una sesión, no lo dudé. Porque, ¿qué hacemos muchas mujeres cuando nos sentimos inseguras, vulnerables y de algún modo «menos que»? Arreglamos nuestro aspecto. Ten un aspecto «perfecto», te aceptarán/querrán y todo irá bien.

Con dieciséis años, esto se tradujo en un trastorno alimentario, declarando la guerra al primer bultito de celulitis que se atreviera a invadir mis muslos. Ahora, en el «lado oscuro» de los treinta y cinco, mi enemigo número uno eran las arrugas.

El caso es que lo del bótox salió fatal. Quise que Raj eliminara las arrugas pequeñas, pequeñísimas, que habían empezado a salirme en la frente, puesto que había leído que no era aconsejable utilizar bótox cerca de los ojos. Pensé que podía vivir con mis líneas de expresión. Sin embargo, insistió en que me las tratara también y, allí tumbada en su sillón, sintiéndome relajada y «especial» (estos obsequios a los periodistas siempre sacaban a relucir a mi princesa interior) por primera vez en todo el verano, pensé: «¡Qué diablos! ¿Y por qué no?». Unos días más tarde, cuando la toxina empezó a surgir efecto, obtuve la respuesta.

Sí, la frente me quedó megalisa e incluso la cicatriz fea que tengo entre las cejas (una que me hice cuando choqué de cabeza a los cinco años justo en la zona de mi tercer ojo... hablando de «despertares»...) se notaba menos. Sin duda, la parte superior de mi cara parecía más relajada. Sin embargo, aunque el bótox había erradicado mis patas de gallo, se habían creado unas pequeñas bolsitas de piel que, como no tenían donde meterse, se colocaron bajo los ojos. O sea, que ahora mis ojeras eran tan grandes como vacía me sentía yo por dentro.

Llegados a este punto, se supone que tengo que decirte que mi viaje numinoso me ha ayudado a ver la luz, que la «verdadera belleza» tiene que ver con cómo nos sentimos por dentro y que no hay cuidado, ni producto, ni procedimiento que pueda sustituir lo que irradiamos desde una salud perfecta. Me disculpo de antemano si es lo que quieres oír. Porque, aunque suscribo al cien por cien esta entrañable y difusa verdad humana, también he crecido en una sociedad en la que lo que se ve por fuera cuenta. Por no decir que he trabajado en una industria que se dedica a reforzar este mensaje.

Fingir que no soy un resultado de este entorno no sería real, así que no voy a insultar la confianza que has depositado en mí como narradora creíble intentando siquiera ir en esta dirección. Lo que puedo decir es que cuanto más tiempo y atención dedico a esos aspectos de mí que no son visibles, a mi «naturaleza numinosa», menos tiempo y energía tengo que invertir contemplándome en el espejo.

Pero, ostras, vaya si es difícil. Se trata de cambiar décadas, no... generaciones, no, espera... toda una «civilización» de condicionamiento sobre la belleza femenina, y eso no pasa de la noche a la mañana. Ahora compartiré contigo la sabiduría y las herramientas que he aprendido a lo largo de mi viaje numinoso, y que me están ayudando a cerrar la brecha entre la belleza interior y la exterior. También intentaré redefinir lo que significa «ser hermosa en la Now Age». Parte de la definición es entrañable y difusa, y otra parte no tanto.

CUIDADO CON LA TRAMPA DE LA COMPARACIÓN

Cuando trabajaba en *Style*, una marca de productos de belleza mandó una nota de prensa que declaraba que la mujer empezaba a perder «atractivo» a los 35,09 años. Era oficial, lo habían calculado. Cuando recibí la noticia, no me enfadé con el departamento de relaciones públicas de la empresa que había considerado que era correcto vender una misiva tan basada en el miedo como «noticia» válida, puesto que se trata del lenguaje que utiliza generalmente la industria de la belleza. En mi antigua vida en la revista, yo también dominaba este lenguaje.

Sin embargo, me deprimió, porque acababa de cumplir los treinta y cinco, y mi declive inminente coincidía de pleno con la introducción de una nueva herramienta en las redes sociales llamada «Instagram». Tendrían que pasar tres años más, hasta 2014, cuando se declaró oficialmente «el año del selfie», pero ya se podía percibir el cambio. El aspecto siempre había importado de algún modo, pero era solo cuestión de tiempo que la imagen se convirtiera en el todo.

Las redes sociales, e Instagram en concreto, han creado una cultura en la que somos hiperconscientes del aspecto que tenemos. Es un canal de noticias cambiante minuto a minuto que nos invita a compararnos con los demás. Es lo que Brené Brown considera uno de los principales factores de que nuestra sociedad sea imposible de saciar y esté movida por la vergüenza (una nunca es lo suficientemente bonita, ni delgada, ni divertida).

¿El primer paso para no caer en esta trampa de la comparación? Cultivar la conciencia de conocer lo que está ocurriendo. Tu práctica de meditación sirve para esto. También hay que aprender a darse cuenta y reaccionar ante las sensaciones físicas de tu intuición diciéndote: «Guarda el iPhone». O sea, cuando notes que estás obsesionándote con una cuenta que desata sensaciones de todo tipo menos de aprecio por ti misma y de hermandad sagrada, DEJA DE SEGUIRLA, YA. (¡A mí me han visto quemando salvia cerca de mi teléfono cuando la cosa se ha puesto muy fea!) Es más fácil de decir que de hacer, porque esa sensación de «ser menos que» puede ser muy adictiva.

¿Por qué? Porque cada vez que nos decimos que no somos suficientemente guapas, ni delgadas, ni divertidas para exponernos por ahí, no nos permitimos vivir la vida de acuerdo con nuestro máximo potencial. Es decir, escogemos ignorar la imponente magnificencia de nuestra verdadera naturaleza y dejamos de adentrarnos con valentía «hacia el camino de nuestro *dharma*».

UNA NUEVA DEFINICIÓN DE BELLEZA

Los antiguos medios se basan en la publicidad general (o mejor dicho, viven de su financiación), así que la representación de la belleza que vemos en las revistas siempre encajará con la idea de belleza de la escuela de ventas de *Mad Men*. O sea, se trata de hacer que la gente se sienta «menos que» para poder ofrecer luego el antídoto. Sin embargo, lo genial de las redes sociales es que, si se utilizan con cabeza, nos permiten organizar nuestra propia y única visión del mundo, lo cual también es una oportunidad para que redefinamos lo que significa la belleza para nosotras.

La esteticista y profesional de Reiki Rhea Horvath tiene una empresa llamada Psychic Beauty, dedicada a lo que ella denomina «despertar la capacidad (de las mujeres) de ver la belleza en ti y en todas las cosas». Considera que ahora se está cambiando radicalmente la percepción de la belleza, ya que se está acabando con la idea de que ser hermosa significa tener un cierto aspecto.

Si le preguntas al respecto, queda claro que vivir de verdad está profundamente arraigado con cultivar una conexión con tu espíritu, yo superior, el universo, etcétera. Explica: «Sabemos que no a todas las almas les parece hermoso lo mismo. Por ejemplo, la canción que a mí me hace llorar quizás a ti ni te inmute y el cuadro que yo podría contemplar durante horas quizás a ti te aburra hasta la saciedad».

¿Qué pasa con la belleza física? «Cuando ahondamos en nosotros y aceptamos la estética que nos inspira de verdad, y nos detenemos a reconocer las piezas del mundo que nos hacen sentir como una unidad y conectados (la sensación que crea la belleza verdadera), entonces también estamos dispuestos a brillar como nuestro yo auténtico y verdadero, sin temer a nuestra individualidad.» En otras palabras, sin temer que lo que nos hace distintos también nos haga extraños y por lo tanto rechazados.

Sin embargo, también conlleva mucha disciplina (véase: dejar de seguir las cuentas de Instagram que te hacen sentir «menos que») y, aún más, deshacer el condicionamiento social. Así que NO esperes leer esto y poderte levantar mañana con un aprecio absoluto por tus cejas torcidas o muslos marcados. Lo que sí puedes hacer entretanto es seguir cultivando prácticas que te conecten una y otra vez con tu yo superior, y a su vez escoger con cuidadito las compañías. Cada relación es «un espejo», ¿recuerdas? Tienes todo el derecho del mundo a rodearte de gente que refleje tu yo más hermoso.

La belleza como amor propio (es decir, conciencia de una misma, autoaceptación, perdonarse a una misma)

Es importante reconocer que redefinir la belleza no significa tirar por la borda desde ya tus productos de belleza preferidos ni dejar de usar maquillaje para venerar a esa diosa interior que nos dio la naturaleza (¡a menos que eso sea lo que es ser hermosa para ti!). Para mí, se trata de retocar nuestros rituales de belleza para que nos engalanemos y acicalemos desde el amor propio y el respeto por una misma, más que desde el miedo de no ser lo suficientemente buena.

Una vez fui a recibir una serie de «sesiones faciales energéticas» (o sea, que me daba Reiki mientras sostenía unos cristales de cuarzo) con una mujer maravillosa llamada Maureen Dodd, y fue Maureen quien me ayudó a entender la diferencia entre vanidad y narcisismo. Sí, la definición del diccionario de vanidad es «orgullo excesivo sobre el aspecto o los logros de uno mismo», pero Maureen también cree que la vanidad, si surge del deseo de presentar nuestro yo más hermoso al mundo, en realidad es un acto de gratitud, por nuestro cuerpo físico y por el regalo de estar vivo. Un acto de amor propio. En cambio, el narcisismo es una obsesión, basada en el miedo, por ser la más hermosa de todas (puesto que «más hermosa» equivale a «más querida»).

Visto de esta manera, creo que nuestra práctica de la belleza y nuestra práctica espiritual en realidad pueden intercambiarse.

Como siempre, tiene que ver con la intención. Dos de mis mujeres favoritas que predican la belleza Now Age son Cindy DiPrima y Kerrilynn Pamer, de la botica de belleza natural CAP Beauty. Kerrilynn me dio un ejemplo brillante de cómo había experimentado un cambio recientemente en el uso del maquillaje: «En el instituto, utilizaba el maquillaje para tapar lo que veía como mis imperfecciones. Sin embargo, cuando el otro día me estaba maquillando con algunos de los productos de nuestra tienda, me di cuenta de que en realidad los estaba usando para destacar lo que encuentro bonito en mí».

En mi opinión, se trata de un ejemplo de cómo Kerrilynn se conectó con su yo interior, o espíritu, ante el espejo, y de cómo utilizó sus herramientas de belleza para revelar aún más de este yo divinamente hermoso. También me explicó cómo le impresionó este sencillo cambio de perspectiva en su maquillaje matutino: «Era muy dura conmigo misma y ni siquiera era consciente de ello».

Bueno, físicamente no cambia nada. Tu cara es tu cara. Pero como bien dicen, la belleza está en el ojo del observador (en este caso, tú). Del mismo modo que tu mejor amiga, o tu hija, o tu amante no podrían ser menos que perfectamente hermosos para ti, creo que si cultivas el mismo amor incondicional por tu yo interior, podrás empezar a ver tu yo «exterior» como la mismísima definición de belleza. Después de todo, ¿cuándo creo que estoy más guapa? Después de haber dormido bien, después de un buen polvo y después de una buena llorera, momentos en los que se podría decir que he estado más estrechamente conectada con mi espíritu.

En cuanto a la autoaceptación y el perdón a mí misma, pues sí, también tienen que ver con aceptar y perdonar a mi yo de chica material por utilizar bótox como solución rápida. Seguro que soy una hermosa criatura del cosmos, pero cuando se trata de sentirse vulnerable por envejecer, sigo siendo una humana terrenal e imperfecta.

La belleza es vitalidad

En CAP, Cindy y Kerrilynn definen la belleza del siguiente modo: «La belleza es bienestar y el bienestar es belleza». O sea, se dedican a promover la filosofía de que «la belleza significa cuidar tan bien de ti misma y disfrutar tanto haciéndolo que, sea cual sea tu edad, siempre serás la versión más hermosa de esa edad».

Estamos hablando de las distintas maneras de abordar el envejecimiento, pero puedes aplicar su mismo enfoque tanto si tienes quince como cincuenta años. En su libro sobre veganismo, *The Good Karma Diet*, Victoria Moran explica que en la tarjeta de visita de un acupuntor que visitó una vez rezaba el siguiente texto: «Cuidado minucioso del valioso envoltorio físico y el espíritu que contenía». Me encanta esta descripción poética de bienestar, que también se refiere al enfoque holístico de la belleza.

Hablando de veganismo, Cindy explica: «Nos aproximamos a la belleza como si de una dieta se tratara, puesto que muchos de los productos de CAP, tópicos y que se pueden ingerir, a menudo son muy ricos en vitaminas, minerales, antioxidantes y probióticos, sanos y nutritivos». Es irónico que también sea Kerrilynn quien me recuerde que el bótox, un fármaco compuesto por las bacterias que causan el botulismo, sea un producto natural. Sin embargo, la nueva clase de productos de superbelleza, (como los superalimentos) a la venta en su tienda, está diseñada para apoyar otras elecciones de estilo de vida sano. Se trata de unos estilos de vida que a menudo se basan en querer tener un mejor aspecto por fuera, pero que conllevan una conexión más profunda con el espíritu por defecto. También se parecen mucho al régimen de autocuidado chamánico de Marika Messager.

Si es sincera al respecto, cuando la mayoría de la gente deja de comer azúcar o productos lácteos y empieza con un régimen de ejercicio dedicado, nueve de cada diez veces es para corregir algo que no le gusta de su aspecto físico. El caso es que a menudo desata una reacción en cadena positiva en la que la purga de las toxinas y el aumento de las felices endorfinas crean una sensación general buena «por dentro» que hace que luego estés más radiante por fuera.

¿De dónde viene esa «sensación buena»? Creo que es tu espíritu, que funciona con la configuración predeterminada óptima, con una vibración más alta, sin tener que abrirse camino entre la mezcla tóxica de alimentos procesados y emociones negativas no digeridas. Te dieron un cuerpo físico para poder expresar esta vitalidad. Visto así, se podría decir que «la belleza» es tu derecho de nacimiento.

«EL ESTRÉS SÍ QUE NO TIENE BUENA PINTA»

Cindy y Kerrilynn, quienes diría que tienen mi misma edad, son un ejemplo vivo y brillante de esta filosofía de la belleza como cui-

---

5 MARCAS DE BELLEZA NOW AGE QUE TE ENAMORARÁN

BENSHEN. Creada a mano en Brooklyn, Nueva York, la fundadora de Benshen, Desiree Paris, creó la línea basándose en los hallazgos de su propia trayectoria de sanación, y después de numerosos estudios con los grandes de la medicina china, la acupuntura y el Kundalini yoga.

JUICE BEAUTY. Conocida principalmente (hasta la fecha) por la supercolaboración con Gwyneth Paltrow, quien decidió trabajar con la marca para su propia empresa, Goop, después de quedar deslumbrada por la «eficacia» de estos productos cien por cien ecológicos.

NUCIFERA. En el momento de escribir este libro, esta marca ubicada en Venice Beach solo tiene un producto en el mercado, un bálsamo maravillosamente bueno para todo con el sencillo nombre de «The Balm». Lo puedes utilizar en todas las partes del cuerpo (piel, pies, cara y pelo) y tiene fragancia de palo santo, el pachulí Now Age.

SUN POTION. La belleza en la Now Age tiene que ver con lo que te aplicas en la cara y con lo que te la untas, y las pociones y los polvos de esta marca de «alimentos transformacionales» (como las setas medicinales y el cacao crudo de alta calidad) ofrecen una bonita luminosidad.

CEREMONIE. Directamente de Vancouver... ¡se trata de un cuidado de la piel bendecido por una chamana! Y no solo eso; su fundadora Mimi Young crea sus fórmulas siguiendo las sugerencias de los espíritus de las plantas, antes de que sus proveedores bendigan también sus materias primas.

---

dado de una misma. Cuando las conocí estaban ideando CAP, y un año después del lanzamiento de su marca, ambas parecieron rejuvenecer en vez de envejecer.

Ahora sé por experiencia que escoger el camino emprendedor no es para nada fácil. Siempre debes «estar alerta», el dinero escasea y no le puedes echar la culpa a nadie cuando las cosas van mal. La ansiedad y las noches sin dormir están garantizadas. Creo que las chicas de CAP tienen esta trayectoria empresarial/*dharma* tan buena porque: a) tienen acceso a una «despensa» de productos de alta vibración y de nueva generación impresionante y b) cuidarse más se convierte en algo innegociable cuando empiezas a seguir tu *dharma*.

No es casualidad que Virgo, el signo que controla la dieta y los hábitos saludables, también controle cómo podemos ser de utilidad. Del mismo modo que una mujer empieza a tomar vitaminas y a vigilar su dieta en cuanto se embaraza, la responsabilidad que conlleva dar a luz a tu proyecto del alma (sea cual sea) también puede ser el catalizador para escoger un tipo de estilo de vida positivo y vital que potencie tu luminosidad física.

Además, piensa en lo que dice Cindy: «Creo que la gente que conozco que más practica la meditación está ganando la batalla de la edad. De forma abrumadora. El estrés sí que no tiene buena pinta». ¿Y desde la perspectiva de la belleza? El trabajo que odias, la relación que mina el alma, los problemas emocionales irresueltos con tu madre… Si todo esto te hace sentir como una mierda, tienes muchas posibilidades de que también te haga tener un aspecto de mierda.

EL ARTE DE LOS ADORNOS SAGRADOS

Sí, la industria de la belleza general ha creado una plétora de productos y procedimientos que actúan como parches y te hacen tener un aspecto radiante aunque tus circunstancias vitales estén aplastándote el espíritu y minando tu vitalidad día a día. Incluso incorporan el lenguaje del amor propio para vendérnoslo: «Porque tú lo vales».

Sin embargo, como ya he dicho, honrar tu hermoso y único espíritu y empezar a ver tu hermoso y perfecto yo a través de las lentes de la verdadera autoestima no impide que te diviertas con los truquillos y herramientas embellecedores que siguen a tu disposición. Volvamos a la idea de nuestra rutina de belleza como un acto de amor propio y de la vanidad como una expresión de gratitud por nuestro «valioso envoltorio físico» (que incluye no juzgar nuestras decisiones de belleza).

HACER DE LA BELLEZA UNA CEREMONIA

He aquí algunos ejemplos sobre cómo las buscadoras Now Age más elegantes que conozco convierten su práctica de belleza en una ceremonia:

ESCOGE UNA DECORACIÓN DE UÑAS DE ALTA VIBRACIÓN Y CREA UN MINIALTAR CON LA MANICURA. ¿La regla general? Las imágenes y el simbolismo de lo que quieres «atraer» van en la mano derecha; las cosas de las que te deseas «desprenderte» van en la izquierda. Por ejemplo, si quieres atraer protección y buena suerte, ¿por qué no te pintas un *hansá*, un trébol de cuatro hojas o un gato negro en el índice derecho? ¿Te está costando el retorno de Saturno? Pues píntate el planeta anillado en la izquierda. Como el simbolismo es el lenguaje de tu alma, asegúrate de escoger imágenes que encajen contigo.

USA LA CROMOTERAPIA PARA TEÑIRTE EL PELO. Tanto si te vas a teñir las raíces como si te quieres renovar todo el color, aprovecha la oportunidad para percibir las sensaciones transformadoras que se crean en tu cuerpo y en tu vida. Por ejemplo, reconoce las sensaciones físicas positivas asociadas a teñirse de rubio platino y utilízalas para impulsarte y avanzar en tu camino (tipo Miley Cyrus, cuya infame transformación capilar del 2012 le abrió un nuevo capítulo en su viaje de alma).

HAZ DEL BAÑO UN RITUAL. Llena la bañera con sales y hierbas, aceites, esencias florales y cristales que tengan un significado especial y expliquen en qué momento del viaje te encuentras. También puedes escoger un mantra y recitarlo mientras estés a remojo.

La experta en seducción espiritual Kitty Cavalier escribió un artículo genial para *The Numinous* sobre el arte de los adornos sagrados en el que explica cómo, para las civilizaciones antiguas, «los rituales de belleza ceremoniales incluían cosas como bañarse durante días, darse un masaje con aceite perfumado y ungüentos herbales, pintarse la cara y decorarse el cuerpo entero con conchas brillantes y gemas. Después de todo, si el viernes por la noche tienes una cita con los mismísimos dioses, más vale que estés mega radiante».

Kitty también tiene que decir lo siguiente sobre tu ritual matutino de maquillaje: «Cuando te haces la raya o te pones rímel en las pestañas, recuerda que estás realzando la atención que se merecen los portales de tu alma. Cuando te pintas los labios, piensa que estás dando un toque rojo, el color de la pasión y del poder, a cada palabra que pronuncias. Cuando te pintas las uñas, recuerda que cada pincelada es una oración de adorno por la magia que crean tus manos cada día».

¿Tu mantra para crear una práctica de belleza que alimente tu espíritu y respete tu singular viaje? «Intención, intención e intención.»

TENDENCIA A LO NATURAL

Una de las cosas que más me gustaba del mundo de las revistas era el goteo infinito de regalitos de belleza. Después de todo, que te regalen un tarrito que cuesta 170 dólares de Crème de la Mer puede hacer que tu ego se sienta superespecial (como cuando Raj me ofreció la sesión de bótox gratuita). También me encantaba asaltar «el armario de la belleza», una sala entera repleta con cajas de productos que nos mandaban con la esperanza de que los presentáramos. A menudo regresaba a casa con un botín de bolsas cargadas con estos productos.

De hecho (¡imagínate qué locura!), uno de mis mayores miedos sobre dejar el trabajo en *Style* fue que se cortaría el suministro de productos gratis. No iba a poder pagar estas cantidades ingentes por una crema, por muy seductor que fuera el mensaje antienvejecimiento o de cambio radical en la vida. En el fondo, sé que sabía que no funcionaban. Sin embargo, el mito de la belleza general estaba tan arraigado en mi mente que antes de mudarme a Nueva

York, sentí pánico y arrastré conmigo al otro lado del Atlántico un arsenal de productos por el valor de miles de dólares.

Sin embargo, pronto tiré muchos de ellos, porque empecé a centrarme no solo en los mensajes de belleza «milagrosa» sino también en los ingredientes que constaban en la etiqueta.

Volvamos a lo que decía Cindy sobre la correlación entre la belleza y la dieta. Del mismo modo que cultivar un enfoque más consciente sobre la comida conlleva automáticamente que te importe mucho más lo que comes, ser más consciente de lo que te metes en el cuerpo también conlleva que te importe mucho más con qué te lo untas. Además, limpiar tu dieta a menudo implica que «necesites» menos productos, y que con un corrector, una base y el colorete tengas más que suficiente.

Como señala Cindy: «Se lee en los perfiles de los famosos que a las diez de la mañana ya han meditado, tomado su batido de zumo verde, hecho su clase particular de yoga y demás para conseguir bienestar. Sin embargo, si ves lo que tienen en su baño, no tiene nada que ver con todo lo que hacen para ayudar a su ser interior».

El caso es que, hasta hace muy poco, los productos de belleza «naturales» no podían competir con los convencionales en rendimiento. Cuando digo «rendimiento», me refiero a que ni olían, ni se percibían ni tenían un aspecto tan bueno como los productos de lujo del mercado. Aunque creo que estos productos «funcionan» porque se basan en un juego de percepción, a menudo avivado por los mensajes publicitarios, también es cierto que la ausencia de algunos químicos en las alternativas naturales conllevaba cierta inconsistencia en la calidad y la aplicación.

Pero bueno, los tiempos están cambiando y las empresas como CAP son líderes a la hora de mostrar una gama igual de seductora de productos y marcas aspiracionales que están empezando a cubrir la brecha de la belleza natural. Sin prisa, pero sin pausa, estos productos están llegando a todas partes y empiezan a ser los favoritos.

Digo «sin prisa», ¡porque las cosas buenas son caras! No podría permitirme de ninguna manera renovar todo el armarito de mi baño de la noche a la mañana. Las marcas que codicio ahora son caras porque a menudo se trata de pequeños lotes de productos artesanales, que utilizan solo los ingredientes de mayor vibración (y no caras porque la empresa tiene que financiar un laboratorio lleno de científicos de bata blanca y una campaña publicitaria de famosillas de mil millones de dólares). Además, a menudo todo para venderte el sueño «antienvejecimiento».

EL RITUAL DEL BAÑO DE BELLEZA, DE DEBORAH HANEKAMP

En las prácticas esotéricas espirituales de todo el mundo, los rituales del baño se utilizan para unirse con las aguas sagradas y desintoxicarse, regenerarse, tener claridad y bendecirse. Cuando nos bañamos, dedicamos un momento a reflexionar, aclarar intenciones y borrar viejas costumbres y patrones que ya no nos ayudan, ¡y mientras tanto nuestra piel canta de dentro hacia fuera!

Me enteré de estos rituales de sanación por las mujeres indígenas del Amazonia peruana cuando me formé allí. Estas mujeres utilizan los baños para sanar casi cualquier enfermedad espiritual, emocional, mental o física. Yo misma recibí estos baños, experimenté un equilibrio interior completo y como resultado empecé a sentirme más hermosa desde fuera.

Mis estudios en el Amazonas, combinados con mi experiencia en medicina herbal, yoga, cristales y sanación con sonido, me llevaron a desarrollar mis propios rituales de baños, como este, para irradiar desde dentro y desde fuera. Te recomiendo que practiques este ritual una vez por semana, para honrarte y honrar tu propia belleza única.

Para tu altar
Crea un pequeño altar cerca de la bañera. Incluye una vela, un cristal de cuarzo rosado, una flor, y cualquier otro objeto de poder personal que represente la belleza y la verdad para ti.

Para tu baño
- 2 tazas de sal rosa del Himalaya
- 1 taza de vino tinto
- 2 tazas de flores de caléndula (secas)

- 2 tazas de pétalos de rosa de color rosa (frescos o secos)
- Paja de avena
- 1 taza de cacao en polvo
- 1 cristal de cuarzo rosado
- 1 tetrabrik de leche (prefiero leche cruda de cabra, pero de cáñamo o cualquier otra va bien)

Para tu ritual
- Miel cruda local
- 1 barrita de canela
- 1 varita de selenito

Proceso
- Monta tu altar.
- Prepara una bañera de agua caliente e introduce todos los ingredientes.
- Imprégnate de pies a cabeza con la miel cruda local. ¡Incluso puedes aplicarte la miel en el pelo!
- Enciende una barrita de canela con la llama de la vela de tu altar, y quémala alrededor de todo tu cuerpo, incluso bajo las plantas de los pies.
- Cuando estés allí de pie desnuda, cubierta en miel y perfumada con canela, párate un momento y pregúntate si tienes alguna creencia desfasada, falsa o cruel sobre tu aspecto. Comprueba dónde tienes tu nivel actual de autoestima.
- Límpiate el aura con la varita de selenito.
- Mírate a los ojos y pregúntate si tu yo tiene alguna verdad para compartir.
- Después de dejar que la miel te impregne la piel siete minutos, entra en la bañera.
- Practica *kapalabhati* (respiración de cráneo brillante), exhalando por las fosas nasales, inhalando tres cuartos de la capacidad, y luego realizando al menos ocho exhalaciones rápidas y fuertes por la nariz. Repítelo tres veces.
- Repite el mantra «Siento la luz en mi interior. Voy a liberar a mi espíritu» al menos tres veces.
- Ahora cierra los ojos y sumérgete en la poderosa energía que has creado.
- Cuando hayas acabado con el baño, apaga la vela del altar para indicar el cierre del ritual.

UNA ÚLTIMA CONSIDERACIÓN SOBRE
NUESTRO MIEDO A ENVEJECER

Menuda palabra: «Antienvejecimiento». El otro día hojeaba una revista y me sorprendió lo ridículo que es este concepto. Cualquier organismo vivo envejece, ¡así que intentar ser «anti» este proceso es ser antivida! Sin embargo, quizá no me acabo de aplicar el cuento. A pesar de haber integrado todo lo que he contado sobre mi régimen de belleza, pues sí, aún me aplican bótox de vez en cuando. Llámame hipócrita si quieres, pero como dije al principio de este capítulo, cerrar la brecha entre la belleza interior y exterior es algo en lo que estoy trabajando.

Por ejemplo, cuando salga este libro cumpliré cuarenta años, ¡y deberías escuchar a mi ego perdiendo los papeles al respecto! Sobre todo porque es la primera vez que me expongo tanto «visiblemente». Por suerte, mi yo superior interrumpe la pataleta de mi ego y le dice: «Bueno, tía, ¡que esto no tiene que ver con tu puñetera foto de autor, sino con tu mensaje!». Un paso adelante. Luego vuelve mi ego a hacer de las suyas: «Claro, coño, y además existe el Photoshop». Dos pasos atrás.

Cuando estaba decidiendo si ponerme bótox o no otra vez después de mi desastroso primer intento, hablé largo y tendido con Maureen, mi esteticista energética. ¿Su filosofía general? «Consideras que esto del bótox es una tontería cuando te das cuenta de que cuando nos vemos como seres energéticos ni siquiera nos percatamos de las arrugas finitas. Es que, por el amor de Dios, ¿qué narices nos pasa? Creo que hay que hacer una llamada a un nivel superior de conciencia…» Creo que yo no he llegado a este punto aún… y quizá tampoco pase NADA por no haber llegado allí aún.

Si con el bótox una quiere conseguir el espejismo inalcanzable de la «perfección», ¿acaso no es entonces más o menos lo mismo castigarse por «sucumbir» a su encanto? Quiero decir que, si fuera una persona espiritual «perfecta», podría superar el deseo de «retocar» mi cara. Si el bótox hubiera existido en los tiempos de Cleopatra, estoy segura de que lo hubiera utilizado. Además, cuanto más aprendo a amar, a apreciar y a actuar en honor a mi yo interno, soy más y más consciente de que lo físico es solo cosmético. O sea, que mi uso de bótox poco impacto va a tener en quien soy por dentro.

A un nivel más profundo, nuestra conversación también me hizo pensar en los motivos que tenemos para temer tanto al envejecimiento. Es evidente, como dice Maureen, «que la mayoría tenemos miedo a envejecer porque nos asusta enfermar y morir». Para ser un poco más numinosos al respecto, quizá también tenga que ver con el miedo de que se nos puede acabar el tiempo antes de haber encontrado y vivido nuestra verdadera llamada. En otras palabras, antes de que nuestra alma haya cumplido su misión kármica en esta vida.

Piensa en ello. En el otro extremo, los bebés son así de perfectos y bonitos porque representan el potencial ilimitado con el que nacemos. Representan la «inocencia» de nuestra fe en este potencial. Como esta fe va disminuyendo con cada revés y cada menosprecio, y con cada año que va pasando, tal como marcan las arrugas que nos aparecen en el rostro, ¿no será que el envejecimiento crea una sensación de que el tiempo avanza y va en contra de nuestras máximas esperanzas y aspiraciones «a nivel del alma»?

¿Y si las cremas antienvejecimiento, el bótox y los *liftings* faciales solo fueran una señal de que desearíamos poder detener el paso del tiempo y poder disponer de un poquito más para regresar a esa fe inocente en nuestro potencial y en nuestro viaje? ¿Mi mensaje para ti en este caso? NO ESPERES NI UN MINUTO MÁS y empieza a imaginarte tu vida de nuevo según las instrucciones de tu yo superior. Además, con esta intención siempre en mente, haz lo que te plazca para verte y sentirte superbién mientras estás en ello.

14

Pásate a las piedras: cristales de sanación que puedes llevar contigo

Hablando con Kerrilynn de CAP Beauty sobre las diferentes modalidades de sanación, una vez mencionó que las esencias florales (tinturas formuladas con impresión energética de diferentes flores) para ella suponían el mayor salto de fe. En mi caso, ese honor se lo concedo a los cristales.

Lo de las flores lo puedo entender, creo que en parte porque se pueden ingerir. Además, aunque se tratara de efecto placebo, también había experimentado resultados tangibles de primera mano tras haberlos utilizado. Luego con el Reiki, por ejemplo, me conecté por lo de «las manos sanadoras». Con la acupuntura, podía sentir la energía vibrando y recorriendo todo mi cuerpo, y esos escalofríos me indicaban que el baño sanador estaba surgiendo su efecto físico.

Incluso algo tan aparentemente abstracto como la astrología, para mí, tiene sentido visto desde el punto de vista del psicoanálisis. Además, como ya mencioné, la relación entre el ritmo de las mareas (por no hablar de los ciclos menstruales de las mujeres) y la Luna me parece suficiente «prueba» de que la vida en la Tierra está relacionada con los movimientos de los cuerpos celestiales. Pero ¿los cristales? ¿Cómo puede tener un efecto sanador estar cerca de un objeto inanimado que solo tiene un bonito aspecto?

Sin embargo, al avanzar por mi camino numinoso, me fui percatando de que los cristales tenían un papel muy especial en el arsenal sanador de la mayoría de místicos modernos. Además, por parte del grupo de las Chicas Materiales, existía una nueva raza de entusiastas de los cristales que estaba creando unas colecciones de joyas impresionantes con gemas misteriosas y antiguas. Así que decidí indagar un poco más en el tema.

CRISTALES: EL KIT BÁSICO

CUARZO. El cuarzo es la gema más diversa del reino de los cristales y presenta muchas variaciones. Se conoce por ser un conductor de energía potente. Por este motivo, recibe el nombre de «maestro sanador». El cuarzo se puede utilizar para amplificar cualquier intención de sanación que se le adjudique.

CUARZO ROSADO. La gema del «amor»: amplifica la compasión, la paz, la ternura, el cuidado y el confort. Se utiliza para atraer nuevas relaciones amorosas y para mejorar las existentes.

CUARZO AHUMADO. Es la gema de la «supervivencia»: facilita la conexión con las energías del mundo natural, porque cultiva la estabilidad y el arraigo.

TURMALINA NEGRA. Conocida como la gema de la protección, se dice que la turmalina negra puede ser un escudo psíquico contra la energía negativa y puede protegernos contra los elementos contaminantes del medio ambiente. También ayuda a transformar los pensamientos negativos en intenciones positivas. Es esencial para los urbanitas modernos.

CITRINA. Gema de la materialización y del éxito, la citrina amplifica la creatividad y la imaginación. También ayuda a cultivar la voluntad personal necesaria para transformar nuestras esperanzas y sueños en realidades físicas.

AMATISTA. Clasificada en el pasado como piedra «preciosa», junto con los diamantes, las esmeraldas, los zafiros y los rubíes, la amatista se conoce por sus propiedades calmantes. Ayuda a relajar la mente y las emociones. Por este motivo, también se conoce como la gema de la «sobriedad», puesto que ayuda a aplacar las compulsiones adictivas (por ejemplo, el alcohol, los atracones, las compras, los chicos...).

Una tarde fui a la «escuela de los cristales» para asistir a una introducción en profundidad sobre las piedras de sanación llevada a cabo por Luke Simon, sanador y cofundador del Maha Rose Center for the Healing Arts (y, sin duda, también un descendiente directo del reino de los duendes). La clase iba a tratar la formación de los cristales, las teorías sobre sus propiedades sanadoras, una introducción a las distintas piedras, y cómo usarlas y cuidarlas. Si nos daba tiempo, también tendríamos la oportunidad de practicar breves sesiones de sanación con los cristales entre nosotros.

Luke inició la sesión diciendo: «Empecé a trabajar con cristales cuando me mudé a Nueva York y me di cuenta de que necesitaba llevar algún amuleto puesto». Al quedar inmerso en el caos energético y absorbente de la ciudad de Nueva York, sintió que necesitaba algún «talismán» puesto, algún objeto simbólico que fuera la plasmación física de su conexión con sus intenciones, su fuerza interior y su Yo superior (espíritu, Dios, el universo, etcétera). Entonces Luke habló sobre el origen de su viaje con los cristales y por fin capté su función en nuestras vidas místicas modernas.

Quizá su historia me gustara tanto porque yo misma tuve una experiencia similar. Como él, cuando me mudé a Nueva York, fue emocional y energéticamente como salir propulsada del sillón del Batmovil. Sin embargo, como por arte de magia, ese primer apartamento infestado de parásitos en el West Village de Manhattan estaba justo un poco más arriba de *Stick, Stone and Bone*, una de las tiendas de material esotérico más queridas de la ciudad.

Cuando investigaba mi nuevo barrio, con la idea de *The Numinous* cogiendo forma en mi cabeza, a menudo acababa en esa tienda, examinando las barritas de incienso y de hierbas para quemar y los mazos de oráculos. Allí estaban los cristales, ordenados en las estanterías y amontonados como si de platitos se tratara, con tarjetones escritos a mano que enumeraban sus propiedades «mágicas» sanadoras. Seguía sin verle el interés a tener piedras sueltas por encima de mi escritorio o en mi bolso, pero me sentí atraída por unos anillos de ojo de tigre y turmalina negra que estaban al lado de la caja (ambos prometían arraigo, protección y alivio ante la ansiedad).

Pues bien, acabé llevándolos todo el verano, el mismo verano que viajaba como una loca entre Nueva York e Ibiza, el mismo verano que necesitaba con urgencia… arraigo, protección y alivio ante la ansiedad. Pensé: «Quién sabe si funcionarán, pero no tengo nada que perder». Verlos cada día se convirtió en un recordatorio visual de que de algún modo «estaba dispuesta a creer que el universo me respaldaba». Se convirtieron en mis talismanes.

Lo extraño fue que los anillos se rompían todo el rato. De repente, se partían en dos y se me caían del dedo sin motivo aparente. Cada vez que ocurría me sorprendía mogollón y, un día, cuando estaba en *Stick, Stone and Bone* cambiándolos una vez más, le pregunté a la dependienta de qué iba todo eso. Me respondió: «Oh, estarán trabajando demasiado. Tienes que acordarte de cargarlos».

¿Cómo? ¿Qué? ¿Cargarlos como si fueran… mi teléfono? Pues sí. Ya te lo contaré más tarde. Sin duda, estaba atravesando uno de los períodos de mi vida con menos arraigo, más vulnerables y de mayor ansiedad, y por eso su teoría tenía para mí todo el sentido del mundo. Los pobres anillos lo habían dado todo y más.

Es justo decir que pasé de sentir curiosidad por los cristales a convertirme en una auténtica creyente. Ese otoño compré un par de piedras que sencillamente me atrajeron, y las coloqué en los alféizares de mi curioso apartamento. Parecían aportar calma y luminosidad al lugar. Luego también empecé a descubrir nuevas diseñadoras que producían unas creaciones de cristal muy codiciadas. Mis anillos de protección eran meras bandas de piedra pulida, pero ahora deseaba piezas sofisticadas y elegantes que costaban miles de dólares. Sin embargo, seguía sin tener ni idea de cómo funcionaban los cristales.

FORMA Y FUNCIÓN

Como quiero pasar a la parte divertida de cómo escoger, utilizar y cuidar tus cristales, seré breve con la parte científica, pero sí la voy a incluir, porque a) yo la sentí como necesaria, así que estoy dando por sentado que para ti también lo es, y b) es fascinante. (Nota: debería introducir esta sección añadiendo que la siguiente información se basa en conversaciones con las Numinati y no es el resultado de una investigación científica extensa por mi parte.)

Básicamente, los cristales nacen a partir de rocas fundidas, o magma, y se forman a lo largo de millones de años, cuando el magma se enfría y se solidifica. Los distintos compuestos químicos en el magma son lo que crean los diferentes tipos de cristales. Lo que hace que todos los cristales sean tan especiales (incluyendo lo que conocemos como piedras preciosas) y la clave de sus propiedades de sanación es que a diferencia de otras rocas, las partículas atómicas de los cristales crean formas intrincadas y totalmente simétricas. Al igual que las plantas, solo dejan de crecer cuando se arrancan de la tierra. Así que no son objetos tan inanimados después de todo.

Llegados a este punto, le paso las riendas a mi amiga Victoria Keen, mi cerebrito brujil preferido. VK crea su propia línea de ropa para yoga de alta vibración y también practica una suerte de sanación del biocampo con el sonido de diapasones, basada en la teoría de que nuestro cuerpo físico está rodeado por un campo biomagnético de energía (que también se describe como aura). Victoria cree que la salud perfecta es el flujo sin trabas de esta energía, que a su vez ayuda a las partículas de nuestra aura o proyecto energético a mantener su propio patrón perfectamente simétrico, similar al de las estructuras de los cristales. Por otro lado, la enfermedad es el resultado de los bloqueos de nuestro flujo energético, que ponen en peligro las estructuras de estas partículas y hacen que se dispersen.

En su práctica médica, Victoria manipula ondas de sonido (también estructuradas de forma única y perfecta a nivel atómico) para ajustar el biocampo y devolver al proyecto energético un estado de simetría y coherencia. Ello se debe a que: «Según la ley de la vibración en física, la estructura con el patrón general más coherente y, por lo tanto, de mayor vibración, hará que la estructura de menor vibración y menos coherente vibre según el patrón de mayor vibración». Victoria cree que los cristales funcionan más o menos igual, de manera que cuando estamos cerca de los cristales, cualquier obstáculo (debido a traumas emocionales del pasado, por ejemplo) en nuestro biocampo «vibrará» con la simetría perfecta de las piedras.

Llegados a este punto, ya me empieza a doler la cabeza, pero en realidad se trata de la misma teoría que hay detrás de cualquier sanación vibracional, incluyendo la homeopatía y las esencias florales. Si te interesa profundizar en el tema, Victoria nunca se cansa de hablar de un libro llamado *The Holographic Universe*, que según ella lo desglosa todo de maravilla.

CÓMO ESCOGER TUS PIEDRAS

Bueno, pero, por ahora, ¡hablemos de cómo comprar algunas gemas hermosas! Hablemos también de cómo usarlas y llevarlas para maximizar su potencial de sanación.

La norma general es dejar que sean los cristales los que te encuentren a ti. Victoria lo describe del siguiente modo: «Siéntelo. Lo que te atrae inmediatamente es casi seguro lo que necesitas en tu vida en ese momento. Cierra los ojos y sujeta el cristal con tu mano no dominante para sentir las sutiles vibraciones de la piedra con mayor claridad. ¿Está caliente, fría, tienes sensación de cosquilleo? ¿Te hace sentir mejor o peor?».

He aquí un ejemplo de cómo podría funcionar esto «al revés». Digamos que quieres comprar un pedazo de cuarzo rosado, por todos conocido como «la piedra del amor», puesto que te está costando atraer el tipo de relación que deseas. Sin embargo, ahí estás en la tienda y los ojos se te van todo el rato a los colores del arcoíris de un pedazo de calcopirita (o sea, el mineral del pavo real).

Bueno, se dice que la piedra del pavo real libera energía estancada y alivia el dolor de las viejas heridas, así que quizás el verdadero motivo por el que sigues soltera sea que aún tengas que trabajar más para superar la ruptura de un ex. La calcopirita te está dejando saber que puede ayudarte en este sentido.

Del mismo modo, como Luke señaló en la escuela de los cristales: «Si una piedra te repele, podría ser una invitación a indagar en lo que sea que estés evitando a propósito en tu vida». Por ejemplo, solía pensar que la amatista era muy «aburrida» y me desencantaba su color lila mega New Age. Bueno, ¿tendría eso algo que ver con que se conocía como «la piedra de la sobriedad»? Como mis sentimientos sobre beber menos alcohol han cambiado (o sea, que más que aburrido, es la clave para tener una vida con una intención clara, conectada y creativa), también han cambiado mis sentimientos sobre la piedra. ¡Quién sabe si es coincidencia, pero desde que compré una amatista preciosa para mi mesita de noche, cada día siento más aprecio por lo que incluso he acabado llamando «alta sobriedad»!

A su vez, sentirse siempre atraída por las mismas piedras es un indicativo de que quizás hayas trabajado con ellas en una vida pasada.

En mi experiencia, otro motivo para seguir tu intuición es que puede llegar a ser muy difícil recordar todas las propiedades de las piedras (las listas son larguísimas y puede haber mucho solapamiento). Además, es mucho más divertido seleccionar tu piedra primero y luego consultar el significado, puesto que probablemente exista un componente de serendipia en tu elección.

Como lo que le ocurrió a Jill Urwin, una diseñadora de Londres que crea algunas de mis piezas de cristal favoritas. Cuando dejó su trabajo como compradora de moda para iniciar su propia línea, la primera piedra por la que se sintió atraída fue un cuarzo ahumado. Me explicó: «Me centré en lo puramente estético, pero más tarde descubrí que se trata de una piedra del chacra raíz y que activa tus instintos de supervivencia. ¡O sea, perfecto para iniciar tu propio negocio!».

A día de hoy, sigue llevando cuarzo ahumado, junto con su cuarzo normal y una forma muy extraña de cuarzo llamada «diamante Herkimer». El nombre hace honor al lugar de donde se extrae, al norte del estado de Nueva York. Son cuarzos con unas facetas perfectas y con una simetría que el ser humano no puede replicar. Jill opina que eso aún les convierte en diamantes más valiosos. Y cosas de la fortuna o del universo, las piedras preferidas de Jill encajan a la perfección con su estilo personal.

¿En cuanto a mí? Siempre he sido como una especie de «urraca» y me suele atraer lo dorado y brillante. La pirita (para la acción, la vitalidad y la voluntad), la aventurina (la piedra de la ambición) y la citrina (la piedra del éxito) son algunas de mis preferidas, una gama que también es apropiada para todo el fuego de Aries y Sagitario de mi carta astral. También, claro está, me gusta el rubí, mi piedra homónima. Es curioso que nunca me había sentido atraída por ella hasta hace muy poco, pero cuando el Piscis me dijo estas Navidades pasadas que quería comprarme una joya, solo puede escoger un anillo delicado con un minúsculo rubí rosa intenso en la joyería Dirty Hands de Brooklyn.

Después de buscar las propiedades de mi rubí, tiene sentido que forme parte de mi vida ahora. El rubí es PODEROSO. El rubí es una piedra del chacra raíz majestuosa, la gema de los reyes y las reinas. Crystalvaults.com (una gran página sobre piedras y su significado) describe las propiedades y los poderes del rubí del siguiente modo: «Promueve la claridad mental, una mayor concentración y motivación, y aporta una sensación de poder a quien lo lleva, una autoconfianza y una determinación que superan la timidez y te impulsan hacia la prosperidad y la satisfacción». ¡Vaya!

Es justo la energía que necesitaba para escribir este libro. Mi piedra homónima también aporta el tipo de vibraciones de liderazgo de las que he huido toda mi vida. Sin embargo, crear *The Numinous* y conseguir la totalidad que he experimentado en consecuencia, me ha ayudado a reconocerlo y a afrontarlo como parte de mi *dharma*. ¡En realidad, no puedo creerme que acabe de escribir esto! Mi rubí hoy debe de estar trabajando a tope.

TODOS NECESITAMOS UN TALISMÁN

En pocas palabras, mi rubí es mi talismán preferido ahora mismo. Es lo que Kirstie Gibbs, una excompradora de joyas para Harrods, en Londres, y fundadora de la línea de cristales de alta vibración The Alkemistry, describe como «tesoros que se llevan para conseguir un mayor propósito y atracción energética».

En un artículo para *The Numinous*, escribió: «En nuestro mundo de sobreestimulación, es más importante que nunca seguir conectadas con nuestro propósito, y llevar un objeto personal sagrado de nuestra elección. Cuando una mujer lleva su talismán, se carga con la energía de lo que quiere atraer y/o de lo que se quiere proteger, ya sea protección, una cita exitosa o un flujo de ideas creativas en su vida laboral». A lo que solo puedo responderle chocando los cinco con fuerza (virtualmente, claro está).

Ahora que lo pienso, nuestros *smartphones* parecen haberles robado el sitio a los talismanes tradicionales. Son objetos brillantes que llevamos encima o a nuestro alrededor en todo momento y que solemos decorar para que sean más bonitos. En nuestros teléfonos tenemos las *apps* para seguir nuestros proyectos, nuestros peregrinajes, nuestra vida social e incluso nuestras reglas. Con ellos accedemos a los medios sociales y también grabamos nuestras ideas, esperanzas y deseos. ¿Nos ofrecen protección? Estoy segura de que no soy la única que se siente menos «segura» si por error se lo olvida al salir de casa. Además, con la llegada de la tecnología *wearable*, se nos alienta a fusionar aún más nuestras vidas con nuestras máquinas.

¿Así que qué te parece invertir en algún tipo de «sanación que lleves puesta» (*wearable*) en forma de cristales? Son talismanes para cargar la conexión con tu yo superior (espíritu, Dios, el universo, etcétera) y con el planeta que dio a luz a estas piedras místicas.

Jill Urwin me explicó: «Cuando creé mi línea, como había trabajado como compradora en el sector de la moda rápida, donde todo parecía de usar y tirar, me sentí obligada a crear piezas con sentido». En mi opinión, esto tiene que ver con lo que Luke Simon describía como «cristales que representan el efecto Campanilla»: los cristales son una invitación a creer en nosotros mismos, en nuestro viaje y en esa unidad que es todo amor de nuestro universo. Del mismo modo que Peter Pan creía que solo podía volar cuando le espolvoreaban polvo de hada (es decir, cristal), o «materia estelar», como J. M. Barrie lo llamaba en su historia original (que, por cierto, se publicó en 1904, setenta años antes de que el famoso cosmólogo Carl Sagan citara: «Todos estamos hechos de materia estelar»).

Como dice Victoria Keen: «La intención es lo que cuenta cuando se trabaja con cristales, puesto que nuestros pensamientos también presentan su propia vibración». En este sentido, también es posible «programar» nuestros talismanes con nuestro propósito, lo cual hacemos de forma natural con nuestras joyas más especiales (el ejemplo clásico sería el tradicional anillo de diamante de compromiso).

DÓNDE LLEVAR TUS CRISTALES

Aunque he dicho que no me gusta tener piedras sueltas por ahí, debo reconocer que las pongo en todas partes. Encima de mi mesa, mis bolsos varios, mi altar, mi mesita de noche... En realidad, quiero solucionar este tema y comprar una estantería especial para mis cristales que pondré en el despacho de casa. ¡Ya va siendo hora de que los trate con un poco más de respeto!

Cuanto más estudio sobre los cristales, y más se sensibiliza mi camino numinoso con sus sutiles energías de sanación, más siento la llamada de llevarlos encima. Por no hablar, como ya he mencionado, de que mis joyas de cristales han cambiado radicalmente estos últimos años.

Algunas de mis diseñadoras preferidas que están creando maravillas ahora mismo, por si les quieres echar un ojo, son: Jill Urwin; Unearthern; The Alkemistry; Rock & Raw; Vega Jewelry; Communion by Joy; Jacquie Aiche; Pound Jewelry; y la línea Crystal Cactus de Audrey Kitching.

Hablando con Jill, empecé a pensar que los distintos tipos de joyas también están diseñados para colocar tus cristales cerca de los diferentes chacras. Vale la pena tenerlo en cuenta cuando escoges una joya. Por ejemplo, un colgante con una piedra que queda totalmente alineada con tu chacra corazón, una gargantilla con tu chacra garganta, o una cadena para decorar el vientre o tachuela con tu chacra plexo solar. Esto me llevó a pensar también en los orígenes de las diademas de diamantes clásicas, tan queridas en los cuentos de princesas, por los estilistas de Victoria's Secret y por la realeza a lo largo de la historia. ¿Crees que es coincidencia que el diamante, conocido como símbolo de la perfección y la iluminación, se lleve así? De este modo, activa los chacras corona y el etérico tercer ojo.

Hablando de ser un poco urraca, y por supuesto también princesa, me obsesioné con las joyas de la corona, una colección de piezas ceremoniales ostentosas que pertenece a la familia real británica, después de haberlas visto en una visita escolar. Ahora, para escribir esto, la he vuelto a ver, y casi cada corona luce un ENORME diamante (de trescientos quilates o más) justo en el centro de la frente, o encima del tercer ojo. Parece ser que una de las familias más poderosas de la historia de la civilización moderna era bien consciente de la capacidad del diamante de potenciar los poderes de la percepción y de cómo utilizarlo a su favor. Vaya, hola #teoríasdelaconspiracióndelosilluminati. Ahora en serio, busca en Google «joyas de la corona británica», ¡y dime si no son piezas antiguas de tecnología diseñadas para acceder a planos superiores de conciencia/comunicación con la vida en otros planetas!

En cuanto a lo de activar tus chacras, también puedes escoger las piedras según si su color se corresponde o no con un chacra en concreto. Por ejemplo, el rubí para el chacra raíz, la citrina para el chacra sacro, la aventurina para el chacra plexo solar, la esmeralda para el chacra corazón, la turquesa para el chacra garganta, el zafiro para el tercer ojo y la amatista para el chacra corona.

En la astrología védica, los diferentes dedos se refieren a los distintos planetas y elementos, lo cual resulta útil para escoger en qué dedo llevar un anillo. Sin embargo, como te contaba, tu cristal tendrá sus propias ideas al respecto.

Muchas de las joyeras que he mencionado antes también crean ropa, así que siempre pueden engastar tu piedra favorita en el talismán que elijas. Victoria Keen cosió unas pequeñas citrinas en una bonita bufanda que creó para mí una vez, pero puedes optar por algo mucho más modesto, si quieres. Me encantan las bolsitas de piel que puedes comprar para llevar cristales colgados del cuello. ¡Y un sondeo rápido entre mi tribu en Instagram reveló que el sujetador es un lugar bastante popular para esconder piedras! Ya te las apañarás cuando tengas que explicarle a tu próxima cita en Tinder qué hacen allí metidas las gemas.

MÁS MANERAS DE TRABAJAR CON TUS PIEDRAS

Además de llevar o tener tus piedras cerca, existen muchas otras formas de beneficiarse de sus energías de sanación.

En una tintura

Como con las esencias florales, las esencias de las gemas están formuladas para que puedas ingerir las propiedades vibracionales de las distintas piedras. Es bastante fácil crear tu propia esencia. Busca «recetas» en Internet y úsalas para rociar con un par de gotas el agua de tu baño. También puedes comprar una botella de agua especial diseñada para cargar con seguridad tu agua potable con tus tinturas de cristales. (**Atención: no todos los cristales se pueden ingerir.**)

En una sesión de sanación

Disponer los cristales directamente sobre la piel es la mejor manera de maximizar su potencial de sanación. Se pueden colocar sobre el cuerpo durante tratamientos como el Reiki o la sanación con sonido. Debes consultarlo con tu terapeuta primero, pero podrías llevar contigo a una sesión una piedra con la que sientes una conexión especial. ¿O quizá tu masajista podría incorporar las piedras a tu próximo tratamiento? Experimenta con esta técnica también en casa. Como siempre, debes ser consciente de tus intenciones y permitir que te guíe la intuición. ¡Vale la pena añadir que las piedras lisas son las más cómodas para colocar directamente sobre la piel!

En una disposición geométrica de los cristales

Luke Simon habla de esta disposición. Se trata de colocar varias piedras siguiendo un patrón geométrico, en un altar, por ejemplo, «como si se tratara de una receta para fusionar las propiedades de las diferentes piedras y así pudieran sanar con más potencia». Por ejemplo, si dispones cuarzo en un patrón geométrico junto con turmalina negra, el cuarzo amplificará las propiedades protectoras de la turmalina. Una vez más, debes usar tu intuición sobre qué piedras disponer. Victoria a veces crea disposiciones que coloca bajo la camilla de tratamiento durante una sesión de sanación con sonido y crea sus propias disposiciones para su altar en casa. Explica: «Me ayudan a centrar mi intención y energía sobre un tema o un deseo en concreto. También me gusta encender una vela nueva con cada disposición y, cuando se apaga, al cabo de varias semanas, entonces recojo la disposición geométrica de los cristales y empiezo a trabajar con una nueva intención».

Durante una meditación

Se puede utilizar cualquier piedra durante una meditación (solo hay que sujetarlas sin fuerza). Parece ser que los cristales azules, lilas y claros, relacionados con los chacras tercer ojo y corona, son los más eficaces para aclarar la mente y acceder a estados superiores de conciencia. Puedes seleccionar una piedra que esté relacionada con una preocupación concreta y programarla con una intención específica antes de sentarte. Victoria Keen explica: «Lo he experimentado meditando con muchas piedras distintas. Es interesante notar lo muy diferentes que las sientes cuando te centras en la preocupación. Las he notado palpitar en mi mano, me han hecho cosquillas, han emitido calor y también he sentido un flujo de energía que provenía de ellas».

En un ritual de baño

Mi amiga Deborah Hanekamp es la reina de los «rituales de baño» y sus «recetas» para estos baños (como la de la página 238) siempre incluyen uno o dos cristales, junto con distintas hierbas, sales y mantras. Como el agua vibra (¿recuerdas?) muy rápidamente de acuerdo con la simetría perfecta de los cristales, hace de conductor de su energía. Puedes utilizar tu intuición para experimentar esta técnica tú misma. Recuerda que primero siempre debes tener una intención clara. También debes saber que no todos los cristales responden igual de bien en el agua. En caso de duda, puedes colocarlos en una jarra de cristal transparente y llevártela al baño.

Escribe un diario sobre cristales

Me encanta esta sugerencia de Luke Simon: registra el progreso de tu trabajo con una piedra concreta a lo largo del tiempo. Es útil porque se trata de un tipo de sanación sutil y los resultados quizá no sean evidentes en el acto a nuestros ojos. Aunque adivina, como las palabras escritas también tienen su propia vibración, cuanto más puedas «cristalizar» (por decirlo de algún modo) tu intención para tu viaje de sanación con las piedras, mejor.

CUIDA DE TUS CRISTALES

Ahora ya has seleccionado tus piedras y has empezado a incorporarlas en tu ropa y en tu vida. Recuerda que como estos objetos no son tan inanimados, su naturaleza vibracional implica que están interactuando constantemente con la energía que hay a su alrededor. Por lo tanto, hay que limpiarlas de cualquier mala baja vibración que puedan haber absorbido por el camino.

Existen distintas maneras de hacerlo, como:

- Cubriéndolas con el humo de la quema de salvia u otras hierbas limpiadoras, como el palo santo, las hojas de cedro, la hierba de búfalo o la lavanda (intenta imaginar que el humo es agua).
- Sumergiéndolas en agua de manantial natural (a no ser que se disuelvan con el agua; míralo en Internet), de una a veinticuatro horas.
- Enterrándolas en sal (para una limpieza más a fondo), durante varias horas, toda la noche o incluso hasta un par de días.
- Enterrándolas en la tierra, ya sea al aire libre (¡recuerda que debes indicar de algún modo dónde las has enterrado!) o en una maceta, de tres días a una semana.

Debido a la naturaleza programable de tanto el agua como los cristales, Jill Urwin dice que también es seguro limpiarlos bajo el grifo si se hace con una intención superfuerte.

Como descubrí con mis anillos de cristal de turmalina y ojo de tigre, además es importante cargar los cristales que han trabajado en exceso, o en cualquier momento que te parezca que las piedras estén «apagadas». Puedes exponerlas al Sol o a la Luna, de un par de horas a toda una noche.

Amplía tu colección, pero Luke tiene una cosa que decir al respecto: «Nunca tengas más cristales de los que puedas amar». Como dice él, ¿cómo se cierra el capítulo con una piedra en concreto, si sientes que se ha acabado el trabajo conjunto que teníais entre manos?

Puedes devolverla a la naturaleza. Luke explica: «Cuando los cristales se rompen, cuando aquello para lo que fueron programados ya se ha manifestado o cuando sientes la llamada de liberarlos, devolverlos a la naturaleza es un ritual con mucha carga. Te sientes como si devolvieras una estrella al cielo». Sugiere que los dejemos en el recoveco de un árbol, o que los enterremos, pero añade: «También es hermoso dejarlos en silencio, cerca de un río o del océano».

La otra opción, según Luke, es darlos a otra persona: «Si sientes de manera intuitiva que tienes que darlo, ¡escucha el mensaje! Es muy divertido recibir un cristal de este modo. Llega una amiga y te dice: "La piedra me está diciendo que quiere estar contigo".».

He aquí mi opinión. Ya sé que con la sanación con cristales me llevo el premio «a la más supermegatarumba», pero cuanto más pasa el tiempo, más convencida estoy de que las piedras tienen conciencia propia. Quizá sea solo yo, que quiere creerlo. ¿Sientes ya el efecto Campanilla?

QUINTA PARTE

Gente y fiestas

15

La sanación es la nueva vida nocturna

Me apunté a una sesión de técnicas de respiración porque mi amiga Sophie me contó que era lo que le daba un mayor subidón de forma natural.

Es viernes por la noche y estamos en Williamsburg, Brooklyn (el epicentro de la escena musical hípster de Nueva York y la tierra de los tugurios) y estoy sollozando con todo mi corazón y con toda mi alma en un tipi en Havemeyer Park, el centro de una serie de eventos y talleres veraniegos de sanación con altas vibraciones. El trabajo de respiración es una meditación pranayama activa para mover con rapidez cualquier tipo de energía estancada o pesada que tengas en el cuerpo (como explica la facilitadora, Erin Telford: «Es una manera superrápida de desintoxicarse emocionalmente»). Te explico la pinta que tiene todo esto. Estoy tumbada de espaldas sobre una sábana, pegada al suelo como por una fuerza cósmica, con todo mi cuerpo convulsionando mientras las lágrimas corren por mis mejillas más y más, sin parar (más tarde, en otras sesiones, me han contado que este fenómeno se conoce como «llantorgasmo múltiple»).

La luz es tenue, *Big Time Sensuality* de Björk flota en el aire junto con una nube de salvia y hierba de búfalo, y todo queda mezclado en una maraña de llantos, gritos e incluso lo que parece una risa histérica. En el grupo somos unas veinte personas y por ahora hemos repetido una respiración bastante rápida en tres fases, inhalando hasta el abdomen, luego el chacra corazón y exhalando por la boca, desde hace ya bastante rato. En mi estado alterado, el tiempo es un concepto abstracto.

Tengo los ojos cerrados y hay un momento en el que siento que me untan la frente con algún tipo de aceite o tintura. Alguien me coloca un cristal en cada una de las palmas que tengo apuntando hacia arriba, que siento como garras agarrotadas. De hecho, las sensaciones físicas que noto (desde cosquilleo por todas partes hasta una presión en las extremidades como si estuviera bajo el agua) son abrumadoras. Es como subir a una atracción de esas en las que caes en picado desde seis metros de altura, pero que de algún modo sigues pegado a la pared, y en vez de morir al final lo que sientes es como si volaras.

Justo cuando siento que voy a empezar a arder por dentro o a levitar sobre Williamsburg Bridge, Erin nos ordena que empecemos a respirar más despacio. Empiezo a percibir la música y el zumbido que siento en mi interior se calma. Al respirar con normalidad de nuevo, siento que una gran calma me invade el cuerpo. Suelto una risita, pero sigo con las mejillas mojadas por las lágrimas.

¿Se puede saber qué coño ha pasado? Me incorporo para sentarme y tengo la sensación de que mi cuerpo está hecho de burbujas y que mi cabeza empezará a flotar sobre el cosmos. También siento como si estuviera conectada con un hilo dorado de puro amor y compasión con todas las personas que están en el tipi. A juzgar por la sonrisita que circula entre las caras de la gente, como si de una ola en un campo de futbol se tratara, diría que no soy la única.

Erin nos invita a abrirnos y compartir nuestras experiencias, que van de meros sentimientos de liberación física a haber procesado recuerdos e ideas profundos y arraigados, sobre nosotros y nuestras vidas, que surgieron durante el ejercicio de respiración. A algunas personas incluso les costaba expresar lo que les había ocurrido, como si la conexión entre su cerebro y lo que emitían por la boca deformara el mensaje. O sea, un poco como si se hubieran tomado tres chupitos de tequila, pero sin la mala pronunciación.

Cuando me toca a mí, digo algo así como: «¿Todo el mundo se siente tan elevado como yo ahora mismo?». Porque cada célula de mi cuerpo parece superdespierta y llena de amor, lo cual se traduce en un fuerte deseo de abrazar a la gente y compartir con ella los detalles más íntimos de mi vida emocional. Erin nos explica que como las técnicas de respiración aumentan tanto tu vibración, tu aura se extiende un metro en todas las direcciones de tu cuerpo.

Más tarde, de vuelta a casa, me siento como flotando por las calles de Williamsburg. Las farolas parecen brillar más y contemplo cómo se va despertando la vida nocturna de los baretos del viernes noche. El sofocante aire veraniego queda impregnado con humo de cigarrillo y cotilleo. No hay duda de que pronto llegarán las declaraciones de amor, las risas histéricas y los llantos. A la mañana siguiente surgirán las preguntas inevitables sobre si algo de todo aquello fue real, todo ello acompañado de una ingesta de calmantes y carbohidratos para llenar el vacío emocional que ha dejado el vodka.

Evidentemente, está hablando la voz de muchísimos años de experiencia. Y sí, el subidón que conseguí con mi trabajo de respiración cien por cien natural y orgánico fue mucho más sostenible, y tuvo un impacto más positivo en mi vida futura que la mayoría de sustancias artificiales que había probado hasta ese momento para sentir un subidón.

Por cierto, NO hago en absoluto esta observación desde un punto de vista de superioridad moral.

No estoy aquí para juzgar lo que hace la gente el viernes por la noche, ni ninguna otra noche de la semana que vaya en busca de algún tipo de liberación emocional, de perspectiva diferente sobre su situación actual o de sentimiento de conexión con los demás. La sencilla verdad que quisiera compartir en este capítulo es que mi viaje numinoso me ha presentado mogollón de alternativas para experimentar todo lo anteriormente mencionado, y sin resaca. Desde los círculos de sanación a los rituales de Luna, las fiestas de bailes ceremoniales y las *raves* sobrias. Ahora socializo con intención positiva y conciencia, puesto que mi enfoque ha cambiado para siempre la manera que tengo de entender mi vida social.

Creo que quien mejor acuñó este concepto es la profesora de yoga de Brooklyn Amanda Capobianco, cuando empezó a utilizar la expresión «#lasanacioneslanuevavidanocturna».

Deja que te cuente…

EL VALOR DEL ALCOHOL VERSUS EL VALOR DIVINO

En una lectura reciente de numerología, el tío que calculaba mis cifras declaró: «Vaya, eres una solitaria popular». En otras palabras, soy lo que me gusta llamar «una introvertida extrovertida». Me gusta mucho la gente, pero me superan y bloquean las situaciones en las que hay mucha gente con las que tengo que interactuar a la vez, como por ejemplo las fiestas.

De hecho, siento una aversión total por las fiestas. Son geniales para ciertos tipos de personas (como los extrovertidos de verdad) y difíciles de narices para los comunicadores intensos como yo. Sin embargo, las fiestas, por definición y por defecto, son la forma socialmente aceptada que tienen los humanos de celebrar la vida y las relaciones, tanto si se nos da bien lo de ir de fiesta como si no.

No fui a muchas fiestas de adolescente, porque escogí al Capricornio, fumaba cantidades ingentes de porros y me pasaba las noches contando calorías y obsesionándome con el tamaño de mis muslos. Me abstenía totalmente de beber alcohol cuando estábamos juntos, porque era uno de esos porreros que le daba fuerte. Sin embargo, al final fue el alcohol lo que me dio el valor de dejarle. Concretamente, fueron unos cócteles muy fuertes que me tomé durante unas vacaciones de chicas en Grecia, que me llevaron a la cama de un extraño alto y de piel oscura. Era justo el empujón de confianza que necesitaba (porque además acababa de graduarme con unas notas de la hostia) para largarme definitivamente.

Así pues, el alcohol empezó a representar la libertad para mí y me pasé los siguientes seis meses de mi vida a tope, intentando recuperar el tiempo perdido en el mundo de las apuestas de quien puede meterse más chupitos de tequila en el cuerpo. Luego conocí al Piscis, que organizaba fiestas y que pensaba, viéndome con un cóctel (ahora sí, de fiar) en la mano, que las fiestas eran lo que más me gustaba en el mundo. Acudía con regularidad a algunos clubes nocturnos y me pasaba los veranos en Ibiza, la capital europea fiestera por excelencia. ¡O sea, un cambio radical de 180 grados!

¿Qué problema me ayudó a superar el alcohol en las fiestas? Empinando el codo sin parar, me olvidé de que no era capaz de tener conversaciones superficiales y descubrí que no importaba si las tenía más profundas. Decía lo que me pasaba por la cabeza y dejé de dar por sentado que me juzgaban todo el rato por lo que me salía de la boca (o dejé de juzgarme a mí misma por lo que me salía de la boca). También hacía que las conversaciones superficiales parecieran más importantes, porque lo que más odio en el mundo es hablar por hablar (con mi Mercurio en Aries, lo único que puedo decir es que me gusta ser directa).

La popularidad del alcohol en las fiestas me hace pensar que no soy para nada la única que se siente así. Quizá nadie sepa tener conversaciones superficiales y quizá todos nos quedemos petrificados si metemos la pata o contamos un chiste que no hacía gracia a nadie. ¿Y si somos todos introvertidos extrovertidos (o extrovertidos introvertidos), y si todos buscamos desesperadamente la aceptación social y necesitamos sentirnos conectados a los demás, pero no tenemos demasiadas ocasiones para hacerlo sintiéndonos seguros con nuestro yo auténtico y sobrio (o sea, no borracho, pero también serio)?

Sí, muchas veces una dosis de «suero de la verdad» puede ser útil para avanzar en lo de «conocerte mejor» y lo guay de «compartir la historia de mi vida». Sin embargo, en mi experiencia, la ventana de oportunidad para que esto ocurra es minúscula, y antes de que te des cuenta ya te has metido en un territorio de no tan alta vibración. Seamos realistas. Lo que sale bajo los efectos del alcohol no es de fiar (y tampoco se puede recordar con demasiado detalle). Te doy un par de ejemplos: rupturas mientras estás bebida con tu ser querido, ataques de psicosis potenciados por un Pinot y vergüenza plasmada en mensajes de texto el día después.

Es justo decir que me he desenamorado del alcohol otra vez. Conozco demasiado bien el viejo ciclo de subidón muy corto, seguido de dudas sobre mí misma y demasiado dolor de estómago para disfrutar siquiera de la parte divertida. Una vez entrevisté al propietario de un club nocturno de unos cuarenta y tantos que lo explicaba de este modo: «Cuando empecé a salir de fiesta, todo era megaemocionante porque nunca sabías cómo acabaría la noche. Pero hoy en día sé exactamente cómo acabarán las cosas». Y entre líneas se entiende que el final nunca es demasiado bonito.

Sí, sin duda esto tiene mucho que ver con hacerme mayor y superarlo, pero en mi caso también lo puedo interpretar como «haber aprendido a aceptarme más y por lo tanto a abrazar a mi empollona interior, que en realidad prefiere pasarse el sábado por la noche estudiando la carta astral de su sobrino».

EL FACTOR «SENTIRSE BIEN»

Sin embargo, está claro que quiero «vibrar» y conectarme con mi tribu, y aquí es donde entra «la sanación como vida nocturna». Amanda Capobianco acuñó la frase porque después de mudarse a Williamsburg con la idea de acudir a espectáculos musicales y salir de bares acabó en un sinfín de baños de gong y sesiones de técnicas de respiración. Capté su expresión en el acto, porque tenía que ver con una revelación que acababa de tener sobre los círculos y talleres de sanación a los que yo también había empezado a asistir de forma regular: eran DIVERTIDOS.

Normalmente tenemos la idea de que si hay que «sanar» alguna cosa es que algo «no va bien», ¿verdad? Además, solemos negar el hecho de que la vida tiene tanto de «bueno» como de «malo», o tanto de «felicidad» como de «tristeza». Sin embargo, los humanos experimentamos lo bueno y lo malo diariamente. Sería extraño si no fuera de este modo. Así pues, para mí, «la sanación» tiene que ver con reconocer y procesar «lo que sientes como malo» para poder pasar a la parte de «sentirte bien».

Los niños lo hacen sin ningún esfuerzo cuando lloran y tienen una pataleta, y luego cinco minutos más tarde parecen estar como si nada. Está claro que según la intensidad de los sentimientos que estés sanando, el proceso también puede ser bastante rápido para los adultos. Como en un viernes por la noche cualquiera.

En cuanto a la sanación como vida nocturna (¡que también es una forma de conocer a gente que piensa del mismo modo e incluso de ligar!), quizás al principio te sientas un poco incómoda, ¡pero así llega el subidón! Un subidón vibracional que permanecerá en tu sistema y que se irá expandiendo con los subidones subsiguientes. Si escoges siempre los subidones conseguidos de manera natural, y no los de las drogas sintéticas o los producidos por el alcohol, empezarán a exceder los momentos bajos. Y antes de que te des cuenta estarás viviendo una vida de más alta vibración.

Bien, sigamos con algunas de mis estrategias favoritas Now Age de conseguir subidones naturales.

EL SUBIDÓN DE LA VULNERABILIDAD (TAMBIÉN CONOCIDO COMO «APRENDER A AMAR AL CÍRCULO Y A COMPARTIR»)

Bueno, has decidido socializar de una forma distinta este fin de semana y has acabado en una especie de taller Now Age, círculo de Luna o reunión de sanación. Has hurgado en tu armario en busca de algo cómodo para sentarte de piernas cruzadas (lo llamo «el estilo elegante del círculo de sanación») y has colocado un cojín al lado de la persona que te parece más normal del círculo. Porque en nueve de cada diez casos, habrá un círculo.

De hecho, «sentarse en el círculo» es una expresión que he oído muchas veces para describir el acto de reunirse para realizar cualquier tipo de ritual o ceremonia. Existen varios estudios que muestran que los humanos se conectan y colaboran mejor si se colocan de tal forma que se puede establecer un contacto ocular constante, con una posición de igual a igual. Los círculos también se refieren a lo Divino Femenino, lo inquebrantable, el flujo cíclico de la vida. Es decir, lo mejor para compartir en qué momento del viaje nos encontramos y nuestras mejores intenciones de participación (es decir, nuestras verdades más profundas y vulnerables) con el grupo. EJEM.

Cuando empecé a sentarme en estos círculos, odiaba cuando me llegaba el turno de compartir (me sudaban las palmas de las manos, se me secaba la boca y se me aceleraba el pulso). Entre otras cosas, porque me percaté de un hecho incómodo que ya he compartido en el capítulo del *dharma*: si tengo que vocalizar algo remotamente cercano a mi corazón, cuando estoy sobria, tengo muchas posibilidades de acabar en un mar de lágrimas (en realidad, las lágrimas probablemente también aparecen cuando voy bebida, pero no puedo sentirlas). O sea, no proyecto precisamente la imagen de chica guay que lo tiene todo bajo control y que es capaz de explicarlo todo con palabras (de nuevo, Mercurio en el egoísta Aries, ja, ja, ja).

Del mismo modo que las fiestas se convirtieron en su día en mi diversión favorita cuando descubrí el alcohol, ahora no me canso de acudir a círculos para compartir (ya sabes, va de «llantos feos» y todo esto, aunque la madre de mi Piscis me dijo cuando lo leyó: «No, ¡son lágrimas hermosas!»).

Ahora me he viciado con la sensación de alivio que sientes cuando comparto cosas que mi perfeccionismo interior (o ego) preferiría que nadie supiera. Como el hecho de que pienso que debo mantener una imagen de «chica guay». ¡O que no puedo hablar delante de un grupo sin romper a llorar! Porque, ¿sabes qué? Lo digo, lloro un poco y luego ya le toca a la siguiente persona. Sin dramas. Nadie se burla ni dice que no quiere hablar conmigo después. De hecho, en un contexto de muy altas vibraciones, ocurre justo lo contario.

En un círculo para compartir todo es físico (y sí, he estado en algunos círculos en los que la gente iba desnuda; para mí un poquito demasiado), lo cual es una prueba humana más de que está bien ser cada parte fea/hermosa de MÍ. En otras palabras, la aceptación social en su máxima expresión. Sin necesidad de chupitos.

EL SUBIDÓN DE LLORAR MIENTRAS LOS DEMÁS MIRAN

Cuando Erin Telford, que desde entonces se convirtió en una amiga y en una colaboradora de *The Numinous*, experimentó por primera vez las técnicas de respiración, estaba en un retiro en Nicaragua, y la sesión tuvo lugar en un bosque, por la noche, justo antes de una tormenta. O sea, MOLÓN A TOPE. Ella dice que no tenía ni idea de lo que esperar, pero que cuando las emociones empezaron a moverse por su cuerpo, no le quedó más que sucumbir al «llantorgasmo múltiple».

Me dijo: «Nunca me había ocurrido antes delante de un grupo. Cuando sientes que necesitas llorar como una niña, lo haces sola. Lo haces en tu dormitorio o en el suelo de tu baño. En realidad, es desgarrador que nos escondamos cuando más nos necesitamos el uno al otro».

Lo que le ocurrió luego es lo que hizo que Erin subiera a un avión para conocer a su maestro, David Elliott, para poder facilitar ella misma sesiones en círculo de técnicas de respiración: «Se me abrió el pecho y sentí mucho amor y bendición. Surfeé la ola del dolor y acabé en el otro extremo, un lugar de gratitud profunda. Jamás he abierto tanto mi corazón».

Desde bebés, aprendemos que expresar nuestras emociones con lágrimas (de felicidad, de tristeza, con mocos, lo que sea; todas se producen en la misma fábrica) incomoda mogollón a la gente de nuestro alrededor. O sea, tiene sentido que aprendamos a cerrar el grifo cuando estamos en compañía. Sin embargo, Erin opina que la escasez en nuestra sociedad de lo que ella llama «el presenciar emocional» es un crimen, porque permitir que nuestras emociones se vean físicamente forma parte del proceso de sanación. Después de todo, como nuestra amiga Victoria Keen dice: «Las emociones enterradas en vida nunca mueren». No. Se convierten en una especie de emociones zombis que intentan comerte el coco en vida.

Las múltiples experiencias que he vivido de llorar abiertamente en círculos de sanación (hasta el punto de que ya no siento vergüenza, ni me siento patética, ni avergonzada por ello) me han abierto el corazón todas por igual. La vulnerabilidad me ha convencido por completo, hasta el punto de que ahora me siento agradecida cuando ocurre. Después de todo, que me sienta tan bien después de un llanto desvergonzado en público me indica que la sanación está teniendo lugar. ¡No es de extrañar que este llanto en público también esté asociado al territorio del alcohol! Nuestro cuerpo quiere hacerlo, pero nuestro ego prefiere que no lo hagamos, así que espera a que estemos borrachos. ¿El problema en este caso? Que para sanarte lo debes sentir.

Quizás a ti esto no te venga de nuevo y te sientas comodísima con el llanto, y no tengas problemas en soltarlo todo. Este mensaje va para todas las lloronas que aún no han salido del armario: no tengáis miedo de vuestras lágrimas. Te diré más: ¿qué te parece si el viernes que viene buscas un lugar seguro para dejar que fluyan esas lágrimas?

EL SUBIDÓN DE BAILAR MIENTRAS NADIE TE MIRA

Según mi madre, cuando tenía tres años, iba por allí diciéndole a cualquier que me escuchara: «¡Ruby es una bailarina de verdad!». Esto ocurrió después de que me llevara a ver el musical *Grease*. Desde entonces, me gustaba TANTO bailar que cuando tuve suficiente edad, me apuntó a clases de *ballet*. Es una pena, porque también fue allí donde encontré a las primeras chicas malas y pronto empecé a suplicar que no me llevaran. Mi «trayectoria profesional» como bailarina se acabó a las pocas semanas.

Como no es ningún secreto que la mayoría de adultos necesitan una media de tres copas de Pinot para dejarse ir y subir a la pista de baile, seguro que no soy la única con alguna historia de vergüenza asociada a la hora de mover la cadera. Sin embargo, como la primera cosa que nuestros cuerpos suelen querer hacer cuando están de subidón es bailar, también estoy bastante convencida de que moverse al ritmo de un compás repetitivo es esencial para nuestro bienestar y conexión con la unicidad cósmica.

Esta es la idea detrás de los 5 Ritmos de Gabriel Roth, una clase de meditación en movimiento que consulté en su momento, que básicamente ofrece dos horas de baile en silencio, sobrio y por tu cuenta, en una sala a oscuras, con unos cien extraños más. También existe un taller celebrado los miércoles por la noche llamado «Danzorcismo» en la iglesia que está cerca de mi casa en Brooklyn, y también unas *raves* sin alcohol matutinas llamadas «Morning Glory y Daybreaker».

La teoría de este último evento suena GENIAL, en mi opinión. Algunas amigas lo han descrito como «casi una experiencia religiosa». Cientos de humanos, estimulados con bebidas de Shakti y expreso, conectándose sin palabras a través de la música. Sin embargo, tengo que ir en persona porque sí tengo experiencia con el primer evento, que me pareció insoportable. Solo conseguí huir lo suficiente de mi autoconciencia en un par de momentos fugaces como para sentirme metida en el ajo. Y bueno, para mí la música fue una mierda.

Vale, soy una esnob de la hostia en cuanto a música se refiere. No soy de las que «solo te hablo si escuchas ciertos grupos», pero es que por mucho subidón que tenga, mi cuerpo solo responderá si el ritmo realmente le habla a mi alma. Gracias a los recuerdos bien grabados en los músculos de mis primeras *raves*, sé que incluso sobria a más no poder siento ese cosquilleo en el cuerpo con la mezcla adecuada de música *house* de Chicago vocal y *bass-heavy*. Pero con casi nada más. Y sintiéndolo mucho, sin el cosquilleo, ¿de qué sirve?

Pienso que el baile es una forma de mover energía estancada en tu cuerpo, y que el cosquilleo indica que está ocurriendo. Como ya he dicho, el universo sabe cómo hacer que las cosas que son buenas para nuestro cuerpo (y nuestra especie) nos hagan sentir bien también.

¿Sabes eso de «bailar como si nadie estuviera mirándote»? Sí, te sientes GENIAL soltándote en la pista de baile llena de cuerpos que se mueven a la vez, pero no tienes garantía alguna de que el DJ vaya a estar en tu misma onda. O sea que, para asegurarme la jugada, prefiero encontrar una mezcla genial en SoundCloud, subir el volumen y bailar en mi piso mientras nadie (más que mi gato, quizá) me mira.

EL SUBIDÓN DE LA CREATIVIDAD

Además de los círculos de sanación, también voy a muchos talleres. Es otra forma genial de socializar con buscadores Now Age que piensan como tú, pero con menos rollo de compartir emociones y llorar, y más cháchara en general.

El problema de las conversaciones superficiales aquí se soluciona con el hecho de que o bien estás allí para crear algo (ya sea un atrapasueños o una tintura herbal de altas vibraciones) o para aprender algo (cómo a crear una disposición geométrica con cristales). Así que acabas hablando solo de ese tema. Al final, cuando un grupo de buscadores Now Age que piensan igual se reúnen, acaban hablando siempre de dónde te encuentras en tu camino espiritual, o sea, compartiendo tus verdades más oscuras y más vulnerables. Y quizás algo de llanto también.

Hay algo de subidón de la vulnerabilidad en estos encuentros, pero el subidón de la creatividad, la sensación de flujo divino que surge con el compromiso del proceso de crear o aprender algo, vale la pena por sí mismo.

En *Libera tu magia*, Liz Gilbert describe esta sensación de flujo como: «A veces, cuando estoy escribiendo, siento como si de repente estuviera caminando sobre una de esas cintas móviles que se encuentran en la terminal de un gran aeropuerto... Me veo a mí misma impulsada por alguna fuerza exterior». Es exactamente como me describí yo una vez, cuando me paseé por un campo soleado en el festival de Glastonbury, con un colocón de éxtasis de la leche. Toma ya.

Pero volvamos al subidón de la creatividad. Liz relaciona esta sensación de esfuerzo sin esfuerzo con la palabra del griego clásico que expresa el máximo nivel de felicidad humana, «*eudaimonia*». Según Liz: «Significa "bien endemoniado". O sea, que se encarga de ello un guía espiritual creativo, divino y externo».

He tenido experiencias similares escribiendo, leyendo, dibujando, cocinando y creando otras cosas con mis manos. Experiencias que me han hecho sentir cosquilleo, o subidones. Mi querida amiga Bethia, una madre de tres niños que también es una fotógrafa excelente, tiene otra palabreja para describir esto: *Forelsket*. Es una palabra en danés que describe la sensación de euforia de cuando te enamoras por primera vez. Según ella, describe la sensación de cuando puede recrear en una foto una imagen que tiene en mente. Como está tan «enamorada» de la fotografía, para ella pasarse el viernes por la noche editando imágenes es una evasión más placentera que beberse una botella de vino.

Luego también está eso de que ser creativo en un entorno social te hace sentir como si volvieras a estar en la guardería. Como ya sabes, hago todo lo que puedo para que mi yo interior de cinco años esté feliz.

LOS SUBIDONES DE LA BEBIDA DE ALTA VIBRACIÓN

¡A ver, no nos engañemos; a veces el alcohol puede estar muy guay! Aunque te he contado que me desenamoré del alcohol, no soy abstemia al cien por cien. Solo significa que no utilizo la bebida por defecto para sentir un subidón; en realidad, es justo lo contrario. Lo digo porque comparado con todos los subidones espirituales increíbles que he experimentado, los subidones del alcohol ahora me resultan planos y bidimensionales. Como un subidón de McDonald's, para entendernos, pero a veces, algo rápido y barato también es divertido. El día que quiero beber alcohol, pienso con mucho detalle cómo, cuándo, por qué y con quién voy a beber. He aquí mi lista de preguntas respecto a este momento de beber para sentir el subidón fuerte y rápido:

1. **¿CÓMO ME SIENTO?** El alcohol es básicamente un potenciador del ánimo, cualquier tipo de ánimo. Si bebo cuando estoy contenta, suelo acabar más contenta. Si bebo cuando estoy triste, sola, estresada, frustrada, aburrida, etcétera, en el momento de la borrachera quizás alivie estos sentimientos, pero me juego hasta el último céntimo que, a la mañana siguiente, por no decir el mismo día por la noche, voy a sentirme más triste, más sola, más estresada, más frustrada, más aburrida, etcétera. Qué mal.

2. **¿POR QUÉ BEBO?** Las respuestas a estas preguntas suelen reducirse a dos opciones: para potenciar cómo me siento (a tope) o para huir de cómo me siento (fatal). Podría decir: «Voy a beber porque voy a ver a X para cenar y hace años que no le veo, y será divertido». Sin embargo, detrás de esta afirmación, tengo que preguntarme: «¿Cómo me hace sentir la

idea de ver a X?». Supermocionada de verdad = ¡puede ser una respuesta! O nerviosa/ansiosa en cualquier sentido (y digo en cualquier sentido porque esta es la parte complicada que puede implicar un debate profundo con mi voz interior mientras voy mirando la carta de vinos y tragos) = soda y lima para mí, por favor.

3. **¿CUÁNDO BEBO?** O sea, en qué ocasión y con quién (mira las preguntas 1 y 2), y también en qué momento voy a beber. Se trata de una consideración práctica, pero tomar algo durante el día/tarde es preferible, puesto que cuanto más tiempo tengas para tragar agua y meterte carbohidratos antes de acostarte, mejor. Además, no bebo nunca jamás, bajo ningún concepto, si tengo que establecer una conexión verdadera y clara con mi yo superior al día siguiente. Como ahora he entrado de pleno en el camino de mi *dharma*, se trata de casi todos los días, por no decir todos. Así que…

4. **ESPERA, ¿NO SERÁ QUE TE MUERES POR INGERIR ALGO DE AZÚCAR?** Resulta que esto también es muy real. Calmar a la bestia con una merienda y con una cerveza sin alcohol o con kombucha es mi forma favorita de distraer a mis papilas gustativas mientras encuentro la solución.

Bueno, ya lo tienes. Si te sientes bien, emocionada por la ocasión y la gente con la que has quedado para tomar algo, quedas suficientemente temprano como para poder tener un sueño restaurador, no tienes tareas para tu yo superior en tu lista de cosas que hacer para el día siguiente, y no bebes solo porque tienes hambre, ¡adelante! O como mínimo adelanta esa primera ronda. En mi caso, como he dejado mi costumbre del Martini porque ya consigo el subidón de manera natural, nunca me ha resultado tan barato salir.

5 IDEAS PARA HACER
UNA SALIDA DE SANACIÓN

¿Quieres una alternativa a los cócteles y al cotilleo? Intenta ponerte al día con tus amigas sobre...

Lecturas del tarot y té de Kava.

Compras de cristales, seguido de un baño de sonido.

Un paseo de temática astral por tu ciudad (visitad los lugares que simbolizan aspectos de vuestras cartas).

Una ceremonia con cacao hecho por ti, seguido de una sesión de redacción de diario conjunta (y digo «con-junta», no con porros ni nada por el estilo).

Conseguir el certificado Reiki 1 a la vez.

16

Siente la presión del grupo de las plantas medicinales

Hablando de formas de pillar subidón, siempre me han fascinado los estados alterados de conciencia desde que, a los tres años, más o menos, descubrí que si daba más y más vueltas superrápido podía conseguir que la tierra se inclinara sobre su eje. Emocionante, ¿verdad? Es la primera vez que te das cuenta de que la vida se puede ver, literalmente, desde una perspectiva distinta. Acababa correteando por el césped haciendo eses, riéndome, con la cabeza llena de lucecitas y con unas piernas que parecía que no me pertenecían y no podían sujetarme. ¿A que mola mazo?

Ahora pasemos a cuando tenía trece años. Me sentía casi una diosa creadora del universo (al menos, eso creía yo) y recuerdo ver la imagen de una generación entera bailando en un mundo de su propia creación, colocados con una droga llamada éxtasis. Estoy hablando del verano de 1989. Los medios decidieron llamarlo el Segundo Verano del Amor. Porque a) desde el Verano del Amor de 1969 del LSD no se había vuelto a vivir un consumo tan masivo y tan fuerte de una droga. Y b) fuera lo que fuese que estuvieran tomando esos jóvenes, decían que se sentían como si estuvieran enamorados de todo el mundo, como si todo el mundo FUERA amor.

Y ahí estoy yo, pensando que también son mi generación, si me espabilo un poco y crezco de golpe.

En el cole todos fuman ya y le he estado robando a mi madre algunos Dunhills para practicar. No puedo ahogarme la primera vez que fume delante de alguien guay. Mi padre, a su vez, también ha empezado a darme media copita de vino cuando él y mi madrastra celebran algo en casa, aunque me ha dicho que no me gustará el sabor del whisky ni de la cerveza hasta que sea mayor. Sin embargo, esto no son «drogas»; esto son cosas que hacen los adultos.

Está claro que el éxtasis es algo superdistinto y que mola más. No te drogas con éxtasis para parecer guay. Lo haces para estar feliz y bailar toda la noche. Por algún motivo, la gente también lo consume en casos más extremos en la naturaleza, en *raves* ilegales al aire libre en las que se baila con los pies en el suelo y la cabeza y las manos en el cosmos. En todas las imágenes que se publicaron en los periódicos, se aprecian caras sonrientes, como si hubieran encontrado el nirvana. Cuando se acabó el verano, mi curiosidad sobre el viaje mágico y místico en el que había embarcado esa gente había llegado a los topes.

También está la presión de los coetáneos. No estoy diciendo que hubiera alguien, ni una panda de niños mayores más guays, que me colocara la pastilla en la mano y me obligara a tragármela si quería formar parte de su grupo. De hecho, fui una de las primeras en mi pandilla de amigos que sintió la obligación de formar parte de la revolución del éxtasis. Me daba la sensación de que se estaba produciendo un cambio tectónico de conciencia, como si todos los de mi generación estuvieran iniciando una búsqueda de una nueva realidad. Y yo, o bien participaba en ello, o me iba a quedar atrás.

Tuve este mismo tipo de sensación de «avance cultural» unos veinte años más tarde, en el salón del piso de mi hermano (por raro que parezca). Allí estaba, una noche del 2008, cuando escuché por primera vez la expresión «turismo de ayahuasca». Estábamos bebiendo vino con uno de sus amigos DJ molones y empezó a contarnos que había una droga que tenías que ir a buscar al Amazonas, por eso lo de turismo. Era una droga que se parecía un poco al LSD, pero no era exactamente lo mismo, y la gente contaba que te cambiaba por completo.

Como por aquel entonces ya llevaba un tiempo trabajando como periodista en revistas, tenía el olfato de las noticias muy desarrollado, así que percibí de inmediato que lo de esa droga tenía todos los números de ser EL SIGUIENTE GRAN NOTICIÓN. Y a continuación, me vino a la cabeza esa doble sensación de extrema curiosidad, pero también sentí miedo cuando vi a los fiesteros bajo el efecto del éxtasis en 1989 por la tele: ¿significaba eso que «yo» tendría que ir al Amazonas y consumir ayahuasca?

Cada movimiento social tiene su droga y la sustancia que alimenta a los buscadores Now Age son «las plantas medicinales». Es una expresión que lo abarca todo, desde la ayahuasca hasta el peyote, el San Pedro y la ibogaína (una parra, dos tipos de cactus y un matorral africano, respectivamente). Utilizadas a lo largo de la historia por los chamanes indígenas, se considera que estas plantas que expanden la mente, abren el corazón y a menudo son alucinógenas sanan espiritualmente a quien bebe de ellas (son una manera rápida y eficaz de acceder a un estado de trance chamánico profundo). Los entendidos creen que se debe a que las plantas tienen una sabiduría que quieren compartir con nosotros, que son mensajeras de la energía cósmica y universal que conecta a todos los seres vivos. Supongo que también podemos incluir la marihuana y las setas alucinógenas en este grupo, porque también son plantas y porque la gente las utiliza por sus propiedades «medicinales» en la Now Age. Por no hablar de la gran presión del uso médico de la marihuana, que cada año gana más adeptos. Y hablando del poder de sanación general de las plantas, también vale la pena recordar que la mayoría de fármacos de prescripción modernos utilizan componentes químicos derivados de las plantas.

Bien, volvamos a las variedades concretas que se incluyen en el paraguas de las plantas medicinales Now Age (que, por cierto, además de sanación también ofrecen experiencias total y absolutamente mágicas). De todas las variedades de plantas medicinales, la ayahuasca es la que se lleva la palma. El filósofo y autor inconformista Daniel Pinchbeck fue la primera persona que abrió el debate sobre las plantas medicinales, y la ayahuasca en concreto, en Occidente, con la publicación de su libro en el 2002, *Breaking Open the Head: A Psychedelic Journey into the Heart of Contemporary Shamanism*. En realidad, William Burroughs ya había escrito sobre ello en 1953, en su libro *The Yage Letters* («yagé» es otro nombre para referirse a la ayahuasca). Sin embargo, con el «movimiento del éxtasis» en la cresta de la ola, la gente ya tenía «la mente suficientemente abierta» a principios de la década del 2000 y el libro de Pinchbeck pasó bastante desapercibido entre el público general. Se le consideró el Timothy Leary de la Now Age (el psicólogo que abogó por el uso psicoterapéutico del LSD en los años sesenta), y gracias al libro consiguió un trabajo como «chamán generalista» en la revista *Dazed & Confused*.

Luego llegaron las escenas memorables del explorador y director de documentales Bruce Parry consumiendo «aya» (como se conoce la ayahuasca coloquialmente) con las tribus indígenas del Perú para grabar su serie del 2009 para la BBC, *Amazon*. Describió la experiencia del siguiente modo: «Fue una de las noches más humildes de mi vida. Parece ser que mi ego decidió enfrentarse con la madre ayahuasca. Espeluznado, observé toda la lucha desde fuera y me enfadé con mi ego por atacar de esa forma implacable».

Ya he explicado que mi yo adolescente había sentido una atracción instintiva a finales de los años noventa por la revolución de las *raves*. Del mismo modo, los de raza investigadora e intrépida ya tenían servido el caldo de cultivo para que se diera un despertar masivo ante el poder transformacional de estas antiguas plantas medicinales. Durante las décadas siguientes, hubo hordas de *hippies* curiosos, y también una cantidad similar de profesionales quemados y desilusionados, e incluso muchas celebridades, que visitaron países como el Perú (que pronto se estableció como el centro del turismo de ayahuasca) para vivirlo en sus propias carnes. Prueba de lo mucho que se consume la «aya» es que incluso Chelsea Handler la toma durante un episodio de su serie en Netflix de 2016 *Chelsea Does* (el capítulo se llama «Chelsea Does Drugs»). De hecho, afirmó que había experimentado revelaciones de gran sanación respecto a la relación con su hermana. En una entrevista posterior con Stephen Colbert en *The Late Show*, le dijo: «Me había olvidado de que la quería».

Para los curiosos sobre este tema, las explicaciones tanto de Bruce como de Chelsea describen con todo lujo de detalles cómo es una ceremonia de ayahuasca. Y digo «ceremonia» porque, a diferencia de muchas drogas recreativas, estas sustancias no pueden tomarse a la ligera (aunque en realidad diría lo mismo para la mayoría de drogas recreativas, incluido el alcohol).

Para que te hagas una idea, la «aya» (que en realidad es una combinación de dos plantas diferentes) se hierve como si fuera un té y se administra a los participantes (la ceremonia se puede celebrar individualmente o en grupo) por parte del chamán que dirige la sesión. Este té contiene DMT, una sustancia química que se produce en el cuerpo humano durante el parto y en el momento de morir. Se conoce como «la molécula de Dios» porque tiene la capacidad de abrir las puertas de la percepción diaria a una realidad totalmente cósmica. Luego llega el episodio de purga (sí, vómitos y diarrea) y de alucinaciones vívidas, en el que mucha gente experimenta sensaciones profundas sobre ella misma y sus lecciones en esta vida. El chamán y sus ayudantes observan el proceso en todo momento, y a menudo tocan instrumentos, queman hierbas y cantan, para que el espíritu de la planta lleve a cabo un trabajo profundo y total (por cierto, la «aya» es una Divina Femenina). En otras palabras, para que la experiencia de sanación sea tan sobrenatural y tan expansiva como sea posible.

¿Por qué son tan populares las plantas medicinales en la Now Age? Creo que existen tres factores principales que explican el interés. Primero, el hecho de que sea «natural, directamente de la Madre Tierra» encaja muy bien con nuestro enfoque alimentario actual de todo bio, nada procesado. Del mismo modo que estamos tan versados en encontrar lo nocivo y artificial en las etiquetas de los alimentos, ¿por qué íbamos a escoger drogas químicas producidas en laboratorios para sanar o para colocarnos, con todos los efectos secundarios artificiales que conllevan, si existe una alternativa natural?

Segundo, el elemento de tradición y sacramento. La mayoría de plantas medicinales se toman en contextos ceremoniales, como el descrito anteriormente, y se basan en antiguas enseñanzas chamánicas. Estos rituales crean una atmósfera de reverencia y comunión que tiene que ver con la necesidad humana básica de conectar, tanto entre nosotros como con algo superior a nosotros.

En la sociedad actual, cada vez existen menos oportunidades de unir a los seres humanos de forma tangible y significativa. Estas ceremonias antiguas para reunirnos alrededor de un té herbal psicodélico no pueden ser más analógicas.

Y tercero, a un nivel más místico, creo que las plantas en sí pueden estar detrás de todo esto. Ya, ya lo sé; un momento, que me explico. ¿Qué ocurriría si, como último intento a la desesperada para disminuir o incluso detener el daño inimaginable que le estamos ocasionando a nuestro planeta, las plantas se hubieran reunido en su propia realidad alternativa y frondosa, hubieran celebrado una asamblea, y hubieran decidido que la mejor manera de proseguir es conseguir un acceso directo a los corazones y las mentes de la población humana? Y, por cierto, ¿crees que es coincidencia que mientras estoy redactando esto no paro de confundirme y escribo «planeta medicinal», en vez de «planta medicinal»?

A menudo, después de una ceremonia, la gente explica que siente una profunda conexión con la naturaleza, que siente de forma tangible cuál es su lugar en la matriz de la vida. Por este motivo, desea cambiar su existencia diaria, para reflejar esta nueva manera de verse como hijos del cosmos. O sea, quieren sanar su relación con ellos mismos y con los demás, y aceptar la responsabilidad general del lugar que ocupan en su comunidad, tanto local como mundial.

Teniendo todo esto en cuenta, ¿me he sentido atraída por beber, fumar, comer y conocer a fondo estas plantas? Coño, pues claro. Después de todo, me considero una aventurera Now Age, una potencial pionera en lo que percibo que será ni más ni menos la siguiente fase de un cambio evolutivo en la conciencia mundial. No tengo duda alguna de que mi tarea es unirme a las tropas y abrirme paso entre las trincheras del Amazonas.

¿Viajaré hasta allí? Probablemente no.

Es algo en lo que pienso a menudo, porque casi cada mes alguien me invita a una ceremonia con plantas medicinales, o me remueve aún más la curiosidad con alguna de sus historias de sanación y transformación cósmica profunda. De hecho, no podría sentir más curiosidad, pero hay algo que me detiene. Quizás después de haber leído esto o de haber hablado con algún amigo tuyo que haya metido el dedo del pie (o algo más) en el mundo de las plantas medicinales, tú te enfrentes al mismo conflicto que yo. Si es así, te invito a continuar leyendo las ventajas y las desventajas, en mi opinión, de meterte más de lleno en el tema.

VENTAJAS

Tiene que ver con la sanación

Le pedí a Deborah Hanekamp, la única mujer occidental iniciada en ceremonias de plantas medicinales por la tribu peruana Shipibo (por todos conocida como «los maestros de la ayahuasca»), que describiera su primera experiencia con la «aya» hace diez años. Como voy a mencionar a Deborah muchas veces en este capítulo, quiero que sepas que es despampanante, de tradición bautista, madre, instructora de yoga y maestra de Reiki, una persona con una intuición innata y que está casada con el modelo holandés más sexi que te has tirado a la cara. O sea, es una Numinati en toda regla.

Bueno, esto es lo que me dijo: «Me parecieron como cuatro o cinco horas de una sanación profunda, profundísima. Toda la gente que quiero en mi vida se me aparecía, uno tras otro. Les mandaba sanación y ellos me la mandaban a mí. Era como si el mundo entero hubiera sanado después de la ceremonia, ¿me sigues?». Bueno, ¿quién no va a querer experimentar algo así?

Lo hacen las mejores personas

Existe una percepción común (que es cierta en muchos, muchísimos casos, sobre todo con el alcohol) que la gente se droga para evadirse, para esconderse de la realidad, y para huir de sus problemas. El éxtasis (y más tarde el alcohol y la cocaína) sin duda fueron una vía de escape para mí. Quizá sí que al principio experimentara algunas epifanías espirituales sorprendentes sobre la interconexión con todos los seres y nuestra naturaleza afectuosa, pero cuando estaba con el Capricornio y desarrollé el trastorno alimentario, el éxtasis era solo una manera de fingir que estaba bien. Aunque a la mañana siguiente me sintiera mucho peor.

Sin embargo, la gente que veo atraída por las plantas medicinales está metida en ello por motivos radicalmente opuestos. No se llaman «medicinales» porque sí. También he oído que llaman al consumo de ayahuasca «el trabajo», porque la experiencia de Deborah no es para nada frecuente. De hecho, las plantas medicinales te obligan a enfrentarte a tus miedos más arraigados a todo color. Un ejemplo de ello es «la lucha nocturna de humildad» de Bruce Parry con su ego. Por este mismo motivo, la «aya» se conoce como «la planta Abuela», porque te enseña a solucionar el caos que has creado en tu vida con una intensidad afectuosa aunque severa. Como dice Deborah: «Te da lo que necesitas, no lo que quieres».

O sea, que se necesita fuerza de voluntad para experimentarlo y también un compromiso intrépido de hacer cambios en tu vida, por muy incómodos que sean, para integrar las enseñanzas de las plantas. Más que fracasados, los pioneros en plantas medicinales que he conocido suelen ser personas que marcan la diferencia en su rincón del mundo, pensadores de los que están en la primera línea de la conciencia Now Age.

Es una conversación con Dios

Cuando hablo con la gente puntera en el sector de las plantas medicinales, siempre las describen como seres que tienen su propia conciencia, con los que podemos interactuar, del mismo modo que interactuaríamos con otros seres humanos o animales. Y por supuesto, las plantas se comunican con su propio lenguaje numinoso, un lenguaje que desafía la traducción y que solo podemos descifrar con visiones y sensaciones psicodélicas (o psíquicas) y con las sensaciones que promueven.

¿Se puede ser más místico y se puede estar más cerca de una comunión con la energía Fuente? Nuestra sociedad, obsesionada con la tecnología y el progreso, funciona básicamente con la lógica del hemisferio izquierdo, pero tenemos que dejar espacio a nuestro hemisferio derecho para que escuche la sabiduría de las plantas.

Es todo natural, todo bio

No puedo estar más de acuerdo con Deborah, cuando yo intenté comparar el movimiento de las plantas medicinales con lo que ocurrió en los años sesenta con el LSD o en los noventa con el MDMA: «Con este tipo de sustancias, siempre se paga un precio». Lo que quiere decir es que las drogas sintéticas, tanto si están aprobadas por la FDA como si no, siempre van acompañadas de una larga lista de efectos secundarios. Con el LSD y el MDMA, la lista incluye ataques de pánico, *flashbacks*, psicosis, deshidratación, insomnio, palpitaciones cardíacas, náuseas y vómitos, bruxismo y depresión. No pinta bien.

No estoy diciendo que no haya riesgos con la toma de plantas medicinales (véase el apartado de desventajas a continuación), pero el precio mental y físico que hay que pagar parece ser mínimo. Muchos de mis amigos me dicen que se sienten físicamente mejor que nunca después de tomar las plantas medicinales y apenas existen casos de muerte por ingesta de estas plantas. Deborah incluso me dijo: «La ayahuasca restablece los niveles de serotonina permanentemente en el cerebro». Esta podría ser una explicación de por qué se dice que las plantas medicinales son particularmente eficaces en el tratamiento del trastorno por estrés postraumático y la depresión, y también para sanar adicciones. Las revistas *National Geographic* y *Scientific American* tratan este tema. Sin embargo, si hablamos de problemas asociados a las «soluciones» químicas sintéticas y a las enfermedades emocionales, ¿tienes tiempo para que te los cuente? Porque la lista es infinita…

Puntos espirituales extra

¡Hola, ego! Una parte de mí, la parte que se muere «por formar parte de la pandilla», se siente como una perdedora, una cobarde y una aburrida por no subirse al tren de las plantas medicinales. Es la misma parte de mí que empezó a fumar porros de manera regular con catorce años, a pesar de que nunca me hicieron sentir bien. Lo hacía solo porque me horrorizaba ser percibida como no sofisticada, y que me arrinconaran para siempre. O sea, «presión de grupo» en el sentido más clásico. Ya sabes de qué hablo, ¿verdad? Es el motivo por el que dices que sí cuando te sugieren que participes en una apuesta para ver quién aguanta más tequilas, aunque ya sabes que necesitas tener la cabeza despejada para la presentación de trabajo que te espera al día siguiente.

Por supuesto, cuando le pregunté a mi chamán francés Manex Ibar al respecto (sus búsquedas de visión de cuatro días siempre acaban con una ceremonia de plantas medicinales opcional), me recordó que la única persona que «se presionaba» para meterse en esto y que pensaba que «no quedaba guay» no hacerlo, era yo. Aunque lo sé, sigo preguntándome: «¿Me tomaría más en serio la gente como viajera espiritual si consumiera ayahuasca?».

Tengo mucho mucho miedo

Sí, esto también está en la lista de ventajas. Porque como te dirán todos los grandes maestros espirituales: «¿Sabes qué es lo que más te asusta? Pues eso es lo que tienes que hacer».

DESVENTAJAS

Las sustancias psicodélicas y yo no nos llevamos bien

El mundo parece estar dividido en dos bandos: la gente a quien le encanta la impredecibilidad de un viaje psicodélico y la gente a quien le asusta hasta la médula. Yo me encuentro en el segundo grupo, y en realidad solo he tomado LSD una vez en mi vida. Estábamos solo yo y el Capricornio, en una cabaña, en una montaña, en una islita en Tailandia, alrededor de 1995. El viaje duró unas doce horas, y al menos ocho me las pasé concentrada intentando no morir. O así es como lo sentí desde las profundidades del agujero negro psíquico en el que la sustancia se emperró en meterme. ¿Sabes de lo que hablo?

«Establecer y configurar» fue una expresión acuñada por el psicoanalista Norman Zinberg para describir el contexto ideal para cualquier experiencia psicodélica. «Establecer» se refiere al estado mental de la persona que consume las drogas y «configurar» se refiere al contexto físico y social. Tengo que reconocer que no podría haberlo hecho peor. Estaba anoréxica perdida y dejaba que mi novio me controlara la mente totalmente (por no hablar de la droga). ¡Soy blandita hacia mi persona cuando pienso en mí en esa época! Qué pena que fuera tan sugestionable por mi falta de amor propio. Hablaré claro: NO me gustaba tanto el LSD comparado con el éxtasis, pero lo consumía igual.

Supongo que ahora puedes entender por qué soy tan reticente a acercarme a cualquier cosa que se parezca siquiera a un viaje de estos. Puedes repetirme hasta la saciedad que la ayahuasca y las otras plantas medicinales te proporcionan un viaje totalmente distinto (es algo que me dicen todo el rato). Pero mi experiencia con el LSD en Tailandia es la referencia más cercana que tengo, y la tengo demasiado presente.

Una ceremonia es como una caja de bombones

En el sentido de que nunca sabes lo que te va a tocar. Sí, quizá la Abuela (o «el Abuelo», como se conoce al peyote) te envuelva en su abrazo afectuoso y te muestre los secretos del universo. Pero también puede clavarte en el suelo y proporcionarte… la experiencia de mayor humildad de tu vida. Supongo que esto está relacionado con lo de «establecer y configurar», y con lo que decía Deborah de que la medicina no te da el mensaje o la idea que buscas sino más bien lo que «necesitas».

Llámame friki del control (lo reconozco, lo soy) o quizá ya haya alcanzado mi cupo de malos viajes (con el LSD y otras drogas), pero he llegado a la conclusión de que no hay epifanía espiritual inducida por droga alguna que valga la pena si existe la posibilidad de estar, ni que sea una hora, en un infierno mental y físico creado por mi propia psique. Por no hablar de la semana, o más, que necesité para recomponerme emocionalmente.

Esto no significa que no esté preparada para enfrentarme a mis demonios. Como espero haber demostrado en otros capítulos de este libro, ¡mirar fijamente a mis verdades más dolorosas para sanarlas se ha convertido en uno de mis pasatiempos preferidos! Pero a mi ritmo y dentro de los límites de mi querida zona de confort, muchas gracias.

Lo del vómito

Lo llaman «sanar», y para la gran mayoría, vomitar (o que otro te haga purgar, lo cual es potencialmente aún más vergonzoso) es una parte integral de la ayahuasca y la mayoría de ceremonias de plantas medicinales. No sé tú, pero yo odio vomitar. Aún peor, odio sentir que necesito vomitar y no poder hacerlo. La idea de experimentar lo que sea de lo antes mencionado en un contexto de grupo, bajo la influencia de una sustancia psicodélica extremadamente fuerte, es motivo suficiente para cerrarle la puerta a las plantas medicinales aquí y ahora.

Chamanes charlatanes

Este motivo es importante. Quizás en el pasado, digamos en el 2002, cuando salió por primera vez *Breaking Open the Head*, se podía viajar a Perú y vivir una experiencia segura y auténtica con el primer hombre experto en plantas medicinales que se cruzara en tu camino. Sin embargo, donde hay turismo, luego viene la explotación, y es de todos sabido que hoy abundan los chamanes con no tan buenas intenciones.

Lo más preocupante es que muchas de las historias que cuentan al respecto tienen que ver con la manipulación sexual de las mujeres cuando se encuentran en un estado psicodélico vulnerable. Incluso me han contado casos de «violación espiritual», en los que el chamán que dirige la ceremonia de algún modo coacciona al espíritu de la mujer para que abandone su cuerpo y pueda hacer con él lo que quiera en algún rincón de los reinos cósmicos. Solo de pensarlo me asusto.

Según Deborah, en parte se debe a que no es infrecuente, y ni siquiera demasiado desaprobado, que los hombres en Perú utilicen la magia negra para hechizar de amor a las mujeres. Me contó que una vez le ocurrió a ella durante una ceremonia. Le dieron una botella diferente a la del resto del grupo («qué tonta», pensarás, pero ponte en su lugar; no es tan fácil plantarse), durante la ceremonia el chamán le cortó un mechón de pelo y sintió que «casi, casi la violan». Después, le costó casi un mes recuperarse.

No me cansaré de repetir que, cuando te adentras en los reinos numinosos, es muy importante trabajar con maestros, guías y profesionales reconocidos, y cuya onda te hace sentir cómoda al mil por cien. Cuando se trata de trabajar con plantas medicinales, en mi opinión esta importancia se multiplica por diez.

Tengo mucho mucho miedo

Véase todo lo que he mencionado antes.

Como puedes ver, he investigado sobre el tema. He hablado con infinidad de amigos sobre sus experiencias, he entrevistado a expertos y he leído todo tipo de informes. Hay otra cosa que la gente siempre dice sobre las plantas medicinales: «Cuando estés lista, las plantas acudirán a ti».

De hecho, creo que el espíritu de la ayahuasca quiso formar parte de mi viaje. Cuando conocí a Deborah por primera vez, me dijo que se había puesto en contacto conmigo después de que tres personas distintas le preguntaran si nos conocíamos… porque «debíamos» conocernos. Como había estudiado con los Shipibo durante muchos años, me contó que había desarrollado una conexión tan fuerte con la conciencia de la ayahuasca (para ella era «conciencia de puro amor»), que era capaz de canalizarla fuera del contexto ceremonial.

Ahora solo dirigía una o dos ceremonias al año, y había desarrollado una modalidad de sanación que llamaba «lectura medicinal». Según lo que me contó, con los cantos de los «ícaros» tradicionales (las canciones medicinales), otros instrumentos de sanación con sonido, cristales, Reiki y esencias florales, era lo más cercano a una ceremonia sin tener que beber ayahuasca. ¿Que si quería probarlo? ¡Por supuesto que sí!

La sesión fue muy sanadora y me hizo entrar en un estado de trance de calado oceánico, en el que algunos recuerdos lejanos de temas relacionados con «contar mis verdades» salieron a flote de las mismísimas profundidades de mi psique. Al bajar de su camilla, no podía erguirme, como si saliera de una anestesia quirúrgica, lo cual quizá tuviera que ver con la anestesia «psíquica» que necesité para poder enfrentarme a las dolorosas verdades que presenció el ojo de mi mente.

Seguro que no fue como la experiencia real con las plantas medicinales, la purga, los chamanes peruanos y todo lo demás. Pero para mí ya fue suficientemente cósmico.

EL JUEGO DE LAS PLANTAS MEDICINALES: LISTA DE VERIFICACIÓN PARA TU SALUD Y SEGURIDAD

Investiga. Pregunta por ahí, lee en Internet y mira documentales (hay un montón en Netflix). Y también consulta a los expertos. El Centro Internacional para la Educación, la Investigación y el Servicio Etnobotánico (ICEERS) es un recurso de información valiosísimo en todos los sentidos sobre el mundo de las plantas medicinales, y también ofrece un servicio de apoyo gratuito por correo electrónico. www.iceers.org (Nota: ICEERS no ofrece sesiones ni recomienda centros / personas que las faciliten).

Escoge bien a tu chamán. Es MUY IMPORTANTE. Lo ideal es intentar conseguir un chamán por recomendación personal de alguien en quien confías, pero si no es posible, en principio tu propia investigación (véase arriba) te ayudará a escoger de forma contrastada. Algunos aspectos que hay que considerar: ¿proporcionan su propia lista de verificación para tu salud y seguridad antes de la ceremonia? ¿Cuánto tiempo dedican a responder a tus preguntas y se encargan de que te sientas cómoda? Además, si hay que viajar al extranjero, intenta reservar tu ceremonia con antelación. Así tendrás más tiempo para hacer preguntas, investigar al chamán, su filosofía y el rollo que te da todo en general.

Prepárate. Para exprimir al máximo tu experiencia con plantas medicinales, debes estar bien mental, emocional, física y espiritualmente. Por este motivo, la mayoría de chamanes piden a los participantes que se desintoxiquen físicamente unos diez días antes de la ceremonia, ¡lo cual suele implicar abstenerse de ingerir alcohol, otras sustancias y productos de origen animal, y de hacer el amor! Sigue las instrucciones. Todo forma parte del proceso.

Procésalo todo con cuidado. Y luego está el proceso posterior. Cualquier ceremonia de plantas medicinales será una experiencia profunda, tanto emocional como psicológicamente. Un chamán como Dios manda te dejará mucho tiempo para procesar lo que te ha ocurrido durante la sesión. Además, no dudes en buscar más ayuda profesional si ves que te cuesta digerir lo que sea de la experiencia. Una vez más, ICEERS es un recurso genial para conseguir consejo gratuito en este sentido.

Si no lo tienes clarísimo... Como cada planta medicinal puede ofrecerte una experiencia totalmente distinta, según tu estado mental, el lugar, la planta en sí y las vibraciones del grupo, por encima de todo debes estar lista para esperar lo inesperado. Solo TÚ sabrás si estás preparada para dar el paso. Así que sigue tu instinto ¡y, en caso de duda, no lo hagas!

17

Perdida y reencontrada en Burning Man

He conseguido llegar al sexto día sin llorar en Burning Man, y ahora aquí estoy, sola en mi caravana, llorando como una Magdalena. Fuera hay una tormenta de polvo del copón. Hace media hora, me metí en ella en mi flamante bici rosa con el resto de mis compañeros. Sin embargo, luego me di cuenta de que posiblemente fuera la peor idea de la historia del universo y regresé al campamento por mi cuenta.

El motivo superficial de mis lágrimas es el polvo. Había apostado que no lloraría, pero metida de pleno en esta tormenta, parece que al final el polvo ha ganado la batalla. En la caravana, todo está cubierto de polvo. Yo también estoy cubierta de él. Noto cómo me rasca la piel, y la garganta y los pulmones. Es como si me estuviera ahogando en seco.

Y aquí llegan las lágrimas, lágrimas de incomodidad y autocompasión. Cuando más persisten, más se convierten en lágrimas de frustración. Lo que de verdad quiero hacer es gritar, enfadarme, tirarme del pelo, patalear y chillar: «¡No es justo!». No tengo muy claro exactamente qué es lo que no es justo, pero la emoción abrumadora que siento en la caravana es de ira reprimida. Me doy cuenta de que he querido aparentar valentía y ganas de juerga toda la semana, bebiendo, drogándome y fingiendo que me ha encantado cada minuto de mi primera experiencia en el Burn. Sin embargo, la experiencia ha sido tan incómoda como alienante.

Me avergüenza reconocerlo. ¿Qué dice esto de mi abrazo supuestamente abierto para con el mundo místico? Para los setenta mil habitantes irresponsables y del rollo paz y amor de Black Rock City, la ciudad temporal que se crea para albergar el Burn cada agosto, esta semana de «autoexpresión radical» es la oportunidad suprema para experimentar la vida desde una perspectiva más numinosa. Para volver al lado salvaje de ser humano y conectar con la Madre Tierra, y con la mente, cuerpo y espíritu de todos nosotros. ¿Acaso soy tan ignorante que no he podido ver más allá de mi falta de intimidad y los baños portátiles apestosos? Se supone que en Burning Man tienes que romper con tu apego a los lujos (tipo el papel higiénico) para encontrarte a ti misma. Tienes que liberar tu ego para captar el verdadero significado de comunidad. ¿Por qué me está costando tanto trascender mis propias necesidades egoístas?

Fuera está todo como helado por la tormenta, que ha dejado un paisaje inhóspito y espeluznante que me acojona. Sigue el ritmo repetitivo de los dos escenarios que están al lado de nuestro campamento, un asalto incesante a mi sistema nervioso, que no ha dado ni un minuto de tregua desde mi llegada hace una semana. Está anocheciendo y el polvo sigue en el aire. Se aprecian algunas luces LED, que parecen constelaciones de neón en este paisaje desolador. Por fin he dejado de llorar, pero me quedan rastros irritantes de los lagrimones en las mejillas polvorientas y siento una ansiedad punzante. ¿Habrán capeado mis compañeros la tormenta?

En mi primer trabajo como editora de estilo de una revista de cotilleo sobre famosillos para adolescentes, me pusieron el apodo de «Ruby Zapatillas». Aún quedan veinticuatro horas para que se acabe el festival, que concluye con la quema de una efigie de madera de doce metros, y ojalá tuviera un par conmigo ahora mismo. A la mierda el resto de mis compañeros y a la mierda mi pobre alma ignorante. Lo que más deseo en el mundo es poder unir mis talones con un toquecito como en *El mago de Oz*, cantar «en casa se está mejor que en ningún sitio», y teletransportarme a Brooklyn, donde se puede respirar, a mi realidad.

Para las no iniciadas, Burning Man es un festival artístico que dura una semana y se celebra cada año en medio del desierto de Nevada. Una especie de experimento fiestero y social, el Burn es conocido por su «economía del regalo». O sea, que no hay nada que esté a la venta (que no sea café y hielo, digamos que lo mega básico). Por este motivo, los asistentes traen sus propios bares e instalaciones de música y arte, que comparten gratis con los demás asistentes, siempre que se cumplan con los otros nueve «principios» de la comunidad del Burn, tal como definió su fundador Larry Harvey en 2004.

LOS DIEZ PRINCIPIOS
DE LA COMUNIDAD DEL BURN:

1. Inclusión radical.
2. Regalar.
3. Desmercantilización.
4. Autosuficiencia radical.
5. Autoexpresión radical.
6. Esfuerzo comunitario.
7. Responsabilidad cívica.
8. No dejar rastro.
9. Participación.
10. Inmediatez.

Como británica que había vivido el apogeo de las *raves* de los años noventa, pensaba que conocía lo que era un festival. Después de todo, nadie mejor que los británicos ha abrazado el concepto de inundar una explanada para unirnos a nuestros yoes superiores a través de la música. Tanto es así que en el Reino Unido ahora, de mayo a septiembre (llueva o haga sol, aunque casi siempre llueve), puedes acudir a un festival cada fin de semana. Seguramente sea porque descendemos de una pandilla de paganos.

Llevaba años queriendo ir al Burn. Me emocionaba esa idea rebelde, pero como nos separaba un océano, un continente entero, y parecía que se necesitaba un título avanzado para acampar en condiciones extremas; desde Londres siempre me pareció algo inalcanzable. Tenías que plantarte en pleno desierto de Nevada y, más difícil todavía, tenías que equiparte para sobrevivir una semana en el campamento. Por ejemplo, te recomiendan que traigas unos ocho litros de agua, por persona y por día. Eso antes de que entre en la ecuación el interrogante de cómo demonios vas a diseñar un menú para toda una semana «sin dejar rastro» (por no hablar en lo que apestarán los restos de comida bajo el sol de justicia del desierto).

Sin embargo, la vergonzosa realidad es que solo he disfrutado de verdad en un festival cuando fui a Glastonbury como invitada de un relaciones públicas y me alojaron en un bonito hostal con un grupito de periodistas. Pudimos dormir en camas y ducharnos, y la pareja que regentaba el hostal nos dio una copa de Chablis fresquito antes de que nos metiéramos en el taxi para ir al festival. En otras ocasiones, solo había aguantado una noche o dos bajo la lona (siempre que tuviera suficiente bebida), pero al llegar al tercer día mi piel tenía un mono terrible de sábanas limpias.

En qué momento decidí que estas experiencias me calificaban como participante del Burn será siempre un misterio, pero a principios del 2014, allí estaba, acabando de organizar mi primera visita a Black Rock City. Lo que estaba claro es que al mudarme a Nueva York había reducido la distancia para llegar allí a la mitad. Además, como hacía poco que había empezado *The Numinous*, se había despertado mi curiosidad sobre el lado espiritual del evento. Fuera donde fuese, siempre acababa hablando con algún yogui, algún empresario del sector tecnológico o algún fiestero bohemio que me contaba las grandezas sobre los principios fundadores utópicos del evento. De hecho, hay algo que cada vez está más claro: en el grupito Now Age, el peregrinaje a Burning Man es innegociable. Había empezado a sentir que o bien iba o bien iba a ser la típica aburrida espiritual.

Volvamos a la preparación del Burn. Cuando por fin iniciamos el interminable viaje de cuarenta horas de Nueva York a Black Rock City (consejo: no intentes volar a Las Vegas y luego conducir hasta Reno el mismo día, de resacón, a no ser que quieras acabar mal con cualquiera que tenga la mala suerte de cruzarse en tu camino), arrastraba una mochila enorme de casi cuatro quilos llena de artilugios sorprendentes, tipo luces LED de las que se pueden llevar encima y toallitas húmedas de tamaño industrial que llevaba dos meses comprando febrilmente por Amazon.

También había organizado un programa numinoso. Iba a empezar la semana guiando a mis compañeros en una meditación para que conocieran a sus animales espirituales, acudiría a sesiones de yoga diarias al amanecer en Mellow Mountain, y tendría constantes conversaciones profundas y significativas sobre las posibles soluciones al cambio climático con los pensadores líderes en conciencia radical, después de haberles conocido en la pista de baile de Robot Heart. También estaba muy emocionada porque iba a adelgazar y a ponerme morena, porque iba a ir en bici a todas partes e iba a olvidarme de comer cuando tocaba porque tendría la cabeza llena de nuevas ideas sorprendentes cada cinco minutos.

Pero, evidentemente, Burning Man también es una celebración de la máxima expresión del hedonismo en estado puro, y al cabo de un par de días todas mis intenciones de altas vibraciones habían quedado arrasadas por un flujo bastante constante de Coronitas. Ni siquiera realizamos la meditación del animal espiritual que había preparado con tanto esmero, porque a) era imposible reunir a todo el mundo sobrio en el mismo lugar a la vez, y b) mis compañeros parecían mucho más interesados en mascar unas setas alucinógenas superfuertes y veganas que alguien había traído de Portland para conocer así a criaturas de la quinta dimensión.

Pero esto era guay, me decía a mí misma, porque siempre se me había dado bastante bien la parte hedonista de los festivales. ¿Y desde cuándo era malo el hedonismo? En el diccionario, se define como: «La creencia de que el placer, o la felicidad, es el objetivo más importante en la vida».

Para mí, tiene que ver con el concepto de *kama* que aprendí en mis estudios yóguicos. Relacionado con el hecho de que el deseo por el placer en realidad es lo que impulsa toda la conducta humana, el *kama* se identifica en el *Rigveda*, las escrituras hindús más antiguas y veneradas, como uno de los cuatro *purusharthas* u objetivos en la vida, junto con el *dharma* (deber, ética), el *artha* (prosperidad material) y el *moksha* (la búsqueda de la liberación). La teoría dice que intentar equilibrar estos cuatro pilares (con las prácticas descritas por las ocho ramas del yoga) es la clave para crear una existencia profunda y holísticamente satisfactoria.

Al menos sobre el papel, Burning Man es una metáfora a todo color de esta filosofía. Existe el *dharma* de ser un participante activo y de dar vida al evento; el *artha* de reunir las provisiones necesarias para participar; el *moksha* para huir de las normas del mundo «predeterminado» (el Burn habla de la vida fuera del festival); y por supuesto el *kama* auténtico de los placeres sensoriales que se ofrecen, desde la abundancia de los masajes gratis y abrazos hasta el lavado para coches humano. O estar todo el día tomando Coronitas.

Durante el primer par de días, no me importaba ir por allí equilibrando a tope el *kama* de cuando trabajas por tu cuenta (#niundíalibre). Sin embargo, a medida que avanzaba la semana, la vida cada vez presentaba más polvo, se enrarecía más y era más incómoda. Algo no iba bien. Además, como Black Rock City es un agujero negro del wifi, empecé a notar una sensación de incomodidad que ahora puedo identificar como «síndrome de abstinencia del iPhone» extremo. Al cuarto día, a pesar del aturdimiento del tequila, era consciente de que hacía tiempo que había dejado de lado el hedonismo para entrar de lleno en la automedicación a saco.

Porque la búsqueda del placer y la evitación del dolor están separadas por una línea muy fina. Del hedonismo al escapismo. El décimo y último principio fundador de Burning Man es la inmediatez, o vivir el momento, y yo ya podía decir que no quería pasar ni un minuto más de resacón sin acceso a baños limpios, una ducha, o un momento de paz y tranquilidad. En retrospectiva, ahora entiendo a la perfección por qué lloraba en la caravana. Estaba experimentando una humillación como un templo.

Sin embargo, yo lo sentía como algo más. ¿Qué era lo que había salido tan mal? En parte, comparaba la vida en Black Rock City con mis experiencias de hacía una década y media en Ibiza. Era un pensamiento que no paraba de resurgir en mi cabeza, cual duna en marea baja: mientras me maquillaba sobre el maquillado del día anterior, me tragaba otro chupito en una fiesta que duraba todo el día, llamada «Distrikt», y finalmente, sentía cómo mi ser se fusionaba con el cosmos, que estaba en ese enorme desierto vacío que tenía al lado cuando me tomaba un cóctel de setas alucinógenas y éxtasis de los que te coloca mente y cuerpo.

De los «años de Ibiza» obtuve una sensación de libertad descontrolada (*moksha*) en la búsqueda del principio del placer (*kama*). Sin juicio, ni límites, ni normas. ¿Que quería ir a la discoteca al salir de la playa, aún con el bikini puesto? ¿Que me había tomado MDMA y quería follar en la playa? PUES ADELANTE. Como se trata de una isla pequeña y relativamente virgen en medio del Mediterráneo, creo que la reputación que tiene Ibiza de lugar fiestero «espiritual» es porque muchas de las fiestas, y por lo tanto de la ingesta de alcohol y drogas, ocurren muy cerca de la naturaleza. Y como cualquier chamán que se precie con bastón de palo santo te diría: «Solo deberías atreverte a abrir las puertas de la percepción si te guía la Madre Naturaleza». La electricidad estática en las ciudades es el mayor veneno.

Hace poco leí un artículo titulado «El nacimiento de las *raves*», en el que cuatro DJ británicos que habían descubierto el éxtasis en Ibiza en 1987, y que decían haber iniciado el fenómeno de las *raves* de los años noventa al traer el éxtasis al Reino Unido, hablan de ese fatídico verano. Nicky Holloway dice: «Estábamos todos superemocionados y encantados, porque pensábamos que iba a cambiar el mundo y que si todo el mundo tomara éxtasis, no habría más guerras».

Danny Rampling añade un toque místico: «Encontré todo lo que estaba buscando. Sentí como que había algo más profundo a nivel espiritual en toda la experiencia. Y descubrí algo hace poco investigando. En agosto de 1987, tuvo lugar un evento llamado Convergencia Armónica, un cambio mundial en la conciencia unitaria a través de bailes rituales que forma parte de las enseñanzas del calendario maya. Es un evento que he oído mencionar en varios círculos espirituales. Además, es interesante que después del primer Burning Man «oficial», que se celebró en la playa de San Francisco en 1986, el evento duplicara su tamaño y se convirtiera en un acontecimiento anual consolidado al año siguiente, también en el verano de 1987.

Es una historia muy romántica, pero sin el final de «y vivieron felices y comieron perdices». El problema es que, SÍ, los humanos tienen acceso a todo tipo de sustancias que ofrecen un asiento de ventanilla para ver el paraíso, PERO esas bebidas y drogas son hedonismo para principiantes. Como explica Ram Dass en su clásico de 1971, *Be Here Now*, después de años de aventuras espirituales con el LSD: «Por mucho colocón que consiguiera, siempre volvía. Era una experiencia muy frustrante. Era como entrar en el reino del paraíso para ver cómo era y para sentir nuevos estados de conciencia, y que luego te expulsaran de nuevo».

Esto tiene que ver con otro factor muy importante de mi propio desencanto con la experiencia de Burning Man, que he acabado considerando un momento crucial en mi camino de chica material hacia una conexión más profunda con nuestro magnífico mundo místico. En algún momento del trayecto, la bebida y las drogas se habían convertido en mi ruta «por defecto» hacia la felicidad, y las experiencias numinosas que me conectaban con mi yo superior (la fuente, el universo, la energía de la diosa, etcétera), para cumplir con mi *dharma*, que también había entrado en la ecuación, me habían mostrado una fugaz visión del verdadero nirvana.

¿El sentido de alienación que había experimentado? Ahora veo que era doble. Del mismo modo que mi nuevo yo no sabía cómo debía comportarse en un evento como Burning Man, me sentía igual de alienada por lo que se estaba convirtiendo a marchas forzadas en una versión desfasada de mí misma.

Necesité unas dos semanas de dichosa recuperación después del Burn (que me las pasé disfrutando de los milagros de la fontanería moderna) para empezar a procesar lo que me había ocurrido realmente en el desierto, y aún mientras escribo esto sigo procesando información, dieciocho meses después del evento. En ese momento, la experiencia fue tal asalto a mis seis sentidos (incluyo mi sentido del yo), que no pude ver más allá de lo que me estaba ocurriendo en ese preciso instante.

Tiene que ver exactamente con el último de los diez principios de Larry Harvey, y probablemente el más relevante para la vida Now Age.

La inmediatez se define en el manual del Burn como: «En muchos sentidos, la experiencia inmediata es el referente de valor más importante de nuestra cultura. Intentamos superar las barreras que tenemos entre nosotros y el reconocimiento de nuestros yoes interiores, la realidad de los que nos rodean, la participación en sociedad y el contacto con un mundo natural que excede los poderes humanos. No hay ninguna idea que pueda sustituir esta experiencia». Ni tampoco palabras, lo cual me recuerda a la mismísima definición de «numinoso».

«Intentamos superar las barreras que tenemos entre nosotros y el reconocimiento de nuestros yoes interiores.» ¿Acaso mi viaje material-místico en la Now Age no va de esto? ¿De un regreso al sentido auténtico del yo, más allá de las trampas glamurosas y seductoras del mundo material?

La experiencia inmediata
es el referente de valor más
importante de nuestra cultura.
Intentamos superar las barreras
que tenemos entre nosotros y
el reconocimiento de nuestros
yoes interiores, la realidad de los
que nos rodean, la participación
en sociedad y el contacto con
un mundo natural que excede
los poderes humanos. No
hay ninguna idea que pueda
sustituir esta experiencia.

MANUAL DEL BURN

Hay gente que me ha contado que la vida en el desierto le ha hecho enfrentarse a sí misma. Vaya, no me digas. En mi caso, también me hizo enfrentarme a muchas de las barreras con las que te encuentras al experimentar la inmediatez: a estar satisfecho en el momento, conectada con mi yo superior, a mi comunidad y al mundo natural. En cuanto a mi experiencia concreta en Burning Man, incluye:

EXPECTATIVAS. Aunque no hayas estado en Burning Man, sabes de qué va la cosa, ¿verdad? De hecho, me odié a mí misma por no «asombrarme» por lo que vi el primer día en el desierto. ¿Estaba hastiada? Bueno, básicamente vi exactamente lo que había visto en las imágenes de los vídeos de YouTube que me tragué antes del evento. De hecho, y quizá llego ya tarde, si aún no has ido a Burning Man y piensas que vas a ir en el futuro, te aconsejaría que te prohibieras ver cualquier *hashtag* Burning Man desde ya. La alegría del descubrimiento es hermosa y clave cuando se trata de experimentar la inmediatez.

COSAS. Vi a cientos de participantes del Burn comprar el Walmart de Reno entero para prepararse para la semana de «autosuficiencia radical» en el desierto. Por no hablar de los pedidos en Amazon que mencioné antes, que realicé meses antes de la celebración del evento. Pensaba que nunca podías cansarte de comprar gafas de esquiar *vintage*. Pero sí que puedes. Es más, en el desierto, sentí el peso metafórico de todo ese «equipaje» como si arrastrara una cadena con su bola, que me anclaba con firmeza a mis nociones preconcebidas sobre cómo sería o debería ser mi experiencia en Burning Man (y ya sabes lo que pienso de la palabra «debería»), en vez de estar abierta a la magia del día a día, y permitir que las cosas surgieran en cada momento. En palabras del yogui Bhajan: «Viaja ligero y vive ligero, difunde la luz y sé la luz».

SUSTANCIAS. Ya he hablado antes sobre la fina línea que separa el hedonismo y el escapismo. El problema del consumo de sustancias, y del alcohol en concreto, como ruta hacia el hedonismo, es que lo que haces, básicamente, es apagar los malos sentimientos un rato para experimentar más de los buenos. O sea, creas una barrera ante la experiencia total e inmediata de tu verdadero yo (tu yo en su totalidad). Para citar a Brené Brown: «Adormecer la vulnerabilidad (y madre mía lo vulnerable que me sentía en el desierto) también minimiza nuestra experiencia de amor, alegría, pertenencia, creatividad y empatía. No podemos adormecer las emociones de forma selectiva. Si adormeces la oscuridad, también adormeces la luz».

CONSUMO. Comparado con la participación. Existe una gran diferencia entre presentarse y formar parte (consumo) de Burning Man/vida, y contribuir de forma significativa (participación). Solo puedes experimentar el festival/vida tal y como ocurre si eres un participante activo. De lo contrario, eres un mero observador, el que siempre mira de fuera hacia dentro (un papel fácil de representar en mi caso, como periodista). Me encanta la descripción de participación (Principio 9) del manual del Burn: «Creemos que el cambio transformador, ya sea en el individuo o en la sociedad, puede ocurrir solo a través de la participación profundamente personal. Conseguimos "ser" si hacemos… Hacemos que el mundo sea "real" con las acciones que abren el corazón». (Las comillas son mías.) ¿Con qué había participado yo? Ni siquiera con la meditación del animal espiritual. ¿Y qué consumí? Demasiadas expectativas, demasiadas cosas y un montonazo de sustancias.

REDES SOCIALES. O mejor dicho, la falta de ellas. Sin la madriguera de Instagram en la que esconderse a la que aparecía el aburrimiento, la incomodidad, la frustración (o la emoción «negativa» que se te ocurra), fui mega consciente de lo muy eficaz y generalizada que está esta herramienta para alejarnos del presente, o para «adormecernos», como diría Brené Brown. También lo es para reforzarnos aún más las expectativas sobre cómo debería ser y sentirse la vida. ¿Que qué ocurrió con mi mono de iPhone? Que me vi obligada a enfrentarme a todas las cosas que no parecían ni sentía que eran tan geniales en ese momento.

MIEDO. Es una gran barrera; es LA barrera, y muy importante porque creo que fue el miedo que cegó toda mi experiencia en Burning Man. Miedo a la vida en el desierto, miedo a no encajar, miedo a caerme de la bici, miedo a las tormentas de arena, miedo a los raritos, miedo a que hubieran mezclado drogas en mi bebida… Vamos, miedo a lo que se te ocurra. Así que el consumo excesivo de expectativas, cosas y sustancias intentaron tener ese miedo controlado.

Ser consciente de todo esto convierte mi experiencia en Burning Man en una de las más numinosas hasta la fecha. Lo digo porque cultivar la conciencia de las muchas formas que tenemos de adormecernos, ante la experiencia inmediata de estar con nuestros yoes verdaderos (a veces feos, incómodos y enfadados), es una de las piedras angulares para desarrollarse como humano en la Now Age.

INCORPORA LOS PRINCIPIOS
DE BURNING MAN EN TU VIDA

INCLUSIÓN RADICAL. Abandona la ley de las chicas malas. Con esto me refiero a que hay que aceptar a todo el mundo como hermano o hermana, puesto que todos compartimos la característica de ser HUMANOS. (Sí, incluso las chicas malas.)

REGALAR. Ofrécete y ofrece tus cosas. Regala porque te hace sentir bien, NO porque esperas algo a cambio.

DESMERCANTILIZACIÓN. Busca experiencias que sean gratis, dale la espalda a las marcas y acepta la idea de la economía del truque. ¿Necesitas ropa nueva? Organiza una fiesta de intercambio con tus amigas.

AUTOSUFICIENCIA RADICAL. Desarrolla tus recursos interiores. Refuerza tu sentido del yo con yoga, meditación y prácticas de sanación, y también con actividades que expanden tu zona de confort.

AUTOEXPRESIÓN RADICAL. Celebra tus dones únicos, y no para impresionar a los demás. Intenta escribir, corear y cantar en un karaoke (¡en serio!) para liberar tu voz interior.

ESFUERZO COMUNITARIO. Vuélcate en tu comunidad, o sea tu familia, tu grupo de amigos, tus compañeros, la gente que vive en tu calle. ¿Qué necesitan? ¿Cómo pueden ayudarte? Acércate a ellos.

RESPONSABILIDAD CÍVICA. Limpia tu acera, ¡metafórica y literalmente! Piensa: ¿cómo afectan mis acciones a los demás? ¿Cómo puedo mejorar esta experiencia para todos?

NO DEJAR RASTRO. Recicla, recicla y no dejes de reciclar. Di que NO a la política de doble embolsado de Whole Foods.

PARTICIPACIÓN. Di que SÍ a la vida. Y no preguntes lo que la fiesta puede hacer por ti sino lo que tú puedes aportar a la fiesta.

INMEDIATEZ. Deja. El. Teléfono. Ya. Con la ventana del correo electrónico y las redes sociales es posible estar en todos los sitios a la vez. Pero solo el presente (y por presente quiero decir el aire que respiras, la comida que comes, las palabras que pronuncias y la persona que estás besando AHORA MISMO) es real. O sea, solo en este momento puedes crear la vida que quieres, y disfrutar la experiencia humana auténtica, mística y numinosa a la que tienes derecho por nacimiento.

LA VUELTA AL MUNDO PREDETERMINADO

Al principio de este capítulo, he dicho que muchas personas Now Age consideran que el viaje anual a Burning Man es como un peregrinaje, que en el diccionario se define como: «Un viaje largo, especialmente emprendido como una búsqueda o por un propósito votivo, como rendir un homenaje». ¿Exactamente a qué le rinden homenaje los habitantes de Black Rock City?

Creo que Burning Man es una celebración de libertad, o *moksha*: libertad de hacer tu *dharma*, al contribuir a algo con sentido para la sociedad; libertad en la búsqueda del *kama*; y libertad para redefinir el aspecto del *artha* según tu parecer (nuestras necesidades materiales reales y no todas las chorradas, tonterías y baratijas que nos han vendido). También es la libertad de escoger más allá de la configuración predeterminada del día a día: escoger cómo pensar, qué aspecto tener y cómo comportarse, porque a menudo sentimos como si ya hubieran escogido por nosotros.

Todos queremos poder escoger con libertad, ¿verdad? En realidad, cuanto más escogen por nosotros, más fácil nos resulta subsistir con el piloto automático. O sea, tenemos que realizar menos esfuerzo para conectarnos y para conectar con lo que necesita de verdad nuestro yo superior en cada momento. Para practicar el amor propio. Una proposición atractiva, puesto que estar presentes con nuestros deseos más profundos a menudo puede implicar enfrentarnos a lo que no funciona (un trabajo que nos adormece, una relación abusiva) o exigir cosas irrazonables de los demás (un sueldo más alto, un sexo más gratificante). ¡Ostras!

Está claro que, a pesar de mi incapacidad de implicarme totalmente con la inmediatez del evento, durante al menos un tiempo mi experiencia en Burning Man hizo que viera mi mundo predeterminado con mejores ojos. Fui capaz de ver cosas que daba por sentado (¡un *parking* de caravanas con una lavandería! ¡Y con menús!) con una nueva mirada de aprecio. Es como si la experiencia hubiera restablecido mi sentido de inmediatez en mi vida diaria (al menos hasta que acabé metida de lleno en mis cuentas de las redes sociales otra vez).

¿Lo más interesante de todo lo que aprendí? Otra definición de peregrinaje es «un viaje metafórico hacia las creencias que uno tiene». Necesité mi tiempo para atar todos los cabos, pero la vida en el desierto fue una oportunidad única para experimentar mi transformación personal, de chica material a mundo místico, en tiempo real. La próxima vez (sí, espero que haya una próxima vez) dejaré atrás las expectativas, las cosas y la necesidad de adormecerme.

CONCLUSIÓN

Brooklyn, Nueva York. 4 de septiembre de 2016

«¿Qué libro ha cambiado tu vida?» Es una pregunta que me suelen plantear las personas que se consideran «en el camino», como dice mi amiga Elyssa. Quieren saber quién ha sido el maestro y cuáles han sido las palabras de sabiduría que más me han inspirado a seguir buscando.

Bien, no puedo mencionar un único libro. Cuando conocí al Piscis, estaba leyendo *El alquimista*, de Paulo Coelho, la historia de un joven pastor que aprende a seguir su intuición y a interpretar los presagios universales en su búsqueda de un tesoro mundano. Evidentemente, me lo tomé como una señal; tenía un tesoro en forma de hombre justo delante de mis narices (¡además, mi nombre de soltera se escribía casi como pastor en inglés!).

Come, reza, ama, que me leí cuando empecé mi trabajo en la revista *Style*, fue otra gran inspiración que seguía el ritmo de mi tambor, y ya he mencionado *Libera tu magia*, de Elizabeth Gilbert y *El poder de ser vulnerable*, de Brené Brown, junto con otros textos que han tenido un impacto duradero en mi visión del mundo. Sin embargo, sinceramente, la respuesta real a la pregunta para mí ahora es que «es este libro el que ha cambiado mi vida».

No es que esté enamorada de mis propias perlas de sabiduría. Sin embargo, no he dejado de repetir (y espero que lo hayas oído alto y claro a estas alturas) que nuestra voz interior siempre es nuestro mejor maestro. Investigar, predicar con el ejemplo y vivir las experiencias en tiempo real que he compartido aquí contigo es lo que ha provocado mi cambio. Una cosa es leer un libro que te conmueve y te hace llorar (y del que pillas un par de citas chulas para publicar en Instagram) y otra es experimentar en tu piel las lecciones, porque eso hace que todo cobre vida. Durante los dieciocho meses que he dedicado a la redacción de este libro, he conseguido forjar una conexión tan profunda e inquebrantable con mi verdad, con «mi camino», que no reconozco la vida. ¡En el buen sentido!

Tengo cuarenta años y me siento más sana que nunca. Tengo (casi siempre) el período con regularidad y ya he dicho que mi digestión es, en general, «impecable». La ansiedad diaria que solía sentir con las entregas y con los famosos forma parte del pasado. Ahora, cuando derrocho en ropa de diseñadores, suelen ser prendas de segunda mano (¡moda sostenible en su máxima expresión!). Y veo la idea de salir del paso con drogas y alcohol como un triste sustituto a entrar en contacto con mi realidad cuidada y atendida. Ya lo sé, ya lo sé, #arrogante. Pero también #losientoperonolosiento.

Pero bueno, esto es solo lo bonito.

En la introducción quizá dije algo sobre la paz mundial, ya no lo recuerdo. En parte, me avergüenzo de mí misma cuando incluyo un cliché así. Sin embargo, lo que realmente quiero expresar es que puedo ver que seguir mi camino en lo numinoso me hace más amable, más compasiva, más generosa y menos centrada en mí misma. Intentar conocerme, aceptarme y perdonarme de verdad (amarme de forma incondicional) me hace estar muuuucho menos obsesionada con acumular cosas para sentirme bien, y muuuucho más conectada con lo me hace sentir GENIAL de verdad, que es ayudar a los demás, creando cosas guays y en cierto modo contribuyendo a un bien mayor.

Desde entonces (sí, los últimos dieciocho meses), he pasado de ver *The Numinous* como una página web de astrología chula para chicas a verlo como una plataforma para difundir este mensaje tanto como pueda (y también como una página web de astrología chula para chicas). Por mi propia historia con el alcohol, he iniciado una serie de eventos para «curiosos sobrios» llamada «Club SÖDA NYC», que está diseñada para eliminar el estigma relacionado con escoger una vida más sobria, y para recordar a la gente que puedes pillar un subidón con tus propios recursos. He iniciado un Club Lunar, un programa mensual de asesoría que inspira a una nueva generación de buscadores a ser «activistas espirituales» en sus comunidades. Ahora mismo también estoy organizando una iniciativa para el Día Mundial de la Paz llamada «#TuneInPeaceOut», basada en la idea de que el primer paso para que haya más paz en nuestras comunidades (¡y en nuestro mundo, ¿por qué no?!) es buscar paz en nuestro interior.

Así que este es el rumbo que está emprendiendo mi vida al escribir (y leer y releer muchas veces) este libro. Este es ahora mi camino más extenso. Con esto no estoy sugiriendo en absoluto que empieces a predicar la paz, el altruismo y la sobriedad (pero si lo haces, genial, porque estará cumpliéndose mi misión, ¡gracias!).

Sin embargo, sí espero que te sientas inspirada a empezar una investigación detallada de «tu» verdad y «tu» camino. El camino a tu salud, felicidad, satisfacción y empoderamiento. O sea, el camino a tu *dharma*. Y mientras estés en ello, pásatelo muy bien, haz nuevas amistades sinceras y disfruta de aventuras infinitas.

¿Cómo? Empieza por tu carta natal, con la ayuda de cualquiera de los estupendos astrólogos que trabajan en *The Numinous*. Reserva una sesión con un lector de tarot que te guste (de nuevo, recomiendo algunos en la página y todos hacen lecturas por Skype si no estás en los Estados Unidos). Por supuesto, practica yoga, meditación y la ingesta de zumo verde (etcétera, etcétera), pero TAMBIÉN presta atención a los grandes cambios que, muy probablemente, sientas que debes aplicar como resultado.

Suelo describir las prácticas y modalidades de sanación que trato en *The Numinous* como «la pieza que falta en el puzle del bienestar» porque, ¿sabes qué? Por mi experiencia, cuando limpies tu dieta y empieces a cuidarte más en lo físico, automáticamente te pedirán (el universo, la fuente, tu yo superior...) que prestes más atención a tu bienestar mental, emocional y espiritual. Y que hagas los ajustes necesarios para conseguirlo.

Eddie Stern, mi amigo filósofo del que hablé en el capítulo del yoga, escribió hace poco un artículo para *The Numinous* sobre los conceptos hindús de *sakala*, la realidad que experimentamos «con forma», y *nishkala*, la realidad «sin forma». En otras palabras, nuestro mundo exterior cuantificable (cuerpo, posesiones, dinero, redes sociales e incluso el universo) y nuestros reinos interiores incalculables (conocimiento, amor, compasión, sueños, esperanzas y potencial). Lo material y lo místico. El aquí y el ahora y... lo numinoso.

Escribió: «En yoga, saber quiénes somos es la solución al misterio. Porque cuando no sabemos quiénes somos, estamos limitados por las cosas externas con las que nos comparamos (*sakala*). Medimos, comparamos y nos sentimos fatal al hacerlo, porque siempre salimos perdiendo con la comparación. El yoga nos enseña que cuando sabemos quiénes somos realmente, somos conciencia pura incalculable (*nishkala*)».

En otras palabras, es en la búsqueda para conocer lo desconocido, para conectar con la verdad de nuestra naturaleza numinosa, donde radica nuestro potencial ilimitado y nuestra verdadera libertad. Lo que deseo para ti, para mí y (¿por qué no?) para toda la humanidad es que seamos libres.

Agradecimientos

En primer lugar, gracias a mis padres, por decir que sí cuando mi alma llamó a la puerta. A mi madre, Nancy, mi «otra» Piscis y, en palabras de Nayyirah Waheed, «el primer lugar en el que viví». Me siento agradecida y orgullosa de ser tu ciudadana. Las palabras no pueden describir todo lo que me has enseñado sobre lo que significa sentir y ser real. Gracias por leer mi historia con una mente y un corazón abiertos.

A mi padre, Paul, por enseñarme a pensar por mi cuenta (a crear mi propia realidad) y por plantear siempre, siempre, siempre otra pregunta. Tu escepticismo de Sagitario reside en mí. Menos en el ámbito de la astrología. Gracias por comunicarme tus ideas con palabras y por ser siempre mi amigo.

Gracias a mi hermano, John, por inspirarme con tu mente científica y tu espíritu bohemio. Para mí, siempre has sido el más guay y tu música es como lo que mi alma quiere decirle al mundo. Y gracias, Marysia, por contribuir al cóctel cósmico espectacular que es John Henry Shepheard. ¡La siguiente generación de Piscis!

Y para acabar con la familia, gracias, Bridget, por los caballos, el heroísmo y las rebajas navideñas de Harrods, y a Felix por enseñarnos la empatía de todo lo que implica ser humano.

Siguiente, Libby Edelson. ¡No sé por dónde empezar! Este libro empezó contigo, y me sentiré en deuda contigo de por vida por acompañarme, con un amor infinito, en el camino de mi *dharma*. Eres encantadora, amable y valiente, y tu capacidad correctora no tiene parangón. Gracias por ayudarme a encontrar mi hueco, por orientarme hacia el lugar correcto, por hacerme parecer lista, y por ser una terapeuta de arranque excelente.

Gracias, Carolyn Thorne de HarperCollins UK, por tu chispa y entusiasmo desde el principio, y gracias, Claudia Boutote, por incluir mi mundo místico a tu visión radical en HarperElixir. No se me ocurre mejor constelación de autores en la que estar. Gracias Alice Russell y Francesca Zampi de Found, por ayudarme a despegar el cohete, y a Meg Thompson, por convertirte en la madre adoptiva de este proyecto.

¡A las Numinati! ¡Mi familia del alma! Este libro no podría existir sin la sabiduría que cada una de vosotras ha conseguido en su viaje, y sin vuestra generosidad de haberla compartido en entrevistas para este libro. Ophira y Tali Edut, Louise Androlia, Lindsay Mack, Betsy LeFae, Guru Jagat, Eddie Stern, Ellie Burrows, Bob Roth, Marika Messager, Wolf Sister, Chloe Kerman, Jennifer Kass, Elyssa Jakim, Alexandra Derby, Lisa Lister, Taryn Longo, Lisa Levine, Cindy DiPrima, Kerrilynn Pamer, Victoria Keen, Jill Urwin, Luke Simon, Erin Telford, Deborah Hanekamp: sois un pozo de inspiración para mí.

Alexandra Roxo, hermana. Llegaste demasiado tarde para este, pero si consigo escribir otro libro serás sin duda una de las protagonistas. Lo mismo va por ti, Biet Simkin. A TODOS los colaboradores numinosos, y a los místicos y sanadores que se han cruzado en mi camino, océanos de gratitud por vuestras palabras, vuestras imágenes, vuestra energía y vuestro entusiasmo por formar parte de la tribu. Un gracias muy especial a Gabriela Herstik, brujilla graciosa, bonita y lista; y a todas las lectoras, que son nuestra razón de ser.

Gracias Shelley von Strunkel, la proveedora original de Mystical Glamour. A Kelly Cutrone, por dar tu bendición a *The Numinous* y por darnos la bienvenida a Nueva York. A Aurora Tower y Laren Stover, por su tiempo en Café Gitane. A Arianna Huffington, por responder siempre a mis correos. A Tiffanie Darke, por ayudarme a creer en mí. A Alicia Keys, por demostrarnos a todos cómo es una mujer con todo su PODER. Y a Martin Raymond, por ser un mentor y un amigo, y por presentarme al Piscis sin querer.

Simon Warrington. Supe desde el momento en que te vi que serías mi humano favorito, y aún no me has demostrado lo contrario. Esta vida no será suficiente para demostrarte lo mucho que tu amor y compañía significan para mí. ¿Por favor, podemos volvernos a reunir la próxima vez que estemos aquí?

GLOSARIO DE TERMINOLOGÍA NOW AGE

Abundancia: en la Now Age significa riqueza, dinero y éxito material. No hay que hablar de ello abiertamente si por el contexto puede parecer de baja vibración, sobre todo si se trata de comentar un sueldo de seis dígitos, un nuevo par de botas Isabel Marant o una casa de cágate lorito en el campo.

Alta vibración: (antónimo: «baja vibración»). Adjetivo utilizado para describir cualquier experiencia, conversación, objeto o comida que puede aumentar la vibración energética del /los participante/s. Ejemplo: «Este pastel de cacao crudo vegano es de tan altas vibraciones que tengo la sensación de que en realidad quema calorías».

Aura: campo biomagnético (también llamado «biocampo») de la energía que rodea nuestro cuerpo, a través del cual estamos conectados con la fuente. Crece en tamaño y brillo al pasar de baja a alta vibración, y en ese caso tendrá más capacidad de atraer abundancia y personas de alta vibración con mentalidad parecida.

Baño de gong: experiencia de sanación con sonido en la que las vibraciones del cuerpo energético aumentan cuando el participante queda sumergido por las ondas de sonido que emanan de un gong de metal grande. Está relacionado con el baño de sonido, en el que el gong se puede sustituir por boles de cristal, campanas de viento, didgeridoos o un archivo de SoundCloud de cantos de monjes tibetanos.

Baño de salvia: el acto de limpieza energética en el que se inunda al participante con el humo de la quema de ramas de salvia.

Buscador: persona sumida en el despertar, la sanación emocional y/o el cambio de paradigma, con la misión de encontrar una panacea espiritual que la ayude en su viaje y le dé significado y propósito en esta vida.

Cámara de sudación: cabaña hecha de materiales naturales y caldeada hasta temperaturas extremas, que se usaba en las tradiciones chamánicas de los indios norteamericanos para ceremonias de limpieza y oración. Puede provocar en muchas ocasiones desmayos y alucinaciones, e inducir a un trance chamánico. O sea, MUCHO más intenso que el yoga caliente.

Cambio de paradigma: un cambio de 180 grados de la visión del mundo de quien lo experimenta (relacionado con un área vital o con todo, todo), a menudo como resultado de un despertar. Ejemplo: «Desde que empecé la meditación orgásmica he tenido un cambio de paradigma sobre cómo comunicar mis necesidades».

Chacras: siete centros del cuerpo energético. Hacen que fluya la energía. Se pueden bloquear con energía emocional negativa acumulada, bagaje emocional acumulado o un trauma emocional repentino.

Copa menstrual: la única forma aceptable de protección sanitaria para tu momento lunar. Utilízala con bragas Thinx por si acaso.

Cuerpo energético: red compleja de interacciones de centros energéticos del cuerpo físico que corresponden a los chacras. También es donde se sienten los sentimientos, donde se dan las corazonadas y donde ocurre todo lo numinoso.

Darshan: el acto de captar con tus propios ojos un breve vistazo del líder espiritual o gurú escogido por ti. También es una experiencia de gracia y conexión (véase «Numinosidad») que surge de la visión de dicho ser sagrado o de un espectáculo natural impresionante, como un rayo de luz repentino que ilumina la cima de una montaña o el torso desnudo de Ryan Gosling. Está relacionado con *puja*, un ritual personal de adoración a dicho ídolo que se practica desde la antigüedad.

Despierto: adjetivo; el estado de ser energizado y/o agitado después de un despertar.

Despertar: el descubrimiento, de la noche a la mañana o con el tiempo, de que la felicidad y la satisfacción son algo más que unas botas Isabel Marant, que todos estamos conectados por una energía de fuente divina, y que es nuestra misión en esta encarnación terrícola actual liberar nuestra alma, y las almas de nuestras hermanas y hermanos, del sufrimiento.

Divino Femenino: el concepto de Dios en forma «femenina»; o sea, la Diosa. Su despertar, entre nosotras y la sociedad en general, se considera por parte de muchos lo que salvará a la humanidad del Armagedón espiritual y medioambiental.

El Universo: Dios.

Entrega: el acto de recordar (especialmente con Mercurio retrógrado) que el universo omnisciente siempre nos respalda, y que deberíamos apartarnos y dejar que haga su trabajo. Junto con la gratitud, se debe practicar a diario.

Era de Acuario: la era astrológica actual, a la que pasamos desde la Era de Piscis en 1960. Caracterizada por el derribo de las estructuras jerárquicas (o sea, el poder está en manos de la gente), el auge de los valores humanitarios, la emergencia de la aldea global y la proliferación de las nuevas tecnologías.

Espacio: área en la que la ceremonia, clase de yoga o arrebato emocional está a punto de ocurrir. Dicho espacio debe «mantenerse» por una persona responsable (estable emocionalmente e iluminada espiritualmente).

Gratitud: hay que expresarla a diario, tanto para atraer aún más cosas buenas en tu vida como para no parecer desagradecida ante la abundancia que te han concedido en esta vida.

Historia contada por ellas: la historia de la civilización humana vista a través de los ojos de las mujeres.

Illuminati: élite de malvados compuesta por famosos, políticos y gente rica, cuya misión es manipular a la población para mantener sus cargos de poder e influencia. Posiblemente descendientes de alienígenas.

Maestros ascendidos: seres humanos ancianos corrientes que han pasado por una toda una serie de iniciaciones espirituales y que ahora viven como pura energía de luz en la sexta dimensión (según la teoría de las supercuerdas, un lugar hipotético desde el que pueden percibirse universos enteros). Hay que invocarles, junto con nuestros ángeles y guías espirituales, en momentos de necesidad, como para que nos ayuden en una entrevista de trabajo o para rescatarnos de una primera cita desastrosa.

Meditación orgásmica: describe la práctica en la que un «acariciador» designado (normalmente un hombre) estimula el clítoris de una «acariciada» designada (siempre una mujer) durante exactamente quince minutos. El orgasmo puede ocurrir para uno o ambos, pero no suele ser el caso.

Mentalidad de carencia: la creencia, propagada por la cultura consumista moderna, de que nunca podemos tener o ser suficientes. También de que no hay bastante: abundancia, amor, recursos naturales, seguidores en Instagram... Puede resultar en avaricia, acaparamiento, competición y, en el peor de los casos, pobreza mundial y guerra total. Es decir, problemas del chacra raíz.

Mercurio retrógrado: evento astrológico que ocurre tres veces al año, durante el cual andaremos locas buscando sugerencias en Internet sobre cómo sobrevivir a ello.

Misterios del sangrado: en la historia contada por ellas se explica cómo, debido al miedo que los hombres tenían de los períodos, nació el patriarcado dominante.

Numinati: respuesta benevolente y espiritualmente progresista a los Illuminati, para iluminar a la población y aliviar así el sufrimiento mundial. Los que contribuyen a The-numinous.com.

Numinosidad: el acontecimiento y desarrollo de eventos que presentan características de naturaleza numinosa.

Numinoso: lo desconocido o incognoscible. Adjetivo utilizado para describir cualquier experiencia humana que existe más allá de la articulación con el lenguaje y que, por lo tanto, no se puede sintetizar con el progreso tecnológico del hombre.

Om: sonido primordial del universo. Sílaba muy utilizada para hacer juegos de palabras entre la comunidad yóguica.

Participante del Burn: un habitual de Burning Man. Probablemente un libre pensador, un buscador espiritual, un fiestero empedernido y un libertino sexual.

Planta medicinal: drogas alucinógenas proporcionadas por la Madre Naturaleza para facilitar despertares, sanación emocional, imágenes extrañas y/o cambios de paradigma. Se incluyen, en orden alfabético y entre otras: la ayahuasca, el cannabis, la ibogaína, el peyote, el San Pedro y las setas alucinógenas.

Pranayama: técnicas de respiración yóguica para eliminar los bloqueos energéticos y emocionales del cuerpo físico y para facilitar el flujo ininterrumpido de la energía de la fuerza vital.

Retorno de Saturno: aspecto astrológico que ocurre a los veintiocho o veintinueve años, cuando tiende a ir mal una relación, un trabajo o un sentido del yo, lo cual a menudo conlleva un despertar, sanación emocional y/o cambio de paradigma.

Salvia: hierba para limpiar que queman los chamanes y buscadores para eliminar con humo cualquier energía maligna antes y después de una ceremonia/día muy malo.

Trance chamánico: estado de conciencia alterada facilitado por un chamán para acceder a información personal almacenada en el cuerpo energético y/o subconsciente, que se considera necesaria para el proceso de sanación. Se puede acceder a ella utilizando, entre otros: la hipnosis, el tamborileo, la visualización, los cantos y las plantas medicinales.

Viaje: tu camino vital.

Yo superior: tu alma, voz interior, voz psíquica, intuición, imaginación, creatividad, sexualidad, espíritu. O sea, el universo expresándose a través de ti con forma humana.

Ruby Warrington

Es una escritora de *lifestyle* y antigua editora del *Sunday Times Style* en el Reino Unido. En 2013 creó *The Numinous*, la revista *online* de referencia sobre temática mística. Es también cofundadora de Moon Club, un programa *online* de tutorías para activistas espirituales, y de los eventos Sober Curious del Club Soda NYC, un programa que reivindica una vida sin alcohol. Actualmente vive en la ciudad de Nueva York.

www.rubywarrington.com

Este libro utiliza el tipo Aldus, que toma su nombre
del vanguardista impresor del Renacimiento
italiano, Aldus Manutius. Hermann Zapf
diseñó el tipo Aldus para la imprenta
Stempel en 1954, como una réplica
más ligera y elegante del
popular tipo
Palatino

Material girl, mystical world
se acabó de imprimir
un día de verano de 2021,
en los talleres gráficos de Egedsa
Roís de Corella 12-16, nave 1
Sabadell (Barcelona)